跨文化传播研究丛书

Intercultural
Communication
CHINA

武汉大学媒体发展研究中心资助出版

神与诗
布岱族群交流的想象与重建

DIVINITY AND POETRY:
IMAGINING AND RECONSTRUCTING OF
BUDAI'S ETHNIC COMMUNICATION

何清新　著

社会科学文献出版社
SOCIAL SCIENCES ACADEMIC PRESS (CHINA)

跨文化传播研究丛书编委会

主　编　单　波

编　委　克利福德·克里斯琴斯（Clifford Christians）

于格·欧梯也（Hugues Hotier）

延斯·奥尔伍德（Jans Allwood）

纪　莉

韩友耿（Juergen Henze）

李少南

石义彬

孙有中

肖　珺

周树华

周　翔

总　序

全球化越发展，我们就越是怀着乡愁走向远方，在陌生人社会里遭遇"跨文化传播如何可能"之惑。

人的自由天性总是使人突破地域性的交流，即便深知交流是没有保障的冒险，尝尽思乡怀亲的痛苦，也要为拓展自由交流空间而不顾一切。在某种意义上讲，自由天性成就了人的跨文化传播实践，人因为多元文化与多元交流而具有了通向自由的可能性。工业革命带来了人类交流史的历史性转折，生产力和社会分工的普遍发展带来了各民族的普遍交往，并把人们推到了一种可能的历史场景之中：每一个人的需要的满足都依赖于整个世界，跨地域、跨文化的相互了解、相互交流有助于开放自我、开放社会，从而更好地实现人的需要的满足。当然，这是被资本控制的普遍交往，资本使得社会交换成为互动的普遍形式，并进一步加速社会流动和分化，以自由主义、功利主义的名义界定人与人之间的竞争关系，以"科学"的种族主义名义界定种族支配权力关系，以理性主义的名义界定社会分层，制造符合资本效益最大化的社会秩序与社会结构。在这种情况下，一方面是社会流动性增强，另一方面是种族之间、民族之间、群体之间、阶级之间的冲突频繁爆发，如何把人从交流的困境中救出就成了一个时代的问题。[①]

跨文化传播作为一个过程，它使人们从文化转向跨文化，一路与后殖民主义、文化帝国主义、东方主义话语理论、文化相对主义、后现代主义等思潮相互激荡，有时也与全球化同行。

跨文化传播问题成为全球化时代的一个核心问题。这个问题被西方人类学家、语言学家、社会学家、精神分析学家、心理学家、营销学家等各路学

---

① 单波：《跨文化传播的问题与可能性》，武汉大学出版社，2010，第30页。

者捕捉到，并形成了漫长的思想之流。① 这一思想之流隐含了特定的西方跨文化传播问题，可以概括为两个"霍尔"（Hall）的问题：好心的爱德华·霍尔试图帮助美国人克服傲慢与偏见，改善与其他文化群体的交流，但这种努力不仅改变不了美国霸权的实质及其灾难性的后果，相反被收编到美国全球化战略之中，以致霍尔当年的培训方法被扩展到各种商业培训，使美国人更懂得如何玩弄全球化的游戏。斯图尔特·霍尔力求指点强权范围之内和之间的缝隙，呈现文化抗争的希望，同时也通过建构去中心化的主体性，使人类能生活在互动与对话之中。可是，被全球化抛弃、压迫的人们常常是本能地选择冲突、暴力，把排斥他者作为抗拒全球化的方式，或者在文化自恋中独自疗伤，走向自我封闭；而英国政治家们则不断地以不同形式呼吁民族团结，暗中寻求办法来消除和抵制文化多元主义政治的出现。到头来，理论依然被大众与政治家的喧嚣无情地湮没。

长期以来，我们活在西方跨文化传播理论的阴影里，导入其理论与方法，可最终发现那是西方跨文化传播问题的产物，难以应对我们的问题。那么，中国的跨文化传播问题是什么呢？

中国在走向全球化的过程中缩小了与发达国家之间的差距却扩大了文化冲突，中国如何与他者交流，如何理解他者又如何被他者所理解，如何与他者进行价值观对话，如何与他者建立信任关系，如何增强跨文化传播能力，这些都成了极为迫切的问题。与此同时，中国社会内部面临更多的跨文化传播问题：发展不平衡的民族如何化解冲突，如何解决留守儿童、留守老人、新生代农民等弱势群体的"交流贫困"，如何重建群体间的信任关系，如何面对媒介化社会的"失联"现象，如何在陌生人社会里重建人的交流关系。

在跨文化传播这个亟待解决的问题上，中国与世界其他地方有着相似性：无论是崇尚自由、信奉占卜的罗姆人，还是怀着乡愁为寻找富裕之路而散落四方的中国农村人，每个拥有不同信条的群体在全球一体化的过程中被共同赋予同一个信条——财富。当财富分配不均，每个群体都会用自己的文化方式表示着抗议。中国有着跨文化的特殊性，更多地偏向以文"化"人

---

① 参见单波《跨文化传播的问题与可能性》第二章，武汉大学出版社，2010。

的同化策略，失落了"和实生物"的智慧。而这种智慧的失落使多元文化群体的交流失去了内在的支撑。

这套丛书试图集中探索基于中国问题的跨文化传播，其特点在于：聚焦不同文化群体间的交流问题，并把这种问题还原到中国人的日常生活中加以观察，呈现中国人的跨文化交流，寻找新的理论解释路径，建构中国人的跨文化传播视野。

为此，我们努力面向问题而思，面对交流而辨。

是为序。

单　波

2015 年秋于珞珈山

目　录

第一章
布岱的族群交流

本书所呈现的族群交流，其发生地点为一个少数族群聚居的跨境社区。于此处聚居的族群在日常生活与交往行为当中具备典型的跨界交流特征：①由习俗或者政治界定族群边界，保持或者重建部分族群内部交流的传统方式；②由于族群成员的社会交往而产生跨越族群边界的交流行为。更具体而言，族群生活在由多维界定的跨文化交流场景中，在现代社会活动中经历了离散与回归的体验，并且热衷于重建传统的族群交流方式。

第一节　布岱的族群边界

在今天，族群之间的地理边界早已模糊，像马林诺夫斯基所描绘的“小型社会”数量锐减，确实很难再发现与世隔绝的世外桃源，而更多出现的是多族群聚居的社会空间。更重要的是，本书的田野观察选定了一个多族群聚居的典型社区，该社区在最近十年自发产生较为强烈的重建传统的族群交流的行为。尤其是世居于此地的布岱族群，在经历现代化的进程中，重建族群交流的传统方式。在族群历史中所形成的交流的诗性智慧，向内凝聚于族群仪式的内核，向外则表现于重新兴起的葬桥仪式、侬峝仪式和歌坡活动等典型的族群仪式中。

一　从族群的称谓谈起

广西龙州县金龙镇是一个壮族与汉族多族群混居的地域。从人口比例而言，壮族人口所占比例在三个乡镇均超过98%，其余的民族则是通过婚姻形式进入此区域的，如汉族等。对于本地壮族的自我称谓，则需要细分为布岱、布侬、布雷、布板卡等分支族群，各分支族群在民族政治的划分时均归为壮族。与此同时，在族源关系上，各分支族群均与相邻的越南族群有着密切的、对应的同源关系。

分布在我国境内的壮族分支布岱族群，与分布在越南境内的岱侬族，同源于古代百越，是不同历史时期从我国长江中下游地区逐渐向西南方向、东南亚地区迁徙、分化而来。我国与越南在20世纪先后对本国民族进行大规模的普查与命名，处于我国境内的布岱族群被确定为壮族，而越南境内则被命名为岱侬族（Tày）。从语族分类而言，我国的壮族与越南的岱侬族均为壮侗语族，在日常用语、风俗习惯、传统文化、民间信仰等方面仍然体现出共同的特征。在漫长的历史发展期间，各分支族群之间的主流为"和平跨居"①，为数不少的越南岱侬族人过境务工、结婚，族群之间走动频繁，日常交流畅通。

二 布岱族群

布岱族群自称"布岱"或"岱"②。在我国民族识别的过程中，该族群在早期以"傣"申请确认为单一民族③。之后经过广西省民族事务委员会④、广西省人民政府⑤、中华人民共和国民族事务委员会⑥、广西省人民委员会⑦、

① 周建新：《和平跨居论：中国南方与大陆东南亚跨国民族"和平跨居"模式研究》，民族出版社，2008。
② 也有部分文献称为"布傣"。布岱自称"dāi"，文字既有采用"傣"字，也有采用"岱"字。笔者之所以选"岱"而不是"傣"字，原因在于在田野当中尚未接触到"布傣"与云南"傣族"的族群联系的明确证据，却拥有相当多的证据表明"布岱"与越南"岱侬族"的同源族群关系。为了避免混淆，笔者认为应该采用"岱"而不是"傣"的文字表述方式。
③ 桂西僮族自治区人民政府民政局1953年4月13日致函广西省民族事务委员会请求研究决定龙津县金龙峒傣人的族别，《关于确认龙津县金龙峒傣人为僮族的调查材料》[桂西僮族自治区人民政府民政局（函）(53)民族字第10号文件]。
④ 广西省民族事务委员会1954年3月18日致函桂西僮族自治区民政局，抄转中南行政委员会民族事务委员会1954年3月13日《关于龙津县第六区民族情况调查报告中的几个问题的意见》。
⑤ 广西省人民政府民族事务委员会工作组，《龙津县金龙峒傣人情况调查》（摘要），1954年5月22日。
⑥ 中华人民共和国民族事务委员会，《广西龙津县金龙峒傣人的基本情况》，1955年5月27日。
⑦ 广西省人民委员会，《关于我省民族成份问题的通知》[(57)会族字第4号]，1957年4月17日。

广西僮族自治区筹委会①先后组织专家深入调查与研究，最终慎重确认傣人为僮族（即现壮族）。由于民族政策的宣传到位与落实到位，布岱在民族认同上均能认同"壮族"的政治身份。

2003 年，出于保护非物质文化遗产和打造地方文化名片的需要，布岱族群的习俗文化重新被学者和地方政府挖掘并公之于世。此外，布岱族群与相邻的越南下琅县岱依族人自称相同。据金龙镇布岱自称，其祖先多从越南迁来，为稻作农耕经济的族群。

因此，受政治与风俗的双重影响，布岱的族群边界处于多维边界之中。一是政治边界。我国壮族的布岱族群与越南岱依族虽为同源族群，但族群之间的边界严格遵守国家领土的政治边界的区分原则，各自认同国家所赋予的民族身份。二是习俗边界。族群之间的习俗边界则是文化边界的具体表现。文化边界渗透于日常生活之中，而文化形式的差异则是以本地族群、族群之间所认同的外显的形式差异。布岱与岱依人通常穿深色长衫，长度至膝盖以下，俗称"长衫岱"，共同的风俗有郝桥仪式、歌圩活动、侬尚仪式、不落夫家的婚姻、使用越南口音吟唱的古俗字手抄经书和歌本。

依据本书的观察对象，我国壮族的布岱族群为观察与研究的重点族群，与其交往较为密切的我国壮族其他支系（如壮族的布侬族群）、越南岱依族则作为观察与研究的参照。

第二节　布岱族群交流的重建

在中越边境线两侧，历史上一度消失或者濒临失传的某些"传统的族群交流方式"在最近十年奇迹般地自发"复活"。抛开由地方政府支持的非物质文化遗产保护项目之外，由本地群众自发复兴的传统的族群交流方式，忽然得到族群的广泛认同。在现代化的进程中，类似郝桥仪式、侬尚仪式、对歌活动等族群交流方式的重建，成为族群寻找交流智慧的自发行为。

---

① 广西僮族自治区筹备委员会转发《省民委关于在普选中处理某些民族成份问题的意见》〔（58）僮筹字第 4 号〕，1958 年 1 月 30 日。

一　重建族群交流的缘起

为何需要重建族群交流？不妨先从人与人的自由交流谈起。

人的本质是社会关系的总和，而人与人之间实现自由交流的可能，是大家公认的跨文化传播研究的核心命题之一。交流是人存在于社会的天性，但是人在现实的交流过程当中又面临着种种困扰，它们甚至会扭曲人性。另外，族群是一群共享经验与祖先的人，而且包含着"这些群体交互关系和认同的社会过程"①，交互关系与认同构成了族群交流的基础。如果把观察人与人交流的眼光定焦于族群交流，问题仍然相当复杂。

进一步而言，何谓"族群交流"？

这需要从"交流"说起。对于"交流"的理解，要溯源至其拉丁语communicare，其原意为"共同或共享"。当相应的英文术语 communication 最初传入我国内地之时被翻译为"传播、交流"。发展至今，communication（传播、交流）有广泛的含义，学者单波教授将之归纳为五个界定："①界定着信息在自然空间内的传递；②界定着人与人之间的传递关系和交换关系；③界定着人所共享的文化世界；④界定着人的社会交往仪式；⑤界定着文化的生存与再生。"② 因此，本项观察与研究所涉及的"族群交流"，是指以族群为交流主体的交流行为，其中既包括族际交际所涉及的族群与族群之间的交流问题，也涵盖族群内部的认同问题。族群交流的内容，不仅有现代语境中的文化、经济、政治的对话内容，而且还需要关注族群传统语境中的语言、神话、情感表达的对话机制。

族群交流的关系研究并不等同于族群认同的关系研究，因为"族群认同属于族群心理研究范畴，建立在族群意识的基础之上"③。族群交流更偏向于族群关系的研究，是"以族群主体之间的互动与交往形态为研究对

---

① 转引自周大鸣《论族群与族群关系》，《广西民族学院学报》（哲学社会科学版）2001 年第 2 期，第 14 页。

② 单波：《跨文化传播的问题与可能性》，武汉大学出版社，2010，第 3 页。（序号为笔者所加。）

③ 周大鸣：《多元与共融：族群研究的理论与实践》，商务印书馆，2011，第 1 页。

象"① 的观察。再进一步，倘若将关注点落在交流的族群主体，那么，由"交流"的概念含义推至"族群交流"的问题思考，旋即成为聚焦于某个群体或者族群如何实现交流圆满的追问。

二 布岱族群的三种重建仪式

处于市场经济大潮中的布岱族群，同样经历着离散与回归的过程。其中，回归的特征之一是布岱热衷于重建传统的交流方式。布岱特有的、古老的莪桥仪式与侬岗仪式，在中断半个世纪之后，以"民间信仰"的名义再度兴起，与对歌的交往形式一道，成为布岱族群内部、布岱族群与其他族群之间最具凝聚力的认同活动与交流行为。

（一）莪桥仪式的姻亲家庭交流

我国壮族的布岱族群与越南的岱侬族均流传有莪桥仪式。从人生的时间轴而言，布岱必须经过"桥"的仪式才能算成人，"莪桥"（也称为"过桥"）在口语表述上接近现代语的"成人礼"。在家庭与家庭、家族与家族之间的群体交往中，"桥"的含义更具有深刻的社会影响。布岱族群曾盛行"不落夫家"② 的婚姻风俗，亦即女子新婚当天就离开丈夫而返回娘家居住，仍然作为娘家的家庭成员参与娘家的生产活动。在相当长的一段婚后时间里，新婚妻子与丈夫可以互相往来帮忙农活，或者妻子到丈夫家小住一两天，但在大部分时间里妻子都住在娘家，直到怀上头胎才由丈夫接回夫家居住。待到第一个孩子出生、满月后，娘家人必须请法师到夫家做法事，娘家众亲戚到夫家祝贺，才算是正式把妻子送到丈夫家。而丈夫家则组织亲朋好友宴请娘家人。在法师做完法事并安放"桥"之后，怀抱孩子的夫妻双方才算是正式成年，在家庭里都能独当一面，承担照顾老人和孩子的家庭责任。

"莪桥"仪式不仅把年轻夫妻联系在一起生活、生育、生产，更重要的是，通过此庄重的神性仪式，超越家庭而扩至家族的交往范围，将女方家族

---

① 周大鸣：《多元与共融：族群研究的理论与实践》，商务印书馆，2011，第1页。
② 潘艳勤：《布岱的"弄桥"仪式与"不落夫家"：以中越边境的其逐屯为例》，《广西民族学院学报》（哲学社会科学版）2004年第6期，第78~85页。

与男方家族的大部分成员召集起来，在家庭祖先的神灵见证下，互相认识、交流，以达成两个家族群体联姻交往、消除间隙的效果。女方的家人来到男方的村屯，一般都要带上粽子等小礼物挨家挨户地拜访，算是一种通过相互认识希望日后能友善共处的礼仪。而男方的亲戚则在"莽桥"仪式结束后的当天中午集中到男方家庭，和女方亲戚共进午餐。这顿午餐一般都男女分桌，男方与女方家族的男性成员围坐一起，互相介绍，猜码喝酒，不紧不慢，从陌生到熟悉，甚至临时组合猜码竞赛，好不热闹。桌上只有一大盆本地土酒，一只调羹，全桌人轮流罚酒。女性成员则是围坐厨房帮忙，互相打听，交谈，欢笑。这顿酒喝下去，两家几十号人无有聊不开的话题。"莽桥"因而也成为两个家族在神灵的见证下联姻交往的关键仪式。仪式的核心为法师所操持的庄严法事，主人希望通过神性的仪式，将原本分属两个家庭的众多成员，无条件地接纳为一个更强大的姻亲家庭关系。

（二）侬峝仪式的"神性"交流

侬峝最重要的仪式是民间信仰仪式"求务"。布岱认为，"务"为族群高祖以上的神灵，游走飘浮在天与地之间，起到沟通天上神灵与凡间人们的作用。"求务"则是由得道法事操持者（法师）通过弹天琴、唱经书、做仪式来传达凡间向天祈求来年风调雨顺，五谷丰登，氏族繁衍，六畜兴旺，老少平安等的意愿与愿望。村屯各户自愿摆供品，借此体现求务祭仪的庄严隆重，表达族群对"务"的敬畏，共同祈愿"务"的福临。

侬峝仪式主要是布岱、岱侬族人在正月期间所轮流操持的一种重要的集体祭祀仪式。但是，生活在当地的其他族群的人同样会参与进来，尤其是借助侬峝仪式期间自发形成歌坡，或者配合着附魅的仪式，大家尽情倾诉与狂欢。举行求务仪式的日期为每年正月初八至十五日。仪式分别由布岱族群数个大自然村落轮流承办，或几个村屯联合筹办，如初八日在双蒙村板梯屯、武联村弘朝屯，初九日在民建村布毫屯，初十日在花都村，十一日在民建村板送屯，十二日在立丑村逐立屯，十三日在双蒙村板蒙屯，十四日在横罗村下其逐，十五日在越南下琅县。从2011年起，龙州县为了打造板池屯"美女村"的旅游品牌，于农历正月十一日增设板池屯的侬峝节。同年，板梯村则是自发举办侬峝节。侬峝节期间，布岱出于对神灵的敬畏（包括对祖先），对无知世界的敬畏，把手中的一切农活都放下，将平日一切邻里纠纷都搁置，不同村屯的人们集合到一起，远游求学与外出务工者纷至沓来。大家互相串门，笑脸相迎，喝酒猜码无间隙，或者倾诉对外交流所遇到的挫折与幸运，更重要的是互相交流外界的信息，为新的一年做好奋斗的准备。

（三）歌坡的情感交流与诗性交往

本书所指的歌坡，为龙州县当地跨境族群的男男女女在约定日期、约定地点，以原生民间山歌对唱为嬉戏的一种交往形式，目前仍流行于金龙、武德、逐卜等乡镇，以及邻国越南下琅一带。这种原生的民间山歌对唱有别于官方举办的山歌比赛、山歌表演。

作为交往形式的歌坡，历史上曾经是当地男女社交的手段：一是初恋时试探对方。当地族群自古以来崇尚自由恋爱，青年男女在合适年龄即结伴到邻村参加歌坡的对歌，互相认识，或者发展成为初恋情人。歌坡中的对唱成为考察对方生活态度、劳动能力、伦理观念等认识是否符合自己的选择标准，也是考察对方思维是否敏捷、处理人际关系是否聪明的巧妙办法；二是选择合适的搭档，倾诉自己的心事，或者相互之间为生活中遇到的家庭问题排忧解难，倾听心声。尤其是近年恢复的歌坡，歌手大多数为中年人，歌坡中的山歌基本都是以倾诉心事的歌谣为主，反而鲜见以恋爱为目的的对歌形式。

歌坡中最有活力的形式当属对歌。对歌，即男问女答，或者女问男答，在一问一答中进行博弈。男女歌手之间既有可能是初次见面或者初次搭讪，也有可能是彼此熟悉、互相倾慕的熟人。如何在男人与女人之间打开话匣子，进而交心交情，最终却又不影响现实家庭生活，这在歌坡的交往当中充满着技巧与智慧。围观歌坡的听众，也被这种极具博弈悬念的技巧所吸引。歌坡宛如一场球赛，即兴创作，斗智斗勇，其结果不是为了引起一场真正的斗争，而是作为一种交往的黏合剂，不仅将男女歌手在性别对抗中黏合起来，而且让围观的群体在高昂的情绪中认同群体之间的友谊与合作。

三 重建族群交流的核心问题

布岱在回归过程中不经意地重建自己族群的传统交流方式。对于跨文化传播的观察者来说，更重要的是，要透过布岱重建交流方式的现实，理解布岱在现代社会进程中所遇到的交流困境，以及发现他们寻找自由交流的智慧。

（一）观察的支点

从跨文化传播研究的视角进行聚焦，以莃桥仪式、依岗仪式、歌坡为传统族群交流方式的布岱族群，在经历离散与回归的现代化进程之后，族群内部的人际传播方式，族群之间的群体传播与大众传播方式，均发生了很大的变化。而当前国内的跨文化传播研究视域，鲜见以跨境族群为视角的交流问题的观察与研究，尤其是在民族国家认同强化、离散与回归的双重影响下，布岱族群是如何"重建"传统的族群交流方式，发挥主观能动性和诗性智慧的创造性，以独特的传播机制克服交流的障碍。这里所谓的"重建"，并不是"回到过去的智慧，也不是把过去的智慧信条化，而是创造新的智慧，寻找跨文化理解与沟通的可能性"①。在现代性影响的语境下，这样的"重建"因而具有了非凡的时代意义。这即是本书观察与研究的理论出发点。

依据这样的理论出发点，对于布岱重建族群交流的现象，就需要确定三个观察支点：其一，研究对象的边界支点。生活在此地的布岱族群，与其他生活在同一社区的同源族群保持着由习俗或者政治界定的、相对清晰的族群边界，族群之间的相互交流有迹可循，利于比较观察。其二，研究对象的历时性体验支点。这是"重建"的前提。布岱族群以及聚居的其他族群，均不同程度地经受着离散与回归的现代性冲击，现代性已经影响或改变了他们对婚姻、社区、性别关系、国家政治等多方面的观念。其三，研究对象自发产生的"重建"的特殊行为。布岱族群借助其特殊的仪式，重建具有传统诗性智慧的族群交流，并能从中体验到交流的自由。

（二）概念的界定

布岱的莃桥仪式、依岗仪式和歌坡活动，三者呈现布岱族群丰富多彩的族群交流的文化特质。透过文化特质的表象，观察的视角逐渐聚焦与明晰于三个概念：族群交流、神性、诗性交往。

（1）族群交流。本书所表述的"族群交流"，是指以族群为交流主体的

---

① 单波：《跨文化传播的问题与可能性》，武汉大学出版社，2010，第1页。

交流行为，其中既包括族际交际所涉及的族群与族群之间的交流问题，也涵盖族群内部的认同问题。族群交流的内容，不仅有现代语境中的文化、经济、政治的对话内容，而且还需要关注族群传统语境中的诗性语言、神话、情感表达的对话机制。

（2）神性。本书所指的"神性"不是抽象的想象，而是可观察的仪式与文本，其内容包括面向神灵的祭祀仪式、有关神灵存在的经文、有关与神灵沟通的神话故事，以及与神灵有关的族群自述。这类"神性"的仪式与文本有助于揭示族群交流的思维方式与行为来源。

（3）诗性交往。本书提及的"诗性交往"，既包括当地族群在山歌对唱中以感性思维方式创作的歌词内容与表现形象，也包含由山歌对唱所营造的交流情景和移情所创造的交流意象与境界。亦即是，诗性交往不仅有对歌创作的原生态形式（对歌），也有相应的原生场景（如歌坡），还要有不受逻辑思维所束缚的思维角度与思维形象，并且借助想象力创造新的意象与境界。在观察与分析的过程中，诗性交往可以借助文本分析来呈现其形式。

（三）核心问题的呈现

针对前述三个概念，田野观察需要开展的任务包括：①在选定的观察对象当中，尽可能详实地描述布岱族群在三种仪式、日常生活中所特有的族群交流方式，包括族群交流的形式、过程、人与人之间的关系变化、社会意义的建构等多方面内容；②剖析那些影响布岱族群传统的族群交流方式的现代性因素，焦点在于与他们离散与回归相关的因素；③探索布岱族群应对现代性冲击而重建传统的族群交流方式的策略或诗性智慧。

因此，田野工作所观察的重点不单单是深描所选定的族群交流的"异文化"特质，更重要的是，需要从描述与解释布岱族群重建族群交流的文化特质里面，寻找族群交流的智慧与可能性。亦即是，以特定族群作为跨文化传播实践主体，剖析特定族群在遭遇现代性之后如何参照传统的族群交流方式重建族群交流的诗性智慧，尝试在现代性语境中建构跨文化传播的多维途径，以构成积极的族群交流的多彩图景，同时丰富族群交流的理论的探索成果。

另外，田野工作不仅仅局限于本国的实地调查，还需要将访谈对象扩展到邻国同源族群的人群，这就牵涉到地缘政治、文化边界等跨国政治的问题。如此一来，本书所探讨的族群交流、对话实践将更具国际化意味，对于地缘政治的现实问题具有参考、指导意义。

至此，针对布岱重建族群交流的观察，其核心问题在于：族群交流的原有基础是什么？当这种原有基础被"离散与回归"的现代性所逐步消解之时，族群又是如何"重建"传统的交流策略，或者说体现何种族群交流的诗性智慧？具体的研究内容如下。

（1）在所观察的族群当中，族群成员如何通过婚姻、社区、性别关系等方式体现确定的族群身份，实现族群内部、族群之间畅通的族群交流。

（2）所观察的族群交流面临怎样的现代性问题，如国家权力的切割、社会流动的纷扰、媒介文化的影响。

（3）在新时期，所观察的族群为何热衷于重建传统的族群交流方式，这当中表现了怎样的人性需要？或者，表现了怎样的族群交流的诗性智慧？

第二章
族群交流的断裂

离散的理论基点肇始于跨国移民的观察与研究，但是发展至今，"在后现代语境之下，diaspora（离散）越来越远离某一既定的群体及其特质，更多强调体现于空间散布中的联系、制度与话语，而其表达的观念和意识，并不一定要落入一个实在的地方和国家的叙事框架中"①。回归的理论也处于相同的后现代语境。

对于布岱族群而言，"离散"与"回归"的特质更多强调的是族群中众多个体在族群传统空间之内与之外的散布，以及由散布所带来的新的联系与交流。在活跃的市场经济驱使下，今天的社会流动只是布岱族群社会流动的一部分。除此之外，布岱族群历史上的迁徙历程，以及中越国家边界线的变迁，亦都属于族群离散与回归的缘由。"族性""流动性""迁移""认同""多样性离散"等特质仍然在布岱族群向外离散、向内回归的过程中呈现。因此，本书所描述的田野观察，有必要将离散与回归的国家叙事框架，转化为族群的地方叙事框架，以利于洞察布岱族群的族群交流重建问题。

第一节　世居的空间

依据现代传媒的形象塑造，布岱族群是以其舞台表演的天琴艺术而闻名于外界。如果循着天琴舞台化发展的线索回溯至布岱族群的日常生活，人们可以发现布岱其实是一个崇尚族群交流的群体，交流的基础在于他们的精神

---

① 段颖：《diaspora（离散）：概念演变与理论解析》，《民族研究》2013 年第 2 期，第 18 页。

信仰和诗性智慧。"苦难出诗人"，布岱族群的传统交流方式建构在困境与憧憬交替的自然环境与社会交往之中。

一 从聚居到混居

从单一族群的聚居，到多个族群混居的历史过程，亦即是布岱族群的族群交流变迁史。由于生产力的影响，先民的交流受制于自然环境。而在混居的社会环境，人与人的交流更多体现在族群之间的关系变迁。

（一）布岱族群沿袭的聚居生活

"布岱"为族群自称，世居的区域为现龙州县金龙镇与越南下琅县一带。这个区域的地理环境具有典型的喀斯特地貌特征。

一是溶洞多。对于人类早期的生活生产而言，溶洞可以为人类提供遮风避雨的庇护场所。布岱族群所居住的金龙镇地区，历史上长期称为"金龙峒"，其中的"峒"既是南方古代少数民族居住地的泛称，也是对此处地貌特征的描述。布岱先祖居住在溶洞中，家族与家族之间、族群与族群之间的交往就必须走出洞穴，下山找到平坦开阔的地方，因此，古岱字有"𡎚"字，原义即"下去"。

二是洼地与谷地多。洼地是一种近似封闭的平地，洼地四周往往是低矮的石头山或者峰林，虽然雨季可以积水，但积水大多数通过地下溶洞或石头缝隙排走，因而易涝易旱为其特点。谷地是更大面积的近似包围的洼地。洼地与谷地为当地各族群赖以生存的种植区域，也是各族群在历史上长期与外界缺少交流的天然障碍。近十年，由政府大量投资修建的公路，已经解决大部分村屯出行难的问题。

三是泉水与地表径流多。喀斯特地貌虽然藏不住水，但也带来泉水与地表径流，这些水源成为当地族群种植作物的自然依靠。当地传统的农作物为水稻，改革开放后，布岱逐渐改种甘蔗。种植方式的变迁，对水源的利用也发生改变，由原先的灌溉式转变为目前的管道滴灌式，这需要农户投资铺设网状管道系统，加大农户对糖厂企业的贷款依赖。

由于洼地、谷地以及地表径流的特点，布岱祖先从山洞走下平地后，不得不采取聚居的生活生产方式，围绕着有限的土地与水源，构建族群生活的社区。在古代交通工具不发达的社会环境中，这样相对封闭的地理环境也促成布岱族群发展一套族群内部的交流方式，例如婚姻的不落夫家、交往的以歌代言等。人与人的交往，族群与族群的交往，都围绕着聚居生活的方式展开。

（二）与其他族群混居的社会环境

由于布岱族群所居住的环境为洼地与谷地，因此，历史上他们还曾在有限的可耕土地上与另一支族群——布侬族群——争夺生存的空间。经过近800年的历史变迁，尤其是在新中国民族政策发挥团结各族人民的作用之后，两个族群基本达成和谐相处的共识，稳定并和平地分布在金龙镇的各村屯。两个族群的分布情况见表1。

表1　布岱与布侬族群分布情况

序号	行政村	屯数（个）	屯名与族群居住情况		
			布岱占大多数人口的屯	布侬占大多数人口的屯	布岱/布侬混居的街、屯
1	金龙村	11	都鸟、红村、板域、内排、更怀、岜浪、那炭、那灌	谷赖、谷桐	金龙街
2	双蒙村	9	板蒙、空相、百贞、弄昌、板梯、板内、板池	陇其	布双
3	光满村	9	板肥、板雁、三卡、那莫、板会、板迎、光明、大满	布教	无
4	新兴村	3	无	陇昔、陇齐、陇底	无
5	立丑村	5	逐立	布苏、陇丑、廷弄、谷望	无
6	板梯村	6	那桧、渠麻、东龙、那旁	陇密、陇青	无
7	横罗村	7	其逐、板罗、都宽、查外、查内	陇峨	板门
8	民建村	14	板送、布豪	布梯、廷弄、百陇、渠雁、凌井、弄匡、内到、百他、陇肥、陇坦、陇板、角羊	无
9	侵笔村	8	板球	念连、布尧、布物、板内、陇万、渠侵、陇念	无
10	花都村	8	布多、布柏、布界、弄内、板底、岜崩、百念	叫是	无
11	三圣村	9	无	念勇、板敢、达灵、板鲁、底营、吉甫、那苗、岜白、板贡	无
12	敢赛村	10	无	益上、板鹄、板郁、益下、板暖、板墩、古肥、百沙、板旧、板赛	无

续表

序号	行政村	屯数（个）	屯名与族群居住情况		
			布岱占大多数人口的屯	布依占大多数人口的屯	布岱/布依混居的街、屯
13	贵平村	8	陇底、板贵、峒平、板探、板烟	莫念、叫内、弄柴	无
14	高山村	7	板闭、板陋	陇水、陇叫、陇荷、岜院、岩思	无
15	武联村	14	弘曹、板教	陇典、板下、板上、洞龙、弄要、陇盟、逐角、逐桧、板外、板江、陇考、百里	无

注：1. 1982 年以后更改的村名、屯名共计 15 个村 128 个自然屯。

2. 数据采集时间为 2014 年 1 月 17 日至 2 月 5 日。采集人：笔者；核对人：农 YX、梁 LG。

　　布岱族群除了和布依族群共处一个地域之外，还与越南岱依族、侬族相往来，因为在历史上他们都是源于同一族群先祖，语言、习俗相通，族人之间存在婚姻与亲戚关系。前文提到的布岱族群内部的歌坡活动，同时也发展成为族群之间的歌坡活动。这种状况一直延续到 1974 年，两国邦交恶化，两国的族群才严格坚守各自的疆界，边民中断跨境往来。到了 20 世纪 90 年代末期，在中越两国恢复和平很长一段时间之后，两国边民重新交往。由于国界线两侧的经济发展状况不一，大量越南女性嫁到经济较为发达的我国边境线内，跨境家庭构成了新时期的混居模式。

二　歌坡：族群交流的仪式

　　歌坡是我国壮族各支系（包括布岱族群）共同拥有的族群交流活动形式。越南岱依族、侬族等民族由于与我国壮族为同源族群，因此也流传有歌坡活动。歌坡，亦即各族群的男男女女在约定时间、地点以对歌方式进行的情感交流。依据当地人的习惯说法，歌坡既指发生对歌活动的空间（如竹林、坡地等），也指对歌活动的行为本身。

　　（一）歌坡的时间安排

　　歌坡的时间约定均以农历为定制依据，是根据当地长久以来形成传统的固定的圩日而定。由于歌坡的日子均与赶圩贸易的日子相同，当地群众既可以赶圩贸易，又能听歌、唱歌，故也称之为"歌圩"（见附录 2）。更准确地说，"歌圩"属于当地比较重要的贸易活动与社会活动，而"歌坡"则是发生在歌圩日子与空间里的一项族群交流活动。

历史上，龙州县的每个乡镇都有歌坡，尤其是金龙镇、武德乡、逐卜乡的歌坡名声较大，参与的人数较多。歌坡的日期为约定俗成的，但凡当地人都知晓这些重要的日子。金龙镇规模较大的歌坡有三种日期：一是与正月的侬峒节同时，如正月初八至十四各村屯侬峒节中的歌圩；二是与农历六月各村屯的"昆那节"①同时；三是传统的特定日子，如农历三月二十三民建村弄匡屯歌圩、四月十四金龙街歌圩。

（二）歌坡的社会空间

布岱有赶圩的习俗。布岱的赶圩并不仅仅是指到圩市进行买卖贸易，还有是到圩市参与歌坡，亦即参加一项具有交流意义的社会活动。甚至，按照当地商贩的说法："圩日人多，除了卖米粉的挣钱之外，其他生意可见得好多少。很多人都是来赶歌坡的，听唱山歌的，不是来买卖的。"

从社会空间而言，歌坡的具体场所相对固定。在白天时间，如果是晴天，歌坡多在圩市村边的树林、竹林，要以树叶、竹叶遮挡阳光为好。如果是阴天，歌坡也可能在圩市村头没有树叶遮阴的田埂上。如果是下雨天，发生歌手无法避雨的情形，歌坡则自动取消。在有些实际案例中，双方歌手进入状态较强，从白天唱到天黑仍舍不得离去，歌坡则会转移到附近人家或者某位歌手的家中，大家匆忙吃过饭后再继续对唱。这样热情的对歌方式，甚至有通宵达旦对唱而令人津津乐道的真实案例。

还有一类属于临时形成的对歌活动，它亦具有歌坡的特点。有的村民遇到喜庆日子，如婚嫁、满月、入新房，可能会出资邀请几位歌手前来助兴。这类对歌除了按风俗唱赞美词之外，大家都会鼓动歌手按歌坡的方式唱情歌，或者唱叙事长歌。

因此，歌坡广泛扎根于布岱日常生活的社会空间。这样的社会空间，既有圩市的公共空间，也有私人家庭的私人社会空间。社会空间的广泛性为歌坡的重建提供了肥沃的土壤。

---

① 昆那节，在龙州县的壮语中意为水稻丰收的节日。壮族人收割水稻后，各村屯轮流举办聚餐庆祝，期间有歌坡的交流形式。

三 敬神：族群交流的精神内核

如果说歌坡是族群内部或者是族群与族群之间的交流方式，那么，敬神则完全是族群内部的交流方式。依布岱族群的观念，他们是有着与自己祖先相联系的神灵。布岱认为，神灵具有超自然的能力，能够帮助他们顺利地与他者进行交流，帮助他们适应现代化进程中的社会变迁。

（一）敬畏

布岱族群的观念存在着三个神灵阶层：人类最高神乜积歌与阿积帝、家神"务"、鬼与鸡鬼。与之相对应，神灵世界里还设置有十三道江阴府。布岱在个人的人生重大礼俗、族群的重要习俗中都要举办严肃的敬神仪式。这类族群的敬神仪式为布岱族群与越南岱依族所共有，原因在于这两支族群都源于同一族群祖先。而混居的布侬族群则没有相同的神灵。法师被视为代表族群向超自然的"他者"沟通的中介。

布岱注重与神灵沟通的仪式。布岱认为，神灵代表着具有超自然能力的"他者"，他们只有敞开心扉地向"他者"沟通，才有可能获得心灵的解脱，获得"他者"的理解，甚至世俗一点，获得"他者"的回报。在沟通的过程中，敬畏成为打开与"他者"自由交流的钥匙。

（二）向善

神灵不仅是布岱族群的族群文化边界，也是布岱族群在交往与交流当中渴望集体向善的一种祈福方式。在敬神仪式期间，布岱族群带着敬畏与禁忌而相聚、倾诉与狂欢。对于日常生活中遇到不可解释的自然现象，或者不可解决的人际关系问题，布岱往往想象着求助于神灵的力量，建立想象中的族群交流通道，与超自然的"他者"虔诚地沟通，以期达到心灵的慰藉。例如，求生育的"求花"仪式、求夫妻平安与孩子健康的耖桥仪式、求村屯平安的"封村"仪式等，无不带着向善的观念，向具有超自然能力的"他者"进行沟通。

在布岱的思维深处，族群中个体的"我"是借助敬神仪式而融入更大的族群群体，因此"我"也需要以"善"的方式回馈族群（包括家庭）。这在一定程度上含有"轮回""报应"的意味，但经历了离散与回归的波折之后，布岱更加明白，只有自己以"善"的观念作为引导，才能更乐观地应对社会变迁所带来的各种交流障碍。

第二节　族群的离散

以离散与回归为特征的社会流动性，意味着人需要从一种交流困境的状态中"解放"出来，例如，布岱需要从封闭的地理环境中解放出来，以投身到更大的交流之中。"解放"，正是"从某种阻碍或阻挠运动的羁绊中获取自由；是指开始感觉到运动或行动的自由"[①]，由解放带来的族群离散，迅速瓦解了由封闭地理环境所营造的原有族群交流方式，而心灵的"离散"与"回归"更是成为乡愁式交流的诱发剂。

一　外出务工与物质回报

很多布岱都有走出村庄的强烈愿望，务工、读书、经商、结婚是最为常见的向外流动的离散方式。如何掌握外出流动人口的数据是个很大的难题。但是，在田野调查之时，我们仍能发现，外出务工、经商与结婚（主要是外嫁的情形）的村民为向外流动的主流群体。下文所选用的选民统计也是以此作为主要参考指标。而通过读书的方式向外流动，归根结底仍然是在外务工的问题。尤其是，大学毕业的布岱基本上都不回村子里工作，即使他想选择回乡创业，也会遭到村里人的反对："好不容易供你读完大学，就盼你有出息，怎么还回村里混？"

（一）外出务工的比例分析

市场经济迫使农村人口急剧向城镇流动，外出务工或经商成为布岱主动或者被动的选择。在外出务工或经商的同时，布岱不仅获得有别于农村的、更加丰厚的物质回报，还可能改变着生活方式与交流方式。外出的布岱也因此与传统的农村社区脱离，失去对农村社区的交流方式的感知。

为了简单说明外出布岱的人数比例，我们以一份完整的选民人数统计表

---

① 鲍曼：《流动的现代性》，欧阳景根译，上海三联书店，2002，第24页。

为例展开分析。我们以 2014 年 8 月份金龙镇举行选举时的统计数为例，见表 2。

表 2　金龙镇外出选民基本情况调查表（2014 年 8 月 22 日）

社区名	总人口数（人）	总选民数（人）	外出选民总人数（人）	外出选民占总选民数的比例(%)	外出选民各年龄分布段的人数（人）		
					35 岁及以下人数	36 ~ 49 岁人数	50 岁及以上人数
贵平村	1984	1497	113	7.5	40	45	28
高山村	1711	1326	192	14.5	77	67	48
武联村	2526	2110	788	37.3	305	286	197
立丑村	879	660	271	41.1	108	95	68
敢赛村	1992	1665	350	21	140	122	88
三圣村	1052	916	311	34	124	108	79
民建村	3949	3125	377	12.1	150	131	96
新兴村	848	624	268	42.9	107	93	68
光满村	2368	1869	255	13.6	102	89	64
侵笔村	1873	1503	872	58	384	308	180
花都村	1118	929	268	28.8	107	93	68
板梯村	890	689	96	13.9	38	33	25
横罗村	1366	1091	395	36.2	158	138	99
金龙村	3080	2354	502	21.3	200	175	127
双蒙村	2984	2392	757	31.6	302	264	191
合　计	28620	22750	5815	25.6	2342	2047	1426

从统计表中外出选民比例可以看出，各村外出选民占总选民数的比例从最小的 7.5% 到最大的 58%，比例相差幅度非常之大。而在金龙镇的总选民人数当中，外出选民亦达到了 25.6%。这比例不包括总人数当中的非选民的情况。非选民既包括有未到选举年龄的学生，也包括不符合条件的成年村民，他们外出流动的不确定性非常之大。

参考上述数据，对于外出人口比例无规则分布的解读，可以从田野调查中的三个主要方面得到实证解释。

一是外出务工群体的人际关系。表 2 所反映的外出选民人口都是指离开龙州县的务工人员，其中 80% 都是到广东打工者。在广东打工，村民比较集中在两个行业：电子厂和牛仔服装厂。进入这两类工厂，村民大多数是以结伴同行的方式过去的，甚至出现十几个同村人在同一个企业做事的"盛况"。而其他打散工的村民只是少数人。

二是各村屯外出务工的区域有差异。例如，在上述外出务工人口比例较高的村子，村民比较集中到珠江三角洲或者是广西区内的南宁、崇左等市。外出务工人口偏低的村子，并不是没有村民外出务工，而是村民习惯于往距离最近的龙州县城、邻县大新等地做事。在统计的时候，往往是以当天是否能往返参加选举作为一个潜在的考虑因素，亦即是，即使是长期在龙州县城做工，只要村子有民俗活动或者选举活动，他们当天就能赶回。因此，这类人并不在村干部填写的外出人口统计范围之内。

三是各村屯平日没有很多农活，大多数村民还是选择外出，即使是打短工也可以接受。种甘蔗的特点是"种一年，收三年"，也就是说甘蔗种植的第二、第三年只要田间管理就行，劳动量相对少。只有在收割甘蔗的时候，村民才尽量赶回来。这样的种植特点，让村民有闲暇时间外出务工或者经商。

（二）物质回报

布岱外出务工的主要目的有三种：一是养家糊口。在村屯里劳作，人均年收入从 2000 元至 8000 元不等。仅靠村里的农活肯定收入很低，而且还出现甘蔗款被制糖企业打白条的现象。二是发家致富。这是村民口头提到最多的一类理由。最早外出打工的村民，挣到钱后所做的第一件事就是给老家村屯里的家庭汇钱，让家里把房子翻新或者盖新房。新房子盖起来，自然引起同村人的羡慕，于是大家纷纷仿效。在村民的评判尺度里，发家致富的第一项指标就是能盖多大的新房子。三是迁移到新的生活环境。这种环境的改变是指迁移到县城或者更大的城市里生活、工作。近年来，往城市里迁移的趋势越来越突出，尤其是家里有孩子需要上学的情形，因而村屯里留下不少空置的新楼房。

不管是被动地"养家糊口"，还是主动地"发家致富""迁移到新环境"，离散式的社会流动都给布岱带来了丰厚的物质回报。除了比较偏远的村屯，今天大部分布岱已经住上钢筋水泥的新房子，而且拥有了冰箱、摩托车，甚至皮卡车或者小轿车。有的村屯包工头，如花都村，更是把全村青壮年组织起来承接工程，带动村屯整体大幅度地提高收入水平。"村村通"电视工程让村民享受着跟城里人同样的夜生活方式。交通工具和道路的畅通，村屯里的物质消费出现跟随城里潮流的趋向。有的年轻人手里已经拥有最新版的苹果手机……

二　交通工具与通信技术

如果说市场经济是拉扯布岱外出务工的一只无形大手，那么技术因素则是阻挡布岱交流的眼睛的另一只温柔大手。一拉一挡、一刚一柔的单向度发力，布岱对族群交流的感知渐行渐远，人与人的神性交流与诗性交流不再是布岱的生活交往的主流。

（一）交通工具缩短驻留时间

外出务工给村子带来最直接的影响是经济收入大幅度提高。村民从外面不仅汇钱回来盖房子，有的还购置小车，或者买货车跑运输。政府在近十年加大边境道路建设。根据县交通局提供的数据，龙州县在 2012～2014 年期间实际建设公路总里程为 938 公里①。边境一带大部分村屯都开通水泥公路，大大方便村民驾车出行。有的年轻村民甚至表示，南宁离村子只有 200 多公里，一天都可以跑两个来回呢。因此，只要有兴趣、有闲钱，年轻的村民经常驾车到南宁消费，甚至说南宁的米粉比金龙镇的米粉便宜、好吃。

对于歌手来说，他们谈得最多的是，对歌的客观条件变化太大。村民拥有汽车之后，交通虽然更加方便，但是彼此驻留、相处的时间却是更短了。没有汽车之前的对歌活动，歌手需要走路回家。主人家往往以"路远""天黑"为理由挽留歌手、客人和观众，然后是兴致勃勃地、通宵达旦地对歌。现在的情形是，时间稍晚一点，歌手和观众都想回家睡觉。有人曾经笑谈交通工具扼杀了对歌！但对于莽桥仪式、侬峝节，大家又觉得有车就是方便，只要需要办仪式，抽一天时间赶回来，住上一晚，在仪式结束之后再去工作的地方。

因此，对于布岱而言，族群社区与外界的流动性接触，与之前相比是大

---

① 数据来源为 2015 年龙州县交通局提供。

大提速了，离散与回归的流动性成为族群社区生活的常态。流动性的加快，驻留时间的缩短，族群社区的留守者、返乡者、外来者之间的人际关系也随之发生变迁，其结果直接影响到族群交流方式的变化。

（二）手机引发交流隔阂

在日常生活中，直接影响人与人交流的现代技术，发展到 21 世纪已经是以新媒体为代表的通信技术与大众传媒技术。通信产品的市场普及，使得金龙镇的手机拥有量接近人手一台，通信话费的廉价套餐诱导歌手之间学会用手机对歌。年轻人时兴建立或者参加不同的微信群，在微信群里晒个人照片，或者尝试做微商。由现代技术引发的一系列繁荣景象，恰恰使布岱逐渐远离面对面的交流方式。

手机对歌是一种伴随通信技术发展与通信商业发达而产生的新的对歌形式。甚至坊间传闻，我国金龙镇的男歌手与越南的女歌手用手机通话的方式对歌整整两个小时。当笔者访谈这两位男歌手关于手机对歌的感受，他们都称这种手机对歌虽然方便，不用开摩托车到对方家里，但却是隔靴搔痒，没有面对面对歌的感觉，原因在于，一是看不见对方的表情，二是没有围观的听众。

而年轻人利用手机上网，建立与不同群体的联系方式，像大多数城里人一样，即使彼此见面，也不忘低头看手机。按照某位布岱的说法："没手机时还看着大家说话，现在都是用手机联系，人与人隔着一台机器，距离没有产生美。"而借助现代通信技术建立的微信群，又是分门别类地将布岱放进不同的社交框架，如业务微群、同学微群等，唯独缺少的是布岱自己的族群交流的框架，人与人面对面相处的时间缩短，更谈不上感受彼此的心情。

三　精神的离散

外出务工引诱着布岱脱离族群，技术因素蒙蔽了交流的双眼，布岱族群内部的维系关系从弱化到被替代，对族群的认知与认同如"水煮青蛙"式地被淡化，而与外部的交流又无法达到自由的共享，这一切的后果都将导致影响更为深刻的精神离散与交流困境。

（一）脱域：社会流动之后果

布侎族群的社会流动的表象之一，在于族群的成员以个体形式随机地离散于族群之外，从而造成布侎族群在时空上与族群社区的脱离，在交往与交流上与族群成员的隔离。脱离与隔离都是对布侎族群交流的消解。

1. 维系族群的关系被替代

布侎族群时空离散式的社会流动，大体上是以市场经济对劳动力的需求为指向，从族群的世居村屯流向市场相对集中的县城与城市。这种随机的离散不仅造成族群个体的脱域，更重要的是，族群个体之间的关系呈现碎片化，维系族群的小型社会从时空上被瓦解，人际关系逐渐被市场经济的契约关系所替代。

外出的村民在谈到族群里人际关系的转变时，往往带着几分无奈。"离婚，说离就离，好像两个人同意就可以了，很随意的。（这）完全不像我们村子里那么庄重。"农 LL 在讲述一段失败婚姻时谈道，"在我们布侎的村子，结婚，生孩子，都要有师父做法事，两边亲戚、祖宗啊都来见证的，荮桥仪式啊，很热闹，也很庄重。（所以）大家不会轻易离婚的。要不然祖宗不保佑，（死后）谁帮你抬棺材？"

年轻人麻 J 认为现在的布侎没有信仰，"他们出去打工，见过世面，什么都不怕，什么都敢做。以前我们不敢砍村子后山的树，是因为怕遭到鬼、神报复，所以维持着很好的水源。现在那些树都被砍了好多。（有村民）改种速生桉，见钱眼开。根本都无法跟他们（砍树人）交流，（结果）村里的水质变差了。如果说是迷信（的说法），（他们）不认同（布侎的观念）就算了，但都不为我们集体想想，也不害怕我们（族群）集体的力量。没有了对集体的害怕，现在啥事都难办了"。

诸如此类的抱怨表明，维系布侎族群人际关系的小型社会，一方面依靠家庭与家族的关系，另一方面则需要以族群交流的共同想象，以超自然"他者"控制族群交流的可能性。社会流动之后的人际关系碎片化，从对超自然"他者"的敬畏，到拒绝敬畏超自然的"他者"，族群交流的神性逐渐隐退，直至消失。

2. 无法共享的交流体验

外出务工、交通工具、通信技术，导致布岱离开族群世居的社会空间，这些仅仅是他们参与社会流动的表面现象。布岱离开族群空间而进入另一种文化的社会，他们或者勤奋工作而得到晋升，或者刻苦学习而得到嘉奖，在努力融入另一种文化的主流社会生活的同时，他们也发现有些记忆里的情感在逐渐消退，而这种记忆里的情感又是无法与族群以外的人分享的。这样无处诉说的情感，在他们在另一种文化的社会生活中遇到交流挫折时表现得更为强烈。

"在公司里做事，那个头头（指领导）比我还小三年，却一点情面都不讲，出点错就作死地批评我，还要扣工资。不像在我们村里，年轻人哪里会批（评）年纪大的人？（年轻人还要）帮忙（年纪大的人）改正就行了。现在的人很难打交道，都是看你地位，看你身价。（这样打交道）好心累哦。"在广东闯荡近10年的农L抱怨同事关系无法交流。

"我们年轻的时候可以跟陌生人唱歌的。看见有人从村头走过，只要我们有空、有兴趣，就到一块大石头上唱歌，问他敢不敢对歌。那时一点都不怕陌生人。现在住城市，还怕小孩被（陌）生人拐呢。"上年纪的黄PL在城里帮女儿带孩子，充满着对陌生人的警惕。

"今年运气不好，想回家找师父做一场仪式。"马GY办事遭遇挫折，苦恼地笑了笑，并寄托于超自然"他者"的想象。

……

城市的现代生活确实给外出或者迁移的布岱带来很多物质的实惠甚至是成功的喜悦，但是，他们还是体验到两种文化的差异。在城里打工与生活，布岱同样"对各种规章制度的接纳都显得训练有素，他们的工作效率很高，但同时，他们对生活本身的热情度，却被降到很低"[①]。族群的流动性让布岱接触与尝试融入另一种生活，外部的市场经济教育他们不得不学会攀比、算计、竞争，人与人之间的合作更具功利性，即使是在卡拉OK里唱歌都是充满着宣泄。族群神性的消退，诗性表达的钝化，成为身处异乡的布岱的心病。

---

① 丁燕：《工厂女孩：另一种生活，另一面中国》，外文出版社，2013，第289页。

（二）族群的精神离散

社会流动不仅造成布侬从族群所生存的场域中时空离散，而且还产生更为深刻的对族群认同的精神离散。

1. 离散的群体与离散的概念

此处借用"diaspora（离散）"一词，"源于希腊语 diaspeiro，原意为'违背神的意愿，必将面临放逐的危险'"①。后来用于指代与分析"古代的犹太人、希腊人以及其他散居的群体"，从行为扩展到行为所涉及的群体，即"离散的群体"或者"离散者"②。及至现代，diaspora（离散群体）"一般指离开家园，分散到世界各地的人或族群，或指生活在某一国家中的异域群体"。③ 正由于 diaspora（离散群体）具有跨国的特性，国家的边界成了离散群体必须跨越的分界线，这种跨越既可能是空间边界的跨越，也可能是文化边界的跨越。这是海外针对"离散群体"主题的观察与研究起点。

1990 年以来，随着移民潮全球性兴起，针对 diaspora（离散群体）的研究，西方学者逐渐推出实证观察与研究的丰富成果。霍尔（Hall）最早提出"离散群体的身份认同是那些借助变革与差异化而不断自我生产与再生产的认同。"④ 其后，克利福德（Clifford）认为，"在离散群体的体验当中，'此处'与'彼处'的共存与反目的论的（有时是救世主似的）短暂性构连起来"⑤，因此，他在文章的最后提出"对于'离散群体'目前悬而未决的讨论与历史梳理，是打算恢复非西方的，或者是非西方所独有的全球生活的模式，是从民族国家、全球技术、市场内部对抗它们的不结盟跨国主义的斗争，也是令人担忧的共存的对策。"⑥

而另一批学者则关注 diaspora（离散群体）所涉及的文化概念问题。例

---

① 转引自段颖《diaspora（离散）：概念演变与理论解析》，《民族研究》2013 年第 2 期，第 16 页。

② G. Sheffer, *Diaspora Politics：At Home Abroad*, Cambridge：Cambridge University Press, 2003：36 – 47.

③ 段颖：《diaspora（离散）：概念演变与理论解析》，《民族研究》2013 年第 2 期，第 18 页。

④ S. Hall, "Cultural Identity and Diaspora", in J. Rutherford ed., *Identity：Community, Culture, Difference*, London：Lawrence and Wishart Ltd., 1990：235.

⑤ J. Clifford, "Diasporas", *Cultural Anthropology*, 1994, 9 (3)：318.

⑥ J. Clifford, "Diasporas", *Cultural Anthropology*, 1994, 9 (3)：328.

如，麦克凯昂（McKeown）分析了 1842～1949 年间华人由于迁徙而离散的过程与特点，在分析过程中认为，作为一系列跨国联系与情感维系的 diaspora（离散）的概念，既有多样性又具杂糅性，"（它）的许多概念化理论与文化全球化的理论相当类似，充斥着中心点、流动、变迁的关系等词语"①，但是，"diaspora 的概念被两种相当不同的想象所牢牢维系：一是作为流放的离散，一是作为多样性的离散"②。

萨伽鲁西阿诺（Tsagarousianou）尝试从"族性""流动性""迁移"这些概念里分离出"离散"的定义③，他认为离散的概念"存在于'跨国的情形'，指称人类、思想、产品等错综复杂的多向流动——包括文化的流动和物质的流动，牵涉互动、协商与交换等形式，涵盖文化涵化、文化创新的过程，涉及排斥的网络与对抗排斥的抗争，以及需要建构的相应的参照体系"。④

科恩（R. Cohen）对全球不同的离散群体按历史事件的维度进行了研究归类，如源于早期犹太人迁移的古典概念、非洲人与亚美尼亚人的受害型离散、印度人与英国人之间劳工与宗主的契约型离散、华人与黎巴嫩人的贸易与商业型离散、犹太复国者与锡克教信徒的家园型离散、大西洋黑人与孟买诱惑的去领土化型离散，以及全球化时代的迁移型离散。他认为"离散承担着某种极其重要的社会角色。离散者缝合了个人与社会之间、当地与全球之间、普遍性与特殊性之间所存在的缺口"。⑤

从离散的群体，到离散的概念，我们可以发现，"离散"研究主题的前置条件之一是种族之间的问题。

---

① A. McKeown, "Conceptualizing Chinese Diasporas, 1842 – 1949", *The Journal of Asian Studies*, 1999, 58（2）：310.

② A. McKeown, "Conceptualizing Chinese Diasporas, 1842 – 1949", *The Journal of Asian Studies*, 1999, 58（2）：311.

③ R. Tsagarousianou, "Rethinking the concept of diaspora: mobility, connectivity and communication in a globalized world", *Westminster Papers in Communication and Culture*, 2004, 1（1）：52 – 65.

④ R. Tsagarousianou, "Rethinking the concept of diaspora: mobility, connectivity and communication in a globalizedworld", *Westminster Papers in Communication and Culture*, 2004, 1（1）：64.

⑤ R. Cohen, *Global Diasporas: An Introduction*, 2nd ed., London: Routledge, 2008：174.

2. 离散的传播学视角：族群的精神离散

然而，"离散"对于本土的布岱而言，更强调的是他们对于自己族群的精神上的离散，而且这种精神的离散更致命，它会"水煮青蛙"般逐步瓦解族群的认同基础，使人完全丧失了族群交流的自由而掉入现代性的陷阱当中。

实践表明，社会流动的加剧与常态化，在相当程度上造成人与人、族群与族群交流的碎片化、陌生化。现代化过程中的在场与脱域，都确实影响着人与人、族群与族群交流的共同情感。彼德斯在20世纪末就发出"交流的无奈"（speaking into the air）的叹息，交流失败的原因之一是现代生活导致人的不在场。"人不在场的情况比如书信、电话和电子邮件，如卡夫卡所知，成为产生幽灵的温床。……我们首先担忧的，不应该是符号的不同意义，而是关爱邻居和异类时遇到的障碍。"[1] 而且"触摸和时间，这两个我们可以共享但不能够再生的东西，是我们真诚的唯一保证"[2]。

"除了其制度性反思之外，时空的重组加之抽离化机制（这是一种把社会关系从特定场所的控制中解脱出来，并通过宽广的时空距离而对之加以重新组合的机制）的拓展，这一深刻过程也是现代社会生活的特征。"[3]

当布岱从族群的社区离散到城市的社区，融入市场经济所营造的原子化的个人交往，人与人的群体关系按时空关系重组，群体的精神内核让位于目的性。而且，社会流动的加剧，时空关系的重组更具有不确定性和多变性，人与人交流面临着新的精神离散的交流问题。

（三）交流的困境

人与人交流是否真的能达成自由交流的状态，这成为跨文化传播研究的学者们关注的焦点之一。由交通工具缩短面对面的驻留时间、通信技术缔造的媒介文化、离散式社会流动带来的"现代性"问题，三者直接地刺激国内少数族群或者跨境族群产生交流的焦虑与无奈。

---

① 彼德斯：《交流的无奈》，何道宽译，华夏出版社，2003，第253页。
② 彼德斯：《交流的无奈》，何道宽译，华夏出版社，2003，第254页。
③ 安东尼·吉登斯：《现代性与自我认同：现代晚期的自我与社会》，赵旭东、方文译，生活·读书·新知三联书店，1998，第2~3页。

1. 交流的精神性与自由性

现代性给布岱族群带来的第一个重大变化在于交通工具与媒介文化。交通工具与媒介文化如出一辙，在物质层面极大地满足了我们的欲望，但是却模糊甚至是忽视了人与人之间交流的精神性与自由性。对于"这些新媒体技术如何加速模糊公共领域与私人领域之间的分界线"[①] 的问题，"比较悲观的结论在于，我们所进入的世界……不再是确保自由的世界……除非我们意识到赛博空间的这种反民主的潜在性，我们将可能沉睡于从自由变为控制的变化过程之中。"[②] 而产生这种变化过程，"是人自己所建立的制度出了问题，某种可怕的恶性循环，把人变成了机器动物、经济动物、享乐动物，唯独不是'天地间那个大无畏的人'"[③]。

其实，海德格尔更早地注意到西方工业革命语境中以工具理性为主导的现代技术影响着人与人交流的命运，"现代技术的本质是'框架'"，而"'框架'指强迫性的聚集，这种聚集强迫人，对人提出挑战，要他用勒令的方式，将现实揭示为'定位—储备'"[④]。现代技术的框架消解了人与人交流的美感，导致交流中人性的异化，因此，他借助荷尔德林的诗发出"诗人的天职是还乡"的感叹："惟有这样的人方可还乡，他早已而且许久以来一直在他乡流浪，备尝漫游的艰辛，现在又归根返本。因为他在异乡异地已经领悟到求索之物的本性，因而还乡时得以有足够丰富的阅历。"[⑤] 对于海德格尔而言，乡村生活更能代表人与人交往的本真。乡村生活并不是孤独的个人生活，而是小型社会的生活。在小型社会里生活的人们更容易找到彼处之间的共同价值。

2. 交流的本真性

现代性给布岱族群带来的第二个重大变化是社会流动性，心灵的"离

① V. Kaul, "Are New Media Democratic?", *Global Media Journal*, 2012, 5 (1): 1.

② V. Kaul, "Are New Media Democratic?", *Global Media Journal*, 2012, 5 (1): 11.

③ 丁燕：《工厂女孩：另一种生活，另一面中国》，外文出版社，2013，第 289 页。

④ 海德格尔著《人，诗意地安居：海德格尔语要》，郜元宝译，广西师范大学出版社，2000，第 105～106 页。

⑤ 海德格尔著《人，诗意地安居：海德格尔语要》，郜元宝译，广西师范大学出版社，2000，第 69 页。

散"与"回归"成为乡愁的诱发剂。大部分布岱都有外出谋生的经历。外部的市场经济让布岱不得不学会攀比、算计、竞争。在遭遇失利、孤独的时候无人聆听歌声，返乡成为短暂的慰藉甚至是倾诉与狂欢。社会流动性还给族群带来了媒介文化，包括外来的媒介文化与自发生产的媒介文化。族群逐渐学会了如何迎合外来媒介文化的眼光，把族群里最漂亮的姑娘作为符号展示给族外的世界，如舞台上穿着民族服装的天琴表演和广场舞表演。自发生产的媒介文化，类似于贵州西部方言苗语影像的草根媒介生产一样[1]，总算给自己的族群建构了一点儿模糊的身份。

鲍曼（Zygmunt Bauman）"用流动性来对现代性进行合适类比"，认为流动性的力量"已经从社会共处的宏观层次转移到微观层次"，因而提出了"解放、个体性、时间/空间、劳动、共同体"五个概念。[2] 在共同体的概念当中，他提出了"衣帽间式的共同体"和"表演会式的共同体"，其中表演会式的共同体"是打破平日离群索居的单调生活的场合，并且像所有的表演活动一样，能让他们发泄被压抑的力量，并能让寻欢作乐者，更好地去忍受在嬉闹时刻结束之后他们必须回到的日常工作"[3]。共享一种空间共同体，"意味着外部世界的某一部分同样处在每一个伙伴力所能及的范围之内，并且包含着与他们有关、他们共同感兴趣的客体"[4]。亦即是说，针对本书观察的对象，面对面的关系才是族群共同体日常交往的最基本形式，而面对面的传统的族群生活，是维持具有共同价值并且交流在场的小型社会的一种可能性。

无论是交通工具的扼杀与媒介文化的控制，还是社会的流动与心灵的离散，它们都是双刃剑，它们不仅给布岱带来社会流动的机遇、媒介呈现的新身份、物质消费的富足、交流空间的拓展，与此同时也破坏着布岱传统的族群交流的精神性、自由性与本真性，造成族群神性的消退，诗性交往的钝

① 张琪：《草根媒介：社会转型中的抗拒性身份建构——对贵州西部方言苗语影像的案例研究》，博士学位论文，中国社会科学院，2012，第 120 ~ 122 页。
② 鲍曼著《流动的现代性》，欧阳景根译，上海三联书店，2002，第 3 ~ 12 页。
③ 鲍曼著《流动的现代性》，欧阳景根译，上海三联书店，2002，第 310 ~ 312 页。
④ 阿尔弗雷德·许茨著《社会实在问题》，霍桂桓、索昕译，华夏出版社，2001，第 43 页。

化，诱导族群的文化体系走向塌陷，造成个体成员碎片化生存而呈现交流的焦虑与无奈。更甚者，对神性与诗性的淡忘甚至遗失，导致布偻族群交流陷入无计可施的困境，人性变得岌岌可危。因此，布偻族群在重建族群交流的过程之时，不仅要揭示现实矛盾，而且要寻找失落的人性需要，拾起让人栖居的诗意，而不是粉饰和谐或者赞美融合。

第三节　寻找族群交流的重建

既然布偻族群在离散的过程中感受到神性的消退与诗性交往的钝化，并由此带来交流的焦虑与无奈，那么，他们能不能从回归中寻找重建族群交流的图景？对于选择了具有现代性的离散行为的布偻而言，此时的回归，更重要的是对族群交流的精神的回归。

一　精神的回归

与城市的人与人的原子化的交往相对应，乡村生活的群体交往更能代表交流的情感、自由与本真。布偻的精神回归，首要的行动是回到他们原先生活在乡村的族群的社区空间，他们族群的精神生活。

（一）乡村的呼唤

土地与人际关系是布偻族群赖以生存的乡村基础。当布偻的祖先从洞穴中走下平地，他们首先占有了可以耕种的有限土地。从此，土地仿佛基因一样根植于布偻的血脉与灵魂。布偻不仅在这块土地上耕种水稻、甘蔗，而且视土地为有魂魄的母体，土地上一切生发之物均为母体的延续而魂魄相随。离散在外的布偻，时不时听到土地魂魄的呼唤，引发回归的冲动。

麻 J 初中毕业时，年轻气盛，跟随一群同龄人到广东打拼，相信靠自己的力气能够摆脱贫苦的乡村生活。三年之后，尽管他能够挣到不菲的收入，既能满足自己的花销，又能汇钱回家赡养老人，但他总觉得对家乡有亏欠，于是打包回家开始创业，贷款搞立体种养。按他的说法，家乡的土地才是自己的灵魂寄托。最近他还迷上各种传统仪式，学习天琴与经书，希望以传统观念中的超自然能力为族里人、村里人做点事情。

农 XR 从广东某服装加工厂的车间主管辞职回家后承包鱼塘，理由在于鱼塘是块风水宝地，需要有人打理才能活起来，造福家庭以及村里人。已经是较高级别的法师农 GY，平日在县城开中药店兼诊所，每逢族群的传统节日都必须回到村子，或者接受村民的邀约操持法事。他认为他的运气与灵气都需要村里的环境熏养。农 HZ 曾经是建筑业小包工头，遇到一次重大挫折后回乡学唱山歌，认为山歌才是布岱的诗歌与灵魂……

回归乡村的布岱，无论是从事种养还是操持法事、对唱山歌，他们是在维护乡村里的人际关系，亦即是一种族群的交流方式。这样的族群交流方式可能不容易被外界所理解，甚至有可能招致诸如保守、迷信等歧视性评价，但他们确确实实在以自己的思维方式，在自己的土地上，维系着族群的人际关系与情感基础。而且，这样的维系行为是发生在离散与回归之后。乡村的呼唤成为他们重建族群交流的内心动力。

（二）族群交往的约束力

"脱域"与"在场"是精神上的离散与回归。经历现代性磨砺的布岱，不想完全与自己族群的文化决裂，脑子里是族群文化与城市文化两种文化的共存与交流。相反，在需要慰藉的时候，布岱反而有着强烈的回归族群的想象，充满着乡愁的滋味。向外的社会流动与向内的精神回归并存，但这是一场拉锯战，不同的布岱有着不同的选择。即使是时间短暂的旅行式的回归，也使得布岱发生着情感的交流、身份的转化与双文化认同的变换，并且在这样的变换过程中找到族群交流的心灵感应，感受到族群意识的慰藉，甚至重温族群的约束力。

布岱向外流动而离散，在时空的维度考量上可以视为族群的共同体逐渐被碎片化，甚至渐渐走向消失。但是，借用韦伯的观念，共同体产生的"共同感情哪怕共同体业已消失，也仍然会长久地存在下去，并且作为'种族的'共同感情被接受"①。对于"民族的思想"，韦伯认为它是"在经验上含义十分模糊的价值概念……必须对一切方式的具体的共同感觉和团结

---

① 马克斯·韦伯：《经济与社会》（上卷），林荣远译，商务印书馆，1997，第441页。

一致感觉，从其产生的条件和对有关参与者的共同行为的结果上进行阐述"[1]。

如果说乡村共同体的呼唤带有主观的意象，那么，族群交往的共同体的约束力则是一种外在的压力与动力。这种约束力主要来自仪式约束力和人际关系约束力。

布岱回归族群社区，重建族群交流，仪式是重要的表现方式。首先是个体生命历程当中各标记性事件的仪式，例如，从婴儿满月开始，婴儿需要和父母一起经历葬桥仪式；在结婚习俗上，族群重新唱起布岱独特的官郎歌；在生育期间需要有培花仪式；在丧葬仪式上，道公吹起啵咧（一种传统乐器）。另外，布岱族群的集体仪式亦有重新兴盛之势，例如村屯集体祈福的侬岗仪式、法师晋级的度戒仪式。庄严的仪式对族群成员是一种约束力，规定着布岱在特定的时间与空间中与其他族人的交流，维系着族群内部的联系。如果不参与族群的仪式，必须有冠冕堂皇的理由（如在外工作或者上学，无法回家乡），否则往往被认为族群意识淡薄而受到抱怨。

除了仪式约束力之外，布岱还重视日常生活中人际交往的特殊仪式。认干爹（或干妈）需要孩子在非直系的父母辈或者更年长的辈分当中，寻求缔结家庭式的联系。而认老同则是在家庭之外建立亲兄弟情谊式的家庭关系。无论是认干爹（或干妈），还是认老同，都源自于布岱族群古老的交流方式的遗存，是以家庭合作的方式联合提高生产力的最有效交往方式。这种非血缘关系的、互惠式的家庭合作，对布岱的族群交流产生强大的人际关系约束力。如果有人违背或者未建立合适的家庭之间的联系，所受到的惩罚是在他身处困境时得不到援手，或者得不到慰藉。

仪式约束力和人际关系约束力的另一层意义在于，在伦理层面引导族群集体向善的行为。"乐施好善是前现代生活中不可或缺的一部分。"[2] 个人与集体的祈福，家庭间的互惠关系，在族群约束力的影响下，族群成员能够抛

---

① 马克斯·韦伯：《经济与社会》（上卷），林荣远译，商务印书馆，1997，第245页。
② 德波顿：《写给无神论者》，梅俊杰译，上海译文出版社，2012，第18页。

弃成见而进行交流与合作。这样的族群交流与合作，有利于彼此积极面向目标而行动，是共同克服交流障碍的联合行动。

二　在重建中寻找族群交流的当地图景

如果将布岱的精神回归视为一场回家的旅行，那么回到家之后做些什么，这才是布岱所关注与选择的重点与目标。从田野观察所知，布岱的精神回归是引子，族群交流的重建才是他们潜意识里的宏伟目标。

（一）回归的视角转向

1. 海外学者的理论框架

海外学者对于"离散"与"回归"的关注集中在移民身上，而且认为"族群的形成与移民有密切的关系"[①]，因而有关族群成员的移民带来的"离散"与"回归"成为海外学者观察的重要支点。与离散相对应，回归则是指跨国离散人员返回原籍国的移民现象。海外学者关注由移民回归而引发的跨文化交流问题，其研究成果以逆向文化适应（reentry）、逆向文化休克（reverse culture shock）、文化再适应（reacculturation）等关键词出现，并以此提出理论框架。

马丁（Martin）和哈勒尔（Harrell）提出一种逆向文化适应的理论框架，把各种理论划分为三种功能性的类别：情感层面、认知层面与行为层面[②]。斯兹库德拉雷科（Szkudlarek）在其发表的长篇综述中同样沿用马丁和哈勒尔提出的理论框架[③]。

（1）情感层面。逆向文化适应过程中的情感变化，是根据归国人员的心情表露、情感反应和精神反应。这类情感的研究成果之中，最具有影响的文献是 J. T. 格兰霍恩（J. T. Gullahorn）与 J. E. 格兰霍恩（J. E. Gullahorn）

---

① 周大鸣：《论族群与族群关系》，《广西民族学院学报》（哲学社会科学版）2001 年第 2 期，第 17 页。

② 马丁、哈勒尔：《学生与专业人员重返本国文化：理论与实践》，陈征译，载兰迪斯等人编《跨文化培训指南》，关世杰等人译，北京大学出版社，2009，第 437 页。

③ B. Szkudlarek, "Reentry - A review of the Literature", *International Journal of Intercultural Relations*, 2010, 34: 1 - 21.

于 1963 年提出的逆向文化休克模式（reverse culture shock model，也称为 W 曲线理论）①。他们的文章中提到少数族群的案例：在原籍国文化中的少数族群成员，在旅居到更加令其满足的社会之后，同样有着相对短绌的深刻感受。②

（2）认知层面。逆向文化适应的认知层面表现为期望模式与文化认同两种模式。一是期望模式，它最初形成于针对跨文化领域研究移居国外者或者出国的各种常见经历。例如，麦克唐纳（MacDonald）与亚瑟（Arthur）认为，得到满足的期望，或者超过预期的期望，可产生一种平稳的再调适过程。③ 二是文化认同模式，它发生在跨境旅居与归国之后这段时间内的身份转化。苏斯曼（Sussman）推出概括身份转化四种类型——减少型、增强型、加固型与跨文化型的理论模式④。科克斯（Cox）展示的是四种跨文化认同形成过程：偏好原籍国、偏好东道国、整合、解体⑤。从跨文化交流的角度，有的研究者重点关注返迁人员身份认同的转变问题，如马隆（Maron）与康奈尔（Connell）选取太平洋岛国汤加作为观察对象，那里从村庄努库努库（Nukunuku）迁出移民主要集中在雇用与教育上，而返迁移民则是因为家庭与责任的社会背景因素，他们的身份认同在返迁移民过程中是不断调整转变的。⑥

（3）行为层面。逆向文化适应的行为研究"来源于丰汉姆（Furnham）与博斯内尔（Bochner）于 1986 年提出的文化学习理论"⑦。野口（Noguchi）

---

① Gullahorn, J. T., & Gullahorn, J. E., "An extension of the U-curve hypothesis", *Journal of Social Issues*, 1963, 19 (3): 33 – 47.

② Gullahorn, J. T., & Gullahorn, J. E., "An extension of the U-curve hypothesis", *Journal of Social Issues*, 1963, 19 (3): 33 – 47.

③ MacDonald, S., & Arthur, N., "Employees' perceptions of repatriation", *Canadian Journal of Career Development*, 2003, 2 (1): 3 – 11.

④ Sussman, N. M., "The dynamic nature of cultural identity throughout cultural transitions: Why home is not so sweet", *Personality and Social Psychology Review*, 2000, 4 (4): 355 – 373.

⑤ Cox, B. J., "The role of communication, technology, and cultural identity in repatriation adjustment", *International Journal of Intercultural Relations*, 2004, 28 (3 – 4): 201 – 219.

⑥ Maron, N., & Connell, J., "Back to Nukunuku: Employment, identity and return migration in Tonga", *Asia Pacific Viewpoint*, 2008, 49 (2): 168 – 184.

⑦ 转引自 Szkudlarek, B., "Reentry-A review of the Literature", *International Journal of Intercultural Relations*, 2010, 34: 4。

描述了具有日本人血统的北美人返迁移民到他们先祖的家园①。这种"双文化主义"为受访对象提供一种对外部压力的自我解脱。Onwumechili 等人提出多元再适应模式，以解释国际转型。作者们关注与研究那些有规律地往返于祖国与某个海外东道国之间的旅行者的"多次文化再适应（multiple reacculturation）"问题②。

简而言之，海外学者针对"离散"与"回归"的移民观察，仍然是一种基于民族国家的权力关系的分析框架。无论是离散还是回归，移民都是基于一个前提：跨越国家的疆界。

2. 精神回归的地方叙事

与海外宏观的理论框架相比，对于本书所观察的布岱族群的离散与回归而言，尽管从政治意义上确实具有跨国的行为（如跨境婚姻③④⑤、越南华人与华裔⑥⑦、跨境民俗与民间文化⑧⑨等），然而，这样的跨国行为并不契合西方学者所考察的跨国移民离散与回归的情形。对于布岱族群这一特定群体而言，"离散"与"回归"的特质，更多强调的是族群中众多个体在族群传统空间内外的散布，以及由散布而带来的新的联系与交流，是一种精神层

---

① Noguchi, M. G., "The return: North American Nikkeijin who put down roots in Japan", *Language and Related Issues*, 2005, 3: 351 - 416.

② Onwumechili, C., Nwosu, P., Jackson, R. L., & James-Hughes, J., "In the deep valley with mountains to climb: Exploring identity and multiple reacculturation", *International Journal of Intercultural Relations*, 2003, 27（1）: 41 - 62.

③ 吴振南：《中越边境跨国婚姻人口流动的经济和生态因素分析：以麻栗坡县 A 瑶族村为例》，《西南民族大学学报》（人文社会科学版）2012 年第 1 期，第 35～40 页。

④ 罗文青：《和平与交往：广西边境地区跨国婚姻问题初探》，《广西师范大学学报》（哲学社会科学版）2006 年第 1 期，第 52～56 页。

⑤ 李军、朱潇潇：《跨境 Hmong 共同体内部的人口流动变迁研究：以河口县桥头乡老刘寨为例》，《红河学院学报》2013 年第 3 期，第 13～18 页。

⑥ 陈衍德：《从排斥到接纳：越南华人政策的转变——1975 年以后民族关系变动中越南华人的处境》，《世界民族》2008 年第 6 期，第 41～53 页。

⑦ 陈庆：《现代越南华人的文化要素及其与社会的融合》，游明谦译，《八桂侨刊》2001 年第 1 期，第 45～49 页。

⑧ 农瑞群、梁伟华、何明智：《旦歌：跨越中越边界的骆越天谣》，《广西民族大学学报》（哲学社会科学版）2010 年第 2 期，第 84～90 页。

⑨ 赵明龙：《中越壮岱族群歌圩民俗文化及其保护与开发》，《广西师范学院学报》（哲学社会科学版）2011 年第 3 期，第 12～18 页。

面的离散与回归。"族性""流动性""迁移""认同""多样性离散"等特质仍然在族群向外移民、向内回归的过程中呈现，族群的离散者也同样"缝合着个人与族群之间、当地与全球之间、普遍性与特殊性之间所存在的缺口"①。但是，族群的回归者，即使是时间短暂的回归，更重要的是发生着情感的交流、身份的转化与双文化认同等精神回归的地方叙事，从地方叙事中重建着族群的交流方式。例如，布岱族群从乡村迁移到城市长期务工而融入不同于族群文化的另一种文化的城市生活，他们是如何返乡的；又如，同源族群的跨境婚姻，姻亲家庭又是如何交往的。这些地方叙事都表现在日常的或者仪式的族群交流中，又通过日常生活或者仪式重建着布岱传统的交流方式。

如此一来，从族群交流的角度而言，"回归"的问题不应该仅仅是跨境移民问题和社会流动问题。建立于族群交流的观察，可以将回归的国家叙事转化到精神回归的地方叙事，在地方叙事的框架中再观察族群交流的重建问题，从而拓展"回归"的现实视域与理论范畴。

（二）离散与回归之后的"重建"

本项观察的关键词之一"重建"，首先从时空上即指明族群存在着离散的现象，离散之后的精神回归才是"重建"的基础。从时空转入"族性"、"流动性"、"迁移"、"认同"、"多样性离散"、"情感交流"、"身份转化"与"双文化认同"等族群交流的跨文化特质的民族志观察，这将成为贯穿本项观察的多条暗线。

人类已经吞下"巴别塔"灾难的苦果。"我们想象并体味他人境况的主要方式已变成了媒体，"② 而且在今天"陌生人很少在一起唱歌"③。人类的交流已经走入困境。要想重造"巴别塔"，使得人类人与人之间、族群与族群之间的自由交流成为可能，就必须寻找自由交流的途径，而不管这种途径是历史上曾经存在的方式还是尚未出现的新途径。既然现代性引发碎片化的生活与交流的无奈，影响着人们之间的共同情感与共同价值，人们就不得不

---

① R. Cohen, *Global Diasporas: An Introduction* , 2nd ed., London: Routledge, 2008: 174.
② 德波顿著《写给无神论者》，梅俊杰译，上海译文出版社，2012，第19页。
③ 德波顿著《写给无神论者》，梅俊杰译，上海译文出版社，2012，第6页。

到处寻找自由交流的可能。寻找自由交流的途径之一，便是回到传统的族群生活与族群交流，借助于人类的感觉经验，通过具有人类共同价值的交流需要与创造力，重建适合于时代发展的交流语境。

关于"族群交流"的学术争论，不乏提及回到族群的传统的交流方式当中去寻找解决途径，如"重建传统认同，既倾听内部的声音又关注外部的进程是民族认同当下安身立命的关键所在"①。如此带着乡愁的寻找，并不是与现代性形成二元对立，族群的"传统"特质与现代性并非二元对立的关系。从族群交流的视角，族群一方面面临着现代性场景的巨大诱惑而逐渐认同现代性的价值观，另一方面则是在现代性的进程中反而更加强调自身族群的"传统"特质。这样的"强调"不仅成为重建族群交流的基础与原动力，也是人们从族群交流中寻找交流新图景的一种尝试。

三　诗性智慧的灵光

循着布岱重建族群交流的仪式，寻找族群交流的智慧，我们可以逐渐聚焦至本土文化语境下族群交流的神性与诗性表达。寻找交流智慧的过程，并不刻意证明新的交流途径要比原有交流途径更具有智慧，而是着眼于寻找那些能本真地记录、反映人与人、族群与族群之间族群交流的诗性智慧。进一步而言，借助所期待发现的诗性智慧，我们反思如何面对交流的无奈与交流的困境，以寻觅通向自由交流的途径。

（一）诗性智慧的启示

关于民族与族群的交流智慧，意大利人维柯（Giambattista Vico）认为，不能简单地将感觉、经验等全部划归理性与非理性的"寻找"思维，因而，他在著作《新科学》里提出"我们借助于我们的幻想而获得的洞见，并不是建立在通常意义上的事实的知识……我们只有运用移情作用或幻想才能获得这样一种洞见。"② 维柯在考察多个民族的原始祖先的历史时，认为原始祖先"按照自己的观念去创造事物……因为（他们）能凭想象来创造，他

---

① 戴晓东：《全球化视野下的民族认同》，《欧洲研究》2006 年第 3 期，第 30 页。
② G. 希尔贝克、N. 伊耶著《西方哲学史：从古希腊到二十世纪》，童世俊等译，上海译文出版社，2012，第 291 页。

们就叫作'诗人','诗人'在希腊文里就是'创造者'……因此，诗性的智慧，这种异教世界的最初的智慧，一开始就要用的玄学就不是现在学者们所用的那种理性的抽象的玄学，而是一种感觉的想象出的玄学……"① "伟大的诗都有三重劳动：①发明适合群众知解力的崇高的故事情节，②引起极端震惊，为着要达到所预期的目的，③教导凡俗人们做好事。"② 维柯提出的"诗性智慧"，明确包含有"诗性玄学""诗性逻辑""诗性伦理""诗性经济""诗性政治"等早期人类的想象方式，影响着社会中人与人、族群与族群之间的交流问题，亦即蕴含着感性思维在人类早期的族群交流当中发生的影响。

关于维柯的"诗性智慧"，后来的学者集中沿着四条主要学术道路前行③：一是研究从最初的法律、政治领域延伸到史学、语文学、诗学，继而在社会思想领域产生影响，其中包括对实证主义与马克思主义的影响。维柯因此被推崇为唯物史观的先驱。二是随着克罗齐、科林伍德、狄尔泰、洛维特等重要历史哲学家的不断阐释，维柯被推崇为近代历史哲学奠基人，他对康德、赫尔德、黑格尔、马克思、狄尔泰、利奥·斯特劳斯和伽达默尔等人影响至深。三是超越历史哲学的范畴，被海外学者视作一个百科全书式的思想家。四是在引进国内学界之后，则有研究者从美学研究视角介绍维柯的思想，如朱光潜先生《西方美学史》④ 上卷中曾列专章（第十一章）论述维柯的基本美学观点；其后，由范明生所著的《西方美学通史》（第三卷）⑤中，第二十八章专门介绍维柯的思想历程、形而上学和方法论、历史观、

① 维柯著《新科学》（上、下），朱光潜译，商务印书馆，2012，第 187~189 页。
② 维柯著《新科学》（上、下），朱光潜译，商务印书馆，2012，第 189 页。
③ 吕立群在博士论文《维柯诗性观念中的人文主义思想研究》中提出，西方学术界对维柯思想的研究，或者说维柯思想对思想史的影响大致可分为五个阶段。（参见吕立群《维柯诗性观念中的人文主义思想研究》，博士学位论文，浙江大学，2012，第 4 页。）相类似的，黎明在其博士论文《感性智慧：维柯美学思想研究》当中按时间将维柯也对思想史的影响大约可以分为五个阶段。（参见黎明《感性智慧：维柯美学思想研究》，博士学位论文，复旦大学，2012，第 2~7 页。）
④ 朱光潜：《西方美学史》，人民文学出版社，2002，第 316~339 页。
⑤ 范明生：《西方美学通史》（第三卷：十七、十八世纪美学），上海文艺出版社，1999，第 966~996 页。

诗、历史地位。也有国内学者将中国的上古神话、远古岩画及造型艺术、原始乐舞三者与诗性智慧联系起来，① 或者试图在中国的文化语境当中阐释诗性智慧②，或者阐释中国的诗歌或文学③。

然而，维柯并不是自觉的族群交流的思考者与实践者，他的"诗性智慧"理论体系对于族群交流观察与研究的影响，更多的是体现在对人类文化发生与认识的方法论的启示。维柯从侧面无意中提供了带有跨文化交流意识的一条公理："起源于互不相识的各民族之间的一致的观念，必有一个共同的真理基础。"④ 据此，维柯"在方法论上主张经验与理性的结合，也就是从人类文化的一些经验事实出发，通过探讨人类心理功能与人类文化制度的关系去归纳、提炼出相应的历史哲学原理"⑤，亦即维柯开创了社会科学研究方法：历史还原法、语言文献法及神话学研究法。⑥ 对于更具体的研究对象而言，维柯认为彼此分别创建的民族及其文明，都必不可少地保持着三种习俗："①都有某种宗教，②都举行隆重的结婚仪式；③都埋葬死者。"⑦

本书的观察与研究，将借助维柯"诗性智慧"视角的研究方法，着重从人类所共有的习俗切入，观察布岱族群在重建族群仪式中的族群交流问题，并尝试寻找交流的诗性智慧。

（二）田野中的诗性智慧

维柯把起源于互不相识的各民族之间的共同真理建立在宗教、婚礼、葬礼三种习俗上。而本项观察所面对的族群，其交流发生的背景却是一种民间信仰而不是宗教，因此，笔者根据田野观察的结果，将布岱的族群交流的诗

---

① 陈倩倩：《诗性智慧与艺术发生：以中国原始艺术为中心的考察》，《咸阳师范学院学报》2012 年第 5 期，第 101～105 页。

② 刘士林：《在中国语境中阐释诗性的智慧》，《南京师大学报》（社会科学版）2003 年第 1 期，第 106～113 页。

③ 夏里甫罕·阿布达里：《从诗歌民族向哲学民族转变》，《新疆艺术》1998 年第 3 期，第4～11 页。

④ 维柯著《新科学》（上、下），朱光潜译，商务印书馆，2012，第 108 页。

⑤ 马小朝：《论维柯〈新科学〉的人类文化发生学和人类认识方法论启示》，《兰州学刊》2006 年第 10 期，第 12 页。

⑥ 在李英华的论文当中维柯的研究方法被概括为"历史还原法、语言文献学及神话"。参见李英华《试析"诗性智慧"》，硕士学位论文，曲阜师范大学，2009，第 9～13 页。

⑦ 维柯著《新科学》（上、下），朱光潜译，商务印书馆，2012，第 159 页。

性智慧建立在"神性"与"诗性交往"两种智慧之上。

1. 神性的视野

由于民间信仰介于古代巫术与宗教之间，那么，关于神性视野的交流研究就牵涉有关巫术与交流的问题。以布岱族群的观念，一切超过自身狭窄解释范畴的事物都可以描述为"神灵"。他们向各类神灵赋予想象中的超自然形式与能力，然后他们与神灵交流，或者在神灵的庇护下相互交流，对交流之敬畏驱动着彼此之间的分享、倾诉，甚至是狂欢。

在秆桥仪式的过程中，布岱法师操持神灵见证的庄重仪式，建立起男女双方家庭乃至家族的姻亲交往关系，以确保以家庭为单位的族群交流的畅通与族群的稳定。参加仪式的人，不仅有仪式的主角年轻夫妻，还有男方、女方家庭的亲戚与好友。在神灵与众人的见证下，新的家庭也通过礼物的流动，完成由神灵、众人共同祈福的家庭仪式，从此组成新的熟人社会，以增强交流的信任。神性既体现为仪式的庄重性，又表现为一种"对交流之敬畏"的想象性。

而依岗仪式则是另一番景象。布岱是以群体的方式借助超自然的他者的力量，制造群体的交流机会，促使族群达成族群交流以及族群交流所带来的善。作为交流中介的法师，借助令人敬畏的法术与施法程序，建立起想象中的交流通道。而敬畏与禁忌的功能，在于扫除交流中有可能出现的不确定因素。向族外人讲述观念中的超自然"他者"，则是试图与族外人建构理解的基础，尽管往往是以交流的失败告终，但没有削弱族群对特定神灵的敬畏。

布岱族群独立供奉的神灵，同时也构成了族群的刚性的文化边界。对于想象中具有超自然形式与能力的神灵的敬畏，布岱反复体验到"我"的弱小，在无法与不对等的"他者"相互沟通交流的时候，心中期盼有更强大而公平的力量主导着族群交流的展开。这种景象宛如每个人在孩童时期，在长辈的"你需要跟伙伴分享玩具，要不然他们也不给你玩具"的诱导，甚至有时是命令之下，既真诚又带着几分惶恐地与伙伴交换玩具。同时，对族群神灵的敬畏，隐含着"我"需要有一个足够强大的族群群体，以便于作为其中一分子而拥有"我们"的群体身份对外行使足够的话语权。

2. 诗性交往

当布岱把目光重新转回族群的诗性交往之时，发现对歌"具有原生性诗学的文化价值，诗歌的取象方法源于特定族群的生活经验、运思过程和表述机制"[1]。布岱族群的对歌是一种技巧精致而有即兴智慧的两性交流形式。男方与女方按照约定俗成的歌牌节律，取材日常生活、生产的真实素材，以一问一答的竞赛交流机制表达情感。这样的交流形式充满着诗性表达的浪漫的情感想象。在人际交往，情歌对唱虽以两性对立的诗歌形式表述，但是其中蕴含的爱情不仅是两性交流的最直接、最崇高的中介，因而情歌也成为把族群内或者族群与族群之间产生的对立进行缝合的最有效途径。"……竞赛都伴有对抗性的、即兴的口头对诗……通过两性对抗的竞赛和共同的约婚礼，那将各个地方集团结合进一个传统共同体的联盟会得到强化。"[2] 情歌对唱因而将人际交往的情感距离，统一或者融入一段交流的进程，是交流进程情感想象力的诗性表达。

简言之，立足本土的族群交流思维。笔者从诗性智慧的角度选取族群交往的两个典型特征展开交流的观察：神性与诗性交往。布岱近年来热衷于传统的交流方式，即使是短暂的倾诉与狂欢，都能从族群的交流中得到慰藉。这是他们应对现代性的一种交流策略。笔者于观察过程逐渐梳理、明晰影响族群内部、族群之间交流的神性与诗性交往这两条线索，而这两条线索最后又归于一个核心问题：我们能够自由交流吗？这样的学理探索，旨在探索族群交流如何从对文化适应的现象观察，转向以"共存"为支点的族群交流的过程与策略研究。

---

① 覃德清：《非物质文化遗产保护视野中壮族民歌传统与诗性思维的文明史价值》，《中南民族大学学报》（人文社会科学版）2012 年第 6 期，第 130 页。
② 葛兰言：《古代中国的节庆与歌谣》，赵丙祥、张宏明译，广西师范大学出版社，2005，第 8 页。

第三章
神性仪式的返魅

布岱对待自己族群的神性仪式，与离散、回归族群社区的过程几乎同步，呈现从祛魅到返魅的两个阶段。当布岱回归族群社区，重建自己族群的神性仪式，其相应的返魅的结果更符合布岱族群的现实需要。在返魅的过程中，他们将神性仪式发展成为人性化与神秘化相结合的族群交流图景。从这幅神性仪式的图景入手观察，无疑为我们寻找自由的族群交流提供了新的视域。

第一节 郝桥仪式：家庭间的互惠行为

在我国壮族布岱族群与越南岱依族的传统族群观念当中，"郝桥"为具有人生转折意义的特殊仪式。"弄"为古岱字"郝"的简体字，原意为"下去""过去""建造"，而"郝桥"则意为"建桥、造桥、过桥"之义。此处的"桥"并非建筑物，而是人生过程之"桥"，因而"桥"具有跨文化沟通的多维含义。从人生的时间轴而言，布岱与岱依族人必须经过"桥"的仪式，才能算成人而正式组成家庭，亦即类似于"成人礼"。夫妻结婚怀孩子，只有当头胎孩子满月才能举行"郝桥"仪式，妻子才能正式落户夫家。郝桥仪式是我国壮族布岱支系与越南岱依族人共有的一种家庭仪式，本书为了便于描述与阐释，以下案例均以我国壮族布岱为主体展开观察、描述与分析。

一 郝桥仪式的家庭交往

离散在外的布岱成立家庭，大都采纳了城市里主流的独立家庭形式，一家两代或者三代，3～5人生活在一套住房里。家庭之间、亲戚之间的往来日趋减少，邻里之间走动也不多。当布岱重新发现族群原有的家庭交往具有仪式的神圣感、家庭之间的互惠性，他们逐渐恢复了部分家庭仪式。其中，最有族群特色的家庭交往仪式便是莽桥仪式。

（一）从个体交往迈向家庭间的交流

族群内每个人都必须通过"桥"才能算是成年人并担当起家庭的责任。更重要的是，布岱通过在神灵见证下的"莽桥"仪式，建立起男女双方家族的姻亲交往关系，以确保族群交流的畅通与族群内的稳定。从纵向的代际交往而言，"桥"沟通着新一代家庭对父辈、祖辈，甚至是处于非人间的祖先等以血脉传承为维系的家族繁衍的气脉。从横向的家族交往而言，"桥"则是男方家族与女方家族长期联姻的开始，是组成熟人社会、增强信任、消除陌生化的关键行为。在当今全球化的影响下，族群的成员加速社会流动，现代性消解着家庭之间的传统关系，布岱最近几年却重新热衷于体现姻亲家庭关系的"莽桥"仪式，在家庭与家庭、家族与家族之间的群体交往层面便具有了交流的深刻意义。

此外，根据田野观察，与布岱混居的布侬也有莽桥仪式，但他们是从布岱那里学习而来，而且是请布岱的法师来操持仪式，再加上仅有少数布侬做莽桥仪式，因此可以将莽桥仪式视为这一地区布岱的神性仪式之一。

（二）以生育为婚姻划分点的"神性"交往

布岱对于"莽桥"仪式最直接的表述与理解，是"通过此桥之后生活将更顺畅，更顺意"。每位布岱都要经历的"莽桥"仪式，一生只有一次，而且只有经过神灵见证的"莽桥"仪式的人，才可以纳入祖先所赐予的福祉范围，亦即"标志着受礼者获得了新的社会地位"[1]。因此，布岱在选择何时举办"莽桥"仪式时是非常讲究的。

笔者以农LG夫妻的"莽桥"仪式为案例，逐步描述"莽桥"仪式当中的交往行为。2013年2月21日（农历正月十二），金龙镇双蒙村农LG一家

---

[1] 潘艳勤：《布岱的"弄桥"仪式与"不落夫家"：以中越边境的其逐屯为例》，《广西民族学院学报》（哲学社会科学版）2004年第6期，第85页。

举办"耔桥"仪式。农 LG 与横罗村都宽屯姑娘沈 WM 结婚，生下女儿农 JX。年轻的农 LG 夫妇当时仍与男方父母住在一起。农 LG 家里有三兄妹，老大是哥哥，老二是姐姐，农 LG 排行老三。

（1）"耔桥"仪式的日子选择。一般情形，村民会选择在夫妻双方的第一位小孩出生满月时举行"耔桥"仪式。例外的情况，或因财力不足，或因满月当天的日子不好，或因家里有白事发生时，才会推迟做"耔桥"仪式。本案例当中，农 LG 的女儿农 JX 满月之时，恰好遇到男方家里的老祖母过世（104 岁），因而家人商量推迟"耔桥"仪式。经过沈 WM 娘家人提议，当地的法师也掐指计算吉日，男方家庭就同意将农 LG 夫妇的"耔桥"仪式定在 2 月 21 日农历正月十二。此时，他们的女儿农 JX 已满八个月。当天是吉日，附近村上还有人办婚礼。

农 LG 夫妻举行"耔桥"仪式的时间，是正月初十二戌时（晚上八点）。但是，这并不是说所有"耔桥"仪式必须是在此时辰开始。开始"耔桥"仪式的具体时间以各户人家的具体情况来定。在多数情况下，村民为了不影响白天在田间的劳作，一般都选择晚上举行仪式。农 LG 夫妻的"耔桥"仪式是在农闲的春节，当天附近的一个屯里也有人在白天举行"耔桥"仪式，为了错开，农 LG 家庭就选择了晚上八点开始。

（2）"耔桥"仪式的空间场所。像大多数人家那样，农 LG 夫妻在举办"耔桥"仪式前是跟随男方父母居住的。农 LG 父母的家是一栋传统的干栏式房子，底层为养牛、养鸡的牲口层，中层为人居的生活场所，顶层为粮食、杂物的储藏层。农 LG 夫妻的仪式是在家里的正厅举办。正厅位于房屋中层的前半部，亦即门户入口的最大空间。选择在正厅的空间，既方便在仪式中直接搭建"楼梯"、遣送"厉鬼"出大门，更便于众多的家庭成员、家族客人的围坐与观看。

（三）仪式过程中的行为互惠

仪式过程中的行为互惠，旨在破除陌生人之间、家庭小群体之间、家族大群体之间的隔阂，在极短的时间内强化交流的效果，以巩固姻亲关系的交流基础。而这种强化交流，是在神性的交流仪式中推进的，是布岱想象着有强大的超自然的"他者"的协调与干预而达成的交流。

1. 女方家庭

更准确而言，"耶桥"仪式的准备工作开始于女方的家庭，从请法师择日、与男方家庭商量、准备礼物、摘花与搭梯、上门帮工，直到仪式最后的家族集体午宴，都离不开女方家庭的全力张罗。

（1）请法师择日。操持"耶桥"仪式的法师，一般是由女方家庭聘请。女方家庭会根据本村屯的法师情况，首先出面请法师为"耶桥"仪式择日。法师会根据夫妻双方、新生孩子三个人的八字进行测算，推演出可供选择的仪式日子。农 LG 的妻子沈 WM 邀请横罗村都宽屯的法师沈 ZW。沈 ZW 出生于 1954 年，在当地的法师体系中被封为"总兵兼广佛"。从女方家庭找到沈 ZW 那一刻起，沈 ZW 就要负责择日与主持仪式两项重要的工作。

（2）与男方家庭协商。法师择日给出多个可选的日子，女方家庭则需要找男方家庭商量确切的时间。一旦举行仪式的日子定下来，就意味着男方、女方家庭都投入仪式的准备工作。

（3）准备礼物。女方家庭在"耶桥"仪式中不仅需要到男方家操持为仪式而准备的家务，还需要准备某些独特的、必须由女方提供的物品。例如，仪式中所搭建竹制"楼梯"上摆设的物品，此外还有一只活鸡和一只活鸭。活鸡与活鸭在仪式中象征着神仙过河过海需要鸡鸭来帮忙的渡船、带路角色。

（4）摘花与搭梯。仪式中摆放供品的竹制"楼梯"，以及楼梯上面摆放的五种鲜花，都必须由女方家庭两名 15 岁以上的姑娘上山砍嫩竹、摘鲜花来完成。仪式对这两名小姑娘近乎苛刻，要求她们不能处于月经期，因为经期被认为不洁净，而仪式是圣洁的。摘花的仪式一般是在当天下午五点钟或六点钟的时分进行，由小姑娘拿着"干外婆"以专用袋子包好的砍刀，上山寻找新长的嫩竹子。仪式对所选择的竹子很有讲究，要求是 2 根没有虫咬的大竹、4 根带叶子的小竹。而采摘的花朵亦要求有 6 种之多。

（5）上门帮工。女方亲戚组团到男方家庭帮忙张罗"耶桥"仪式。这种上门帮工主要解决两类问题：一是"耶桥"仪式过程所需要的辅助人手；二是由于设宴招待客人而需要的大量厨房劳动。

农 LG 夫妻的"耶桥"仪式未正式开始之前，女方亲戚就已经"进驻"

男方家，然后分工完成几件仪式前必须完成的工作，例如包粽子。为"荪桥"仪式而包的粽子，个头差异很大，这主要是根据仪式中所代表的寓意而定。年轻的姑娘负责采摘鲜花，年长而有经验的妇女则负责搭建"楼梯"①，摆好男女双方家庭备好的供品。还有最重要、最神圣的工作之一，是由女方家族的两位中年妇女负责整个仪式过程的上香、斟酒、烧纸钱等仪式辅助工作，兼顾陪同男方家庭一起接受客人送来的礼物，如粽子、大米、米酒、猪肉等。

此外，第二天上午，"荪桥"仪式结束，女方需要准备一顿丰盛的午餐，以答谢男方家庭以及男方村里的亲戚。女方家族的男性亲戚也不闲着，厨房里的肉食准备都是他们的任务。因为参加第二天午宴的人数较多，作为主菜而且能够体现排场的肉食，自然是加工的重点。扣肉、白切鸡这两道菜必不可少。

（6）邀请村民。农 LG 夫妻的"荪桥"仪式，经过一个通宵达旦的操持，于早上六点左右结束。此时，与"荪桥"仪式相关的交往活动并非随着仪式的结束而结束。天大亮之后，女方的家人要带上两个小粽子作为礼物，登门拜访村里的每一户村民，邀请主人中午到男方家里吃饭。尽管被邀请参加午宴的村民、亲戚和前一天参加晚宴的人一样，但女方家还是亲自登门造访、邀请，既表示自己的极大诚意，又为以后自己能扎根这个村屯的熟人社会打下基础。村里人也会认为登门的女方是识礼数的，值得交往。

---

① 关于楼梯：（一）楼梯由二根大竹横放与竖着的四根带叶小竹交织组成一个正四方形为最上层，上面摆放着一个簸箕，里面装着六种花（当地人称之为花的东西其实就是带叶的 5 种植物和一束红色的塑料花），花上摆着一匹白土布和一匹黑土布，黑布在上，白布在下。这一层称之为"花桌"。（二）第二层是四根短竹交织加上小竹桌，称之为"糯米花桌"。这张全部用竹子做的四方小桌，当地人称之为"檬"，专门用来供神的小桌。桌上点着一盏煤油灯，意为照亮前方的路。汤勺 5 个，筷子 5 双，小粽 2 个，大粽 1 个，装大米的碗 1 个，米上插着一炷香，苹果 3 只，一包糖。（三）第三层结构与第二层相似，称之为"魂粽桌"。桌上摆放着花鸡一只（当地人称之为花鸡，实质就是一只宰杀煮过的母鸡，鸡脚不能扯断，鸡尾要留一根毛毛），魂粽一个（粽子用红色的线绕了一圈），紫色糯米饭（称之为花糯）一团，2 只小粽子，1 只大粽，2 只梨，1 只苹果，装大米的碗 1 个，米上插着一炷香，米里放着 50 元钱，点燃的红蜡烛 1 支，汤勺 5 个，筷子 5 双，汤勺和筷子穿插一字排开。

（7）以主人身份宴请。第二天的午宴，女方亲戚以"主人"的身份宴请男方的亲戚，一切事务，包括准备食材、烹饪、招呼客人、陪酒等，均由女方负责。女方为了展示诚意，一般都会准备比男方晚宴还要丰富的饭菜酒食。这顿午宴，不仅表明女方真诚感谢男方的晚宴，更重要的是，女方要借此机会与男方各方亲戚好友联络感情，为新娘正式入住男方的家庭、男方的社区打下感情基础。因此，男方家人、亲戚、好友、同村村民，全部都是女方的客人。一番酒杯、酒碗交错之后，男女双方的家庭、亲戚、好友便成了熟人。

2. 男方家庭

在"荞桥"仪式当中，最能体现男方家庭的"主人"形象的，是当天傍晚宴请双方亲戚的酒席。在农 LG 的"荞桥"仪式中，男方家庭摆设 15 桌。参加仪式的亲戚，既有来自女方家庭、家族的人，如岳父母、兄弟姊妹、翁婿妯娌、姑婆姨妈，也有男方家庭、家族、同村的人，如叔伯姑婶、堂兄堂弟、堂姐堂妹、村长支书、朋友同学等。

（1）通知并接待各方亲朋好友。不是所有亲戚都必须参加宴请活动。一般而言，亲戚视血缘或姻缘关系的远近而决定参加活动的人数。较为亲近的亲戚，如叔伯姑婶，亲兄弟姊妹，两代之内的堂兄堂弟、堂姐堂妹，只要在家，都参加仪式活动。而稍远关系的亲戚，如隔三代的叔伯姑婶、堂兄堂弟、堂姐堂妹，则每家每户派一人为代表即可。在后者的情形，一般而言是女性的家庭成员比较热衷此类活动，因此男方家庭主要是接待好人数占多的女性亲戚。

（2）张罗晚宴。晚宴一般设在举办"荞桥"仪式的家庭客厅、厨房、晒台①。农 LG 举办"荞桥"仪式之时，恰逢下雨，因此晚宴主要设在家里的正厅与厨房、邻居新房的大厅。按传统习惯，一般都是男女分桌而食，男人在正厅，女人在厨房，因为男性成员要喝酒、猜码，这是女性成员不感兴趣的活动。但是，最近十年村民接受男女平等的新观念，女人也有参与喝

---

① 晒台是当地杆栏式建筑的结构部分。一般是从房屋主体结构的二楼延伸出来，直接形成露天的平台，以供晾晒稻谷、玉米、衣服之用。晒台的位置，有在房屋正门前方的，如农 LG 家；也有在房屋一侧的，如黄 XH 家。

酒、猜码活动的，就不太讲究男女分桌的习俗了，反而是根据人数多少、空间大小的实际情况，采取流水席的方式，男女混合围坐，先来先吃。接近傍晚时分，只要在法师做完"荐桥"仪式的第一道程序，念完告知各路神仙的经文，大家就开始晚宴。一拨亲戚吃完，马上撤台，再上一桌，以备下一拨亲戚享用。有个别意犹未尽的男性亲戚，要求较长时间进行喝酒与猜码，主人则另安排一桌，让大家尽兴。男方要发挥主人的作用，每桌都安排专人陪同来客吃饭、劝酒。如果劝酒不够，大家喝得不够尽兴，会被认为待客不热情。男方家庭有的代表接连陪喝数桌而酩酊大醉。

　　流水席的晚宴持续时间较长，男方的厨房劳作显得格外繁重。此外，尽管按传统习惯由女方负责张罗第二天午宴，但实际上女方在第一天已经将食材送到男方家，因此，男方在准备第一天的晚宴时，也会作为主力军帮助女方加工处理主要的肉食材料，如准备扣肉、猪手等，以使女方家庭减轻第二天的厨房工作量。

图1　男方与女方家庭在共同准备宴席中相识与交流

（四）姻亲交往

　　姻亲交往是一项长期的群体交往。而维系这种交往的长期性，还需要在日常生活交往中予以不断的维护与更新，其支点既有以礼物为载体的物质流动，也有以人际关系为认同的身份建构与身份维持。

1. 礼物的流动

"邗桥"仪式当中，最能体现男女双方家庭交往的方式是礼物的流动。笔者根据礼物的用途，将礼物分为短期的仪式性礼物、长期的礼物互动、嫁妆三类。

（1）短期的仪式性礼物

从女方家庭邀请法师掐算"邗桥"仪式日子开始，她们需要着手准备礼物。就"邗桥"仪式而言，女方家庭需要准备的仪式性礼物就是粽子、红米①，其中粽子是重点的仪式性礼物。如 2013 年 5 月 17、18 日在其逐屯沈 DZ 家举办的"邗桥"仪式，由女方农 DD 家族从越南送过来的粽子就有三百多斤，分装于 3 个蛇皮袋。此时在男方家，当这些粽子逐一摆放在地上时，满满当当地占领了房间的半壁空间，引来客人们的围观、称赞。在盛赞声中，女方与男方家庭都长足脸面。

男方亲戚，除了送粽子作为仪式性礼物，米酒、大米也是常见的礼物。米酒一般都由当地酒厂酿造，俗称"土茅台"。酒精度数有高有低。米酒的度数越高，表明送礼人的礼数越到位。在晚宴和午宴，男方会打开送来的米酒与大家一起分享。

仪式的第二天，女方还派代表（往往是新娘的姑姑）将从娘家送来的粽子，分送到男方村屯各家各户，无一遗漏。送粽子时，女方挑担，由男方一名女亲戚引领，到每个家庭敲门问候，送上一双粽子，直接放到家庭的神台位置。在派送粽子的同时，女方代表会以主人的身份邀请村民参加午宴。接受粽子的村民也会为女方代表、新娘送上几句祝福。

当然，还有一种情形，即需要做邗桥仪式的夫妇如果生的是儿子，仪式的日子与儿子的满月宴又比较靠近的时候，很多家庭就重点举办满月酒席，毕竟生儿子还是比较风光的一件事儿。举办满月酒席，需要男方尽可能邀请男方家庭的亲朋好友到场。从满月酒到邗桥仪式的日子不长，男方家不好意思在短短的数天时间内再让亲朋好友兴师动众地过来捧场。对于此种情形，男方家庭仅仅邀请女方的亲属即可，酒席的规模也有所缩减。

---

① 当地人采摘某种叶子染红稻米，有吉祥的寓意。

以板雁屯农 FH 与黄 ML 的"郝桥"仪式为例。由于在公历 2014 年 6 月 15 日（农历五月十八日）男方家已经给孩子办了满月酒席，"郝桥"仪式就只有丈夫的外婆家亲戚参加，因为丈夫的外婆是黄 ML 认的干妈，她要为黄 ML 代表娘家人张罗仪式。从农 FH 父亲的账本可以看到农 FH 结婚亲戚来贺登记，其中本屯（板雁屯）67 户（人）来贺，礼金共 3570 元，有 40 户（人）同时送有大米（重量未记录）；附近其他九个屯 23 户（人）来贺，礼金共 1530 元，有 6 户（人）同时送有大米；农 FH 的姐妹 6 人，礼金共 600 元；朋友 36 人，礼金共 3550 元。亦即在满月酒当中，男方家已经收到 9250 元的礼金。待到后来的"郝桥"仪式，男方家庭不能再次邀请这些亲朋好友，"郝桥"仪式的酒席规格也就相应降低至两桌。

（2）长期的礼物互动

从"郝桥"仪式的礼物而言，女方家庭送粽子给男方家庭、男方亲戚、男方所在村屯的村民家庭，其数量确实庞大。如此一来，男方家庭与家族开始全面接纳女方的到来，包括女方过世后灵魂可以归入男方家族的祖先行列而受到子孙后代的祭拜。

接收了女方礼物，男方家庭就必须相应地履行另一种义务：每年的春节必须派人（夫妻所生的儿女、孙子）到女方家所在的村屯"还"粽子。这种还礼的粽子也是每户送两只。而女方家的村民往往只接收其中一只粽子，另一只粽子则附上一只红包（50 元左右）礼节性地退还给前来送粽子的男方人。这样的礼物互动，一来一往要持续两代或三代人，直到女方家村屯的人告知"不用再送粽子"为止。经过如此长期的礼物互动，男女双方的家族逐渐转向更为亲密的关系。

（3）嫁妆

与礼物的流动相比较，女方在"郝桥"仪式之前带到男方家的物品主要是嫁妆。根据黄 XP 父亲与大伯的讲述，在改革开放之前，由于布岱普遍处于贫困线之下，每家每户除了干栏式房子之外，也没有太多的财产，因此能作为嫁妆跟随女方送到丈夫家的，一般只有被子、蚊帐、衣服。"财产就是一担东西，"黄 XP 父亲回忆当时的情境："男方倒是需要准备一架缝纫机、一只衣柜、一部单车作为迎娶女方的财物。后来，生活条件逐步改善，男方就送电视机、洗衣机、摩托车。如果某户人家有钱，甚至轿车的钥匙都给女方。"

2. 不落夫家与两边住

（1）不落夫家："两边住"是布岱对婚后男女双方生活状态的一种表述。布岱的男婚女嫁，并不像当地混居的汉族人那样必须是女方完全过门到男方家，也不是男方完全上门到女方家，而是男女双方家庭根据实际情况，兼顾双方家庭利益而沿袭的一种古老的协商方式。这样的婚姻状态，可能属于不落夫家婚俗的"有限期的坐家"的情形。① 具体而言，布岱举办婚礼仪式，新郎新娘并不是生活在一起的。新娘在婚礼后的第二天就回娘家生活。在往后的日子，夫妻可以有往来接触，但不住在一起。只有农忙时节或者春节，男方派人到女方邀请，女方才回到男方家小住数天。这种状态要持续两三年，直到他们的第一个孩子诞生，女方再通过"荓桥"仪式，正式落户夫家。在二十多年之前，也有的女方为了延长在娘家的熟悉环境里生活的时间，暂时逃避没有感情基础的夫家生活，她们会借助各种避免怀孕的手段，既与丈夫保持接触，又能逃避包办婚姻带来的交流障碍。不管以何种方式逃避夫家，女方最终也还是要认命，怀孕生娃，正式过门到夫家。

（2）两边住：不落夫家并不是女性所特有的婚姻关系处理方式。在布岱当中，男方到女方"上门"的例子也占有相当高的比例。对于男性到女方家庭上门的做法，当地人一般称为"两边住"。具体到"荓桥"仪式而言，男性采取两边住的婚姻状态时，他的"桥"就有可能安放在女方家庭。例如横罗村都宽屯的沈姓村民，二十年前到邻村板池"两边住"，因此，他在妻子家完成"荓桥"仪式，他的"桥"悬挂在妻子家里的横梁上。再如，沈 D 的父母于 1992 年结婚，婚后她父亲在女方所在的板池村盖了新房，多数日子里住在女方家中。如有需要，她的父亲母亲也回到男方婚前所在的都宽屯居住，因为男方的父母都健在。

（3）有人认为两边住是妻子自由选择的事情，即妻子"有时住在娘家，

---

① 王承权认为，各民族不落夫家婚俗大致可以分为四类：第一类，假出嫁，实不嫁；第二类，有限期的坐家；第三类，象征性的坐家；第四类，变异形态的不落夫家婚俗（参见王承权《中国各民族不落夫家婚俗的比较研究》，《民族研究》1993 年第 6 期，第 46 页）。

有时住在丈夫家"①。笔者认为不然,因为在田野调查中就遇到男方在女方家长期生活的情形。原住都宽屯的沈 D 的父亲(男方)有四兄弟,他与板池村的姑娘(D 的母亲)结为夫妻。在孩子出生之前他住在板池村,也属于当地人所称的"两边住"情形。如果男方或者女方家庭需要,他们就互相走动。沈 D 的母亲谈到当时的情形:"我们就是两边住。那时候(家里有事),他就请人来接我。我也有请人去接他的时候。(接人的场面)很隆重喔。"沈 D 的父亲也不承认是"上门":"是两边住,不是上门。"② 因此,"两边住"是夫妻双方的协商,而不仅仅是女性一方的任性与自由。

有研究者把布岱女子结婚后仍然回娘家居住的现象归为"不落夫家"的文化遗存。③ 但是,"不落夫家"并不是布岱族群独有的文化特征。另有学者就曾撰文认为女子婚后"不落夫家"分布面极其广,"不落夫家婚与民族成分没有必然联系"④。如果单从女性的角度解释布岱传统的"不落夫家"现象,只能关注到在盛行包办婚姻的前现代社会环境中女性如何通过延长在娘家生活的方式来减缓源于宿命的与陌生人交往的障碍或者冲突。况且,经过"文化大革命"的打压和改革开放的选择,布岱曾一度放弃了这种仪式。但是,在现代社会当中,尤其是今天大量布岱年轻人参与社会流动、组成族外婚姻之后,又悄然兴起"不落夫家"与"两边住"的潮流,其意义更多地在于姻亲的家庭与家庭之间的协商方式,而不是强调其冲突的一面。

3. 认干妈

诚然,"两边住"是处理家庭之间关系的美好理想之一。但是,如果现实中出现权力不平衡的状态,亦即用当地人的话说"女人在男人家受到欺负",或者"娘家太远,照顾不到女儿",布岱又是如何处理人际交往关系的呢?"认干妈"则成为一种弥补的方式。

---

① 潘艳勤:《布岱的"弄桥"仪式与"不落夫家"——以中越边境两侧上、下其逐屯为例》,硕士学位论文,广西民族学院,2004,第 37 页。

② 在 2014 年 5 月 1 日劳动节小长假期间,笔者和沈 D 父母在南宁再次聚餐,谈布岱的风俗问题。

③ 潘艳勤:《布岱的"弄桥"仪式与"不落夫家":以中越边境的其逐屯为例》,《广西民族学院学报》(哲学社会科学版) 2004 年第 6 期,第 78 ~ 85 页。

④ 王承权:《中国各民族不落夫家婚俗的比较研究》,《民族研究》1993 年第 6 期,第 50 页。

"认干妈"，当地人也有称为"认干外婆"的，主要看所认的女性年龄情况，年纪偏大的女性称为干外婆，年轻的即为干妈。"认干妈"并不是金龙镇布侬族群所特有的现象，而是盛行于我国的龙州、大新、那坡与越南的高平、下琅一带多个族群的风俗。但是，布侬却要比其他族群更加注重"认干妈"的作用，因为布侬的"认干妈"特指女性而言，是对女性处理家庭之间关系的一种平衡式处理方式。上门的男方不用"认干妈"，"两边住"的夫妻也不认干妈。甚至，有的女性不只一个"干妈"，幼年时"认干妈"以求健康，结婚时在男方村屯"认干妈"则是找"靠山"。

干妈在布侬女性的三个特殊时期发挥着作用：一是孩童时期。按照布侬的民间信仰的说法，当地生活着"鸡鬼"，"鸡鬼"会控制女童的魂。二是结婚时期。在交通不方便的年代，如果结婚当天女方家人（尤其是新娘的母亲）由于客观原因未能到男方出席婚宴，那么干妈需要代替女方承担娘家人的责任，处理好各种关系。三是在"㮟桥"仪式当中，干妈同样需要负责女方的各种仪式和礼节。在笔者考察的农 LG "㮟桥"仪式当中，沈 WM 的干妈也是沈 WM 的母亲结婚时所认的干妈。根据沈 WM 的"主位"解释，认同一位干妈的原因，在于娘家离男方家太远，而认男方村里的一位妇女作干妈，以方便日常的交流，或者代替自己的亲生母亲参加仪式活动。

相对应地，布侬女性也乐意认干女儿。认干女儿既图吉利，又能帮忙务农。即使是与邻国的侬依族互认干妈（干女儿），干妈与干女儿之间也会在中越边境跨境往来，送点粽子、糯米、沙糕等礼物以加强关系。在农忙季节，干女儿一般都跨境帮忙做农活。

社会发展到今天，"认干妈"的现象并没有减少。很多布侬族群的年轻人初中或者高中毕业就外出打工，在外面成长，恋爱，成家。当他们把媳妇娶回来，同样要延续布侬的传统习惯"认干妈"。按照布侬的习俗，丈夫家有大事需要操办的话，是要妻子的娘家过来帮忙或者主持活动的。例如，正如黄 XP 父亲的说法："从福建、四川去打工的姑娘嫁给我们（村里的年轻人）。如果她家婆去世了，必须要娘家那边（有人）来帮打理后事，主要是做后勤工作。金龙镇都是这样的习惯（习俗）。如果真的从福建、四川把娘家人拉过来，那太远啦。如果认干妈了，以后在生孩子或者有什么红白喜事的时候，就可以让干妈帮个忙，好有个照顾。干妈可以代替女方帮做事，召集其他人来帮忙，做后勤工作啦。这里（布傣的）规矩比较多，如果没有亲戚帮忙，这么多活，很累人。比如说，要准备50台饭菜，要找人杀几头猪，要上街买菜，这都是媳妇要做的。如果认干妈了，就可以由干妈来代替帮忙。"光满村的小媳妇黄 ML 从广东连州远嫁龙州金龙，就认了丈夫的外婆做干妈，因此在孩子满月、做"歃桥"仪式之时，她的干妈帮了很大的忙，省去黄 ML 操心。

图2　不管是短期的仪式性礼物，还是长期的互动性礼物，
粽子都是布傣家庭之间礼物流动的主要物品

二　互惠行为的保障

"歃桥"仪式是布傣精神世界里很庄重的人生仪式之一。按照传统观念，这个仪式是在神灵的监督与辅助下完成的。之所以有此观念，是由于在布傣的观念里，活着与死去都是人生的构成部分，法师则是连接这两个世界的"中介"。法师在"歃桥"仪式当中唱念的《安桥科》经文，即是模拟活人的行政管理制度，在另一个世界里逐级向诸神诸仙汇报，请求保佑需要过桥的一家三口人。布傣能够将活人与死人两个世界巧妙地联系起来，是源

于他们有着强烈的"沟通"需要。他们希冀通过如此沟通的虚拟的"桥"，既能化解现实世界的不确定性，又能实现家庭之间的团结，调用活人与死人世界里的一切力量，以克服现实交流的不确定性。经过"荞桥"仪式，另一个世界的"他者"成为年轻夫妻组成家庭的心灵支柱，成为年轻夫妻认同族群这个集体"成年礼"的护佑神。"他者即保护神"是布岱族群交流的重要观念之一。

（一）庄重的沟通仪式

在"荞桥"仪式当中，法师起到非常关键的沟通作用。法师始终按照仪式的程序，从容不迫地甩着铃铛，弹着天琴，唱着《安桥科》的经文，完成一套规定动作。无子嗣而领养孩子的夫妻如果需要做"荞桥"仪式，法师还额外加一道"求花（即求生育）"的仪式。一般情况下，仪式从第一天的傍晚六点左右开始，一直延续到第二天天亮。法师通宵盘坐，一板一眼地弹天琴，唱经文，非常艰辛劳累。当我同情地问他们累不累时，他们大致的回答都是："不要紧的，习惯了。而且是帮人家做好事的，累也不要紧。"（引自法师沈 ZW 的话）

男女双方家庭都对法师非常尊敬。从法师进入家门开始，就有专人为法师做辅助工作，比如按照法师的指示，摆放做仪式用的席子，搭建楼梯，摆放供品，烧香烧纸钱。安排法师一餐晚饭和一餐早饭。第二天仪式结束之后，还赠送法师一鸡一鸭，粽子数个，糯米 10 斤，红包一封（内有现金100 元至 300 元不等，要视主人家经济状况而定）。简而言之，尽主人家之所能，把法师伺候得细致周到。

（二）见证

在此仪式当中，布岱公认"过桥"的舞蹈为仪式的高潮。经过法师近一昼夜的颂唱，向神灵送礼仪式完毕，约莫凌晨 4 点时分就到达仪式的高潮部分——过桥。在过桥之前，参加仪式的年轻夫妻、男女双方的家人、亲戚大都兴致勃勃地忙碌着。尤其是女性成员，要么是围观法师颂唱，要么拉家常，要么帮厨，无论如何都停歇不下来。很重要的一点，大家像是汉族的"守岁"那样，耐心地等待着过桥时刻的到来。

过桥之舞动作并不复杂，但参与者必须带着虔诚之心才能走好每一步。

图3　沈法师在郐桥仪式中虔诚地为过桥夫妻祈福

图4　郐桥仪式中的过桥，要求当事夫妻盛装参加

新娘必须换上布岱族群的盛装，从头饰、长裙，到腰饰、布鞋，一样不缺。由法师安排与指点，新娘需要在桥楼旁边烧着烈火的火盆上轻盈地横跨三

图 5　桥（图中带三张符咒的短竹筒）被主人挂在
横梁上

图 6　家庭成员围观"郭桥"仪式，共同构建具有
神性色彩的交往想象

次，以示过"油门"，驱除身上的邪恶，以干干净净的身体过桥。接着，再由法师引路，新娘、新娘的干妈、女方的一位亲戚，共四人排队绕桥楼行走，先是逆时针走三圈，再顺时针走三圈。其中，干妈与女方亲戚还需要共同抬着预先备好的鸡鸭与粽子。

过桥之舞，围观的人也最多。大家都不约而同地放下手中的事情，尽可能地围过来观看。观看之时，不时传出大伙的谈话声、笑声。在沈WM的过桥之舞中，我曾问围观的人为何喜欢看过桥，有人说是因为过桥需要穿民族服装，有人说想看新娘的动作是否利索，有人说是看热闹。总之，男女双方家庭的亲戚共同见证了仪式的过程与神圣性。

主人家如此费心的安排，目的有三。其一，利用法师的庄严出场，见证男女双方家庭的联姻。将女方家族与男方家族的大部分成员召集起来互相认识、交流，以达成两个家族群体联姻交往、消除间隙的效果。其二，借助法师超自然的中介力量，将家庭的交往扩大到另一个世界，以证明姻亲家庭关系的牢固性。其三，希望在超自然力量的作用下，将原本为"陌生人"的女方（即妻子）无条件地接纳进入男方家庭，亦即"生是你家的人，死是你家的鬼"的仪式。

（三）婚外异性交往的道德信任

布岱族群里的青年男女，不管是婚前还是婚后，都拥有与异性交往的较为自由的对歌方式——对唱情歌。这种交往自由既有来自家长们的集体默认，又保留着族群社会的交往习俗。布岱的恋爱对象不一定是日后成为夫妻的男女双方。更确切地说，布岱的"恋爱"是一种群体行为。孩子长到16～18岁，就会从年纪大一点的、同村或同校的伙伴那里学唱当地的山歌。对歌的地点，要么是在约定俗成的歌坡，要么是在两群青年男女邂逅之地，如村边的田间、树林。对歌一般都是两男对两女，或者三男对三女。亦有一人对多人的情形，这当属对歌能力佼佼者。歌手之间除非是特别熟悉的人，才可能出现"单挑"对歌的情形。对歌的内容基本都是情歌，包括大量情意绵绵、互诉衷肠的恋爱言语。对唱情歌的场所白天一般是在歌坡，晚上则在某位村民的家中。有的家庭经济条件好些，或者主人为人慷慨，热衷对歌，他们会把男女歌手邀请至家中彻夜唱歌。布岱的夜歌即以此为基础。

歌手农 HZ 就提到最令他难忘的通宵对歌经历：

> 那年是越南妹子邀请我们过去（过境）对歌，我在她们家里唱了一天一夜，都是唱情歌。第二天吃完午饭，（她们）本来是要送我们回来（回国）的，没想到走在路上又唱起来，大家很有兴致，又留下来唱了一个通宵。都是唱情歌哦……

布岱族群的年轻人去歌坡对唱山歌，基本都是经过“算根命”的人，在谈婚论嫁方面是名花各有其主。然而，他们对歌的对手往往都不是跟自己“算根命”的另一半。对歌双方既有互相逗趣，也有情意绵绵。如果年轻人在对歌中找到知音，就会注入相当的个人情感，把情歌唱得真真切切，动人心扉。如果不投入个人情感，情歌是唱不好的，双方也就无法交流下去，或者被认为对歌不够真诚。布岱的婚外异性交往是公开的，而且还是把挑逗性极强的情歌作为最主要的沟通表达方式，可是其结果却不是发展成为“男女关系”或者“婚姻关系”，由此可见，在布岱的社会道德评价体系当中，恋爱的交往并不等于婚姻交往的前奏，或者说恋爱交往的目的不一定是实现婚姻的目标。[1]

（四）庇佑与惩罚

按照布岱的传统观念，没有经过“荞桥”仪式的夫妻就不算成年，如果不幸去世，只能算夭折，村里人是不帮忙抬棺材的。因此，每个布岱，尤其是女性都必须重视整个仪式。对于准备进入男方家庭的女性来说，也正是通过这个“桥”的作用，进入到男方家族的圣地，在世时得到夫家神灵的庇佑，死后能够以主人的身份得到子孙们的祭拜。荞桥仪式过后，女方确认自己已经成为男方家族的一员，在面对繁重的家务责任与生产劳作，在面对

---

[1] 潘艳勤提到“（布岱的）‘结婚’不是‘恋爱’的结果，‘结婚’和‘恋爱’没有直接的关系”（参见潘艳勤《布岱的“弄桥”仪式与“不落夫家”——以中越边境两侧上、下其逐屯为例》，硕士学位论文，广西民族学院，2004，第35页）。但笔者认为应将“结婚”改为“婚姻”，这种改动更符合布岱族群的现实情况，因为很多布岱在结婚后相当长的一段时间仍然参加歌坡，即使他们有了孩子亦然。

未来生活的不确定性之时，她们的内心世界才会有所支撑，才能义无反顾地跟随夫家过日子。

"荓桥"仪式之后获得神灵"他者"的庇佑，即使发生意外情况，惩罚亦是非常轻的。在布岱的观念当中，每个人只需要经过一次"荓桥"仪式即算成年，不会也不能举行第二次荓桥仪式。那么，遇到特殊情况，有极少数人婚姻状况发生变化（在我的田野观察当中只有1例），女人另嫁他人，男方家依然保留当初仪式留下的"桥"而没有丢弃，因为这"桥"是属于夫妻双方及新生孩子的共有见证物，而不是单独某个人的。离异的男方人表示，唯一的惩罚就是将来不去帮女方抬棺材。

（五）"算根命"的消除

在布岱或者越南岱依族人的族群生活当中，尤其是20世纪我国实行改革开放之前，当地交通尤为不发达，相当多的族群内婚姻都是由父母包办的，结婚的年轻夫妻之间甚至直到结婚当天才见到对方的真容。那么，这段姻缘从何而来？布岱或者越南岱依族人一般都是通过"算根命"的方式来安排婚事。"算根命"的年龄大都比较早，类似于汉族地区的娃娃亲，是当地的法师通过男女双方的八字进行配对而定下的亲事，成年后即可择良机提亲。

族群内的年轻人也有自由恋爱，但是到了提亲的时候还是要经过"算根命"。如果"算根命"的结果比较理想，男方家就可以派人到女方家提亲。如果"算根命"的结果不理想，这就有可能因此而拆散恋爱的年轻人。我曾经采访一位因根命不合而另嫁他人的老人。她说，以前很多人都很相信"算根命"，如果算得不好，有的人还是选择分开，主要是担心强行结婚后会给后代带来不好的生活；也有人选择坚持，但是需要请法师做法事消除灾难，其中有一项就是要永远保持米缸里有米，因为按当地信仰"米"即是"命"，米缸里的米吃不完，命就不该绝，这样才能化解"根命"不合的情形。在改革开放之前的年代，物质匮乏，穷苦人家要保持米缸里有米确实是一件不容易的事情。这是今天的我们很难想象的情形，但这也是"他者即保护神"交流观念的另一种体现。

今天，用"算根命"的方式来撮合姻缘的案例越来越少，原因在于：

一是大多数年轻人都外出务工、求学，在新的社会环境里恋爱、结婚，婚姻伴侣大多数不是同族群的年轻人，崇尚自由恋爱与自由结婚；二是"算根命"被认为是娶不到老婆或者嫁不出去才不得不做的事情，更重要的是，"算根命"并不能体现男女双方家庭交往的平等地位。现代社会使人与人、家庭与家庭之间处于不同的发展水平，经济地位或者政治地位的差异是"算根命"无法缝合的社会结构鸿沟。因此，布岱在回归姻亲家庭的关系构建时，自觉地消除了"算根命"的形式，为的是达成更平等的交流身份。平等交流的诉求同样瓦解了旧式的"他者即保护神"观念。

第二节　类似姻亲家庭的家庭交往方式

除了以婚姻关系建立的姻亲家庭交往之外，布岱还将认干爹、认老同的同性交往纳入家庭交往的范畴，遵循着类似姻亲家庭的交往仪式。而且，布岱的认干爹、认老同要比汉族的认干亲、拜把子更加强调家庭之间的互惠关系，一旦建立家庭关系，几乎是很难拆散的。这类家庭的交往方式，同样是在超自然"他者"的感召下建构与维持的，体现出家庭之间神性交流的互惠行为。

一　认干爹

除了前文所述的认干妈，还有一种认干爹的情形。这种情形更多的是体现"报恩"的互惠方式。此种报恩也分两种情况：其一，是当地的法师给孩子算命，认为孩子"命"轻，需要认干爹或者干妈，测算出来孩子应该认哪家姓氏的人为干爹或者干妈。小时候经常生病的那些孩子，就得认干爹或者干妈，而且以认干爹为多见。其二，是某人救了孩子一命，孩子也必须认救命之人为干爹。黄XP父亲认有一个干儿子即属于第二种情况。

> 那一年有个男孩子才四岁，他和另两个孩子在村里的水塘边玩。我开始没怎么注意，只是看见他们在那个位置钓鱼。我当时不懂得他是怎么掉进水去的。后来有一个小孩跑到我家门口找一根柱子，我开始不清

楚，还骂他"拿去干吗？"他说有个人掉进去了。他没告诉我是谁。我一想，可能有人出事了，马上跑过去，衣服都没脱，跳进去就看见一孩子（沉）在水下四五米深了。（好在）他离岸边近，如果他离岸边太远我就捞不着了。我把孩子捞上来，那时候（他）都说不出话了。我给他人工呼吸，过一阵子就好（指活过来）了。孩子被救之后，就要认我是干爹。我也认了，没办法的，因为命中注定我跟他是脱离不了关系的。认干爹之后，每到过年过节他都来看我。

当然，认干爹干妈不是一厢情愿的事情。干儿子和干女儿每逢过年过节都需要带上鸡、鸭去拜访干爹干妈，就像去拜访自家的外公外婆一样。干儿子和干女儿的家庭，与干爹或干妈的家庭形成了密切的互惠联系。在干儿子和干女儿举办结婚、"荞桥"等仪式之时，干爹、干妈均以重要亲戚的身份到场参与。如果认干爹的家庭之间没有履行义务，村民会认为会受到超自然"他者"的责备。家庭之间非常不乐意由于超自然"他者"的责备而中断交流的可能。

二　认老同

第三种家庭之间的关系，是建立兄弟情谊式的互惠家庭关系，即"认老同"。"认老同"类似汉族的"拜把子"，差别在于"认老同"非常注重家庭之间的互助。布岱族群为稻作农耕族群，在以前生产力不发达的年代是需要大量的劳动力作为生产的条件。"认老同"是同辈之间认作兄弟，像家里的亲兄弟一样互相称呼对方的长辈、同辈。每逢节庆期间，老同的家庭之间还相互来往，送粽子、沙糕之类的礼物以维系关系。最关键的是，在农忙季节，老同之间要协商好时间表，轮流到两家帮忙收割、插秧等繁重而抢时间的农活。在闲时老同则互相串门喝酒叙友情。布岱这种"认老同"的家庭关系在今天仍然比较常见。

布岱外出务工同样需要"老同"的帮忙，尤其是初出族群之外的社会打拼，更需要"老同"的牵线相助。布豪屯的黄DL是最早跑广东打工的布岱。20世纪90年代，他和"老同"到广东珠海打工，曾经因未携带特区通行证而被扣留，幸亏"老同"出手相救。讲到这段历史，他真是心有余悸："其他被扣留的人，都被押送到广场，被迫蹲下，双手抱头，像香港片的警察抓人一样，非常恐怖。有人因不顺从而被打，用木棍打，还被关押一周。要不是'老同'帮忙找人说话，我那晚就很惨了。"共同应对族外社会的危险，强化了布岱"认老同"的现实的互惠需要。"认老同"，以及"老同"所需要承担的义务，都是超自然"他者"赋予的互惠的族群交往。

三 基于农耕文明的家庭交往叙述

海德格尔说："还乡就是返回与本源的亲近。"[1] 在外乡闯荡或漂泊的布岱，心头始终揣着一种乡愁，而乡愁的基础源于族群的熟人社会中家庭之间尚存交流的互惠关系。

在老挝与柬埔寨工作十多年的黄 XP 的父亲，于 2014 年 7 月昆那节回乡度假，向我们谈起他对家乡板相屯的印象："前两天几个朋友过来玩，问我为什么不在龙州买房。我都没这个想法。我这里农村空气好。有些人在城市住不惯了，就来农村住。这里就是真正的别墅咯。前几天城市 36℃、38℃ 高温的时候，我这里比较凉爽，房间不用装空调。等我以后不在外漂泊时，我就回来，有空的话，还可以再装修一下这栋房子。对面那家是我小弟家，阳台就可以钓鱼。我还可以在他旁边再做一个钓鱼台，大家一边喝酒一边钓鱼，很爽。……门前这张（鱼）塘都没有见到底，潜水下去十几米深都没到底。涨水的时候有大鱼浮出来，甚至有 30 多斤重的大鱼。天气变化的时候，鱼就（浮）上来，就是说准备下大雨，很闷热的时候，大鱼就上来了。（鱼塘）应该是有地下河相通的。10～20 斤的鱼，我弟抓到 10 多条，都用那种拦江网抓到的。"很多布岱就会按照一种田园生活的方式来赞美家乡。

更重要的是，布岱骨子里还是喜欢生活在熟人的网络社会当中。姻亲关系，认干爹干妈，打老同，形形色色的人际关系、家庭之间的关系，构成了布岱家庭互惠的社会结构之网。

---

[1] 海德格尔：《人，诗意地安居》，郜元宝译，广西师范大学出版社，2000，第 69 页。

"一到侬峂、歌坡、昆那，反正这里很多传统的'节'，我们都想回来聚一聚。"女歌手农 YX 说，"大家吃饭啊，猜码啊，喝酒啊，无话不谈。村子里的亲戚轮流搞，吃完这家就到下家，大家都不计较，有好吃的都拿出来大家分享。（有时候）吃上一周呢。……大家都是熟人啊，亲戚啊，有事一起商量，有机会一起去做（事）。……还有啊，大家都很欢迎外面的客人、朋友来，谁家来的人多谁就有面子，证明他路子广。"

在花都村布界屯，有人出去闯荡，当上包工头，后来把屯里的大部分青壮年都拉出去一起做工程，带动屯里大部分人家富裕起来。屯里人在聚会喝酒时，会非常自豪地告诉外来的客人："我们的工程有很多，南宁有，河池有，贵州都有……你看我们屯里的房子，哪个（家）漂亮，哪个（家）就是搞工程的。我们之间在外面相互联系很密切，大家很团结啊。"但是，也有个别案例，处于边境村屯的有人带领同村的人、家族的人一起从事走私，结果一起蹲监狱。

外人要是问及为什么要有这样的家庭交往，布岱有一种说法是：大家都是同祖同宗的神灵来保佑的啊！

第三节　侬峂仪式：建构超自然"他者"的社会结构

处于边缘状态的族群的生存问题，必然面临着来自自然条件与人类社会的双重压力。在历史上，布岱族群也不例外。布岱之所以需要重新建构超自然的"他者"的社会结构，源自于他们内心深处对于现代性的焦虑。在现实世界当中，他们一时无法解决现实问题，例如遭遇就业、经商、求学的人际交往困境，转而求助于族群内部，建构具有超自然能力的神灵的社会结构。

一　他者的社会结构

在布岱的观念里，"神"拥有超自然的能力，不仅能够调节一切人类交往的活动，而且能主持公道，维持那种按照神灵意旨来发展交往的社会结构。布岱建构的超自然的社会结构，包括具有不同法力的三个神灵阶层。

（一）乜积歌、阿积帝

乜积歌、阿积帝是布岱神灵世界当中管理人类生存与交流的最高天神，他俩掌握着现实世界的一切生命循环和交往活动，负责向人类发放族群繁衍的人类种子和人类生存所需的五谷种子。他们所居之地为最高的天庭。因此，布岱法师诵唱的所有仪式的经书，都描绘有最高的境界，是由乜积歌、阿积帝对布岱的恩赐，如求务的《塘佛科经书》、靬桥的《安桥科》、求雨的《弄龙王》、与祖先沟通的《安祖》等。

在布岱的生命观当中，人的生命分两个阶段：第一个阶段在阳间，也就是我们活生生的现实世界。第二阶段在另一个世界（可能是阴间，也可能是天庭）。只有经历两个阶段的人才算是完整的人。乜积歌、阿积帝的超自然能力非常强大，不但管理人在阳间的生命，还负责人的另一个世界的生命轮回。他俩要根据下官的汇报和自己的实地考察，决定某人的生与死、死后是过天桥成仙还是过奈河变鬼。他们还需要根据人间男女的比例，再决定给求花的人安排赐予雄花或雌花，引导求花的人家生男或生女。

乜积歌、阿积帝掌管人类的交流方式。布岱自古好唱歌，据传这是乜积歌、阿积帝的旨意。在未接受现代教育之前，布岱族群社会里只有法师掌握文字并能运用文字记录经书。普通的族人不识字，因此乜积歌、阿积帝让人类学会以唱歌的方式进行交谈。更重要的是，乜积歌、阿积帝想让人们能够坐在一起唱歌，不管是倾诉劳作的艰辛还是处世的苦难，相互之间都能聆听对方倾诉，或者在歌声中憧憬未来，暂时摆脱现实世界的烦恼。乜积歌、阿积帝教会人们用歌声善意对待陌生人。如果偶遇陌生人，可以歌声开口与他或者她交谈，彼此无须有太多的戒备。

（二）务

在布岱族群的观念当中，整个世界划分为四个空间：阴间（鬼、鸡鬼）、人间、务的住所（以干栏式建筑为中心的有关家庭的想象空间）、天庭（乜积歌、阿积帝的居住地）。“务”的出现与身份，类似于汉族祖先崇拜中的家神，为家中先人的“神灵”。在布岱的观念中，“务”是看不见的祖先神灵，祖先神灵的存在与力量可以对"我"产生莫大的影响。

"务"的居所离不开家庭的房子，但是"务"要按辈分的等级关系居住在不同的家庭空间。正如农 RQ 所表述："父辈之神居堂上，负责家中老少平安；祖辈之神居灶旁，负责家中饮食起居；曾祖之神居屋（干栏式）底，负责看管家禽家畜；高祖之神居屋檐，负责看门守户，不让脏鬼妖魔入门；高祖以上之神则升上天空，飘浮在天与地之间，人们称之为务，承担人与天的沟通。"①

由于人间的"我"无法直接与拥有最大权力的天庭的"他者"相联系，因此需要求助于漂浮在天庭与人间之间的"务"，由"务"代表阳间的人向天神求助。"务"为高祖以上的神，因而不单单是为某一户人家，而是为其下的五代或五代以上的后代负责。加上传统的家族大多形成以村屯为中心的生活圈，因此，"务"基本上需要保护以村屯为单位的整个族群的福祉。按照布岱的观念，"务"并不具备保护"我"的神力，但是"务"充当着使者，排除万难地升到天庭向乜积歌、阿积帝汇报情况并索求有关整个村屯的福祉。"务"成为人间与最具有威权的乜积歌、阿积帝之间的交流中介。

（三）鬼与鸡鬼

布岱的想象世界依然爱憎分明，凡是不利于布岱生产、生活的"他者"统统归为邪恶、阴险的"鬼"。在茶余饭后，如果话题转到不可判明的现象，都会引起大家对"鬼"的各种"体验"与想象。大家对"鬼"的神秘充满恐惧，因而也相应地采取特殊的仪式以"驱鬼"。

在布岱的想象当中，鬼总是游荡在村屯周围，伺机祸害或者捉弄人类，因此，村民需要团结一致，通过邀请法师作法，把各种鬼阻挡于村外。依崗仪式的第二项重要功能便是"驱鬼"。法师经历千辛万苦，向乜积歌、阿积帝索取人类的种子与作物的种子，回到村屯之后的首要仪式便是"封村"。

---

① 农瑞群、何明智：《壮族布傣求务仪式文化符号解读》，《玉林师范学院学报》（哲学社会科学版）2012 年第 4 期，第 33 页。

法师通过在村屯东南西北中五个方位施加符咒，调遣各种阴兵，将村屯团团围起，保护全村人得之不易的人类种子与作物种子。

有一种特殊的"鬼"，当地人称之为"鸡鬼"。龙州自古流传"鸡鬼出龙州"的各种传说。按当地老人的说法，在村屯周围生活着很多的鸡鬼。这些鸡鬼都是冤魂所转化，能通过整蛊缠上人，使整蛊者万事不顺，阻碍人们之间的正常交往，亦即俗称"鸡鬼上身"。有的村民声称能看见鸡鬼；也有村民声称能供养鸡鬼，用鸡鬼去报复他不喜欢的人。

鬼与鸡鬼的想象，表明布岱在社会结构当中同样存在着他们无法解释却不得不面对的交流障碍。如何克服交流的障碍，布岱寄托于驱赶鬼与鸡鬼的超自然力量，是"他者即保护神"交流观念的一种延伸。

二　江阴府的机构设置

在社会结构中达成交流，还需要有组织的作用，以确保交流信息的准确流向。但是，组织同时也对交流产生制约，制约着交流者双方的权力关系。这种交流的组织与制约，在布岱的现实社会与想象世界宛如孪生子般地平行存在。江阴府是布岱交流观念中另一个世界里的权力机构，也有口语称之为"官阴府"，是管理各类社会角色交流活动的组织机构。

（一）机构与经书

在依岗仪式当中，法师（布岱称之为"布祥"）需要经过十三道江阴府才能见到最高的神灵。十三道江阴府的设置，分为"雅诸、官板、土地公、布信、坟、江、行遣府、官仓府、花母府、官桥府、道百冇百汤、南曹府、务官府"①。这样的机构设置相对应于现实生活中布岱所接触的权力衙门。从目前所获得的有限文献来看，布岱自古以来均处于社会的边缘地位，他们如果需要发展，首要之事是学会与权力衙门打交道，与权力关系进行交流。与权力关系进行交流是一种冒险，但没有交流则是更大的冒险！② 在庄严的

---

① 农瑞群、何明智：《壮族布傣求务仪式文化符号解读》，《玉林师范学院学报》（哲学社会科学版）2012 年第 4 期，第 35 页。

② 参见单波的观点："交流是没有保障的冒险……但是，没有交流，会面临更大的风险。"参见单波《跨文化传播的问题与可能性》，武汉大学出版社，2010，第 25 页。

依峝仪式当中，布祥盘腿而坐，以天琴伴奏诵经，以脚铃模仿骑马赶路的效果，非常耐心而细致地逐一叩关，分别向十三道江阴府说明来意，呈上礼物。布岱相信，只要诚心，每道江阴府都会打开门让布祥通过。

布祥所诵经书，包括《密符法》《吹香》《塘佛》《求务经》等①经书。《密符法》是在依峝仪式初始之时颂唱，主要功能为封桌与请法师。封桌意为将各桌面的供品封起来，避免"不可见的"各类邪恶之鬼的捣乱，同时下数道禁符，以加强"密封"桌面供品的效果。封桌，以洁净之心请法师的光临，表明仪式需要无杂念以取得"不可见的他者"的信任。《吹香》为布祥以诵唱的形式说明香与稻的来历，同时也坦陈做仪式的原因。在依峝仪式的经书《塘佛》中，布岱语"塘"指"路"，塘佛即指"见佛之路"，但此处的"佛"却不是制度性宗教佛教中"佛"之意，而是泛指天庭中诸神。在颂唱《塘佛》的过程中，布祥正式上路，历尽十三道江阴府而到达天庭，准备求取如意的人类种子与作物种子。《求务经》为布祥在天庭所颂唱的内容，诉说人类面临的苦难，以打动乜积歌、阿积帝的恻隐之心，求得人类种子与作物种子，并保佑村屯家家户户都健康平安，五谷丰登。

尽管天庭已赐予种子，布祥仍然不能掉以轻心，还需要花上相当于上天所经历的时间与耐心，从天庭逐级退下，再次拜谢十三道江阴府，直至回到人间。

（二）想象性与现实性

江阴府的机构设置是布岱对现实社会结构的一种想象性模拟。布岱关于另一个世界的社会结构想象，支撑着他们在现实中期盼实现自由交流的思维方式，因此，江阴府的机构设置成为"现实的布岱"与"想象的他者"两者之间实现跨界交流的想象性基础。而布岱为了达成自由交流的图景，他们必须在仪式过程中极其注重描述机构的细节与行为的想象。

想象的他者，不仅是布岱出于对另一个未知世界的恐惧与敬畏，也是因

---

① 农瑞群、何明智：《壮族布傣求务仪式文化符号解读》，《玉林师范学院学报》（哲学社会科学版）2012年第4期，第35页。

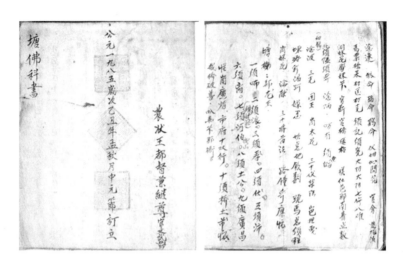

**图7 侬崮仪式中法师所使用的经书。文字为古岱文字，即布岱先祖
借用汉字而造字，形成借汉古岱字**

为他们期盼着能建立一种诗性的交流图景。另外，设置江阴府尽管只是体现
民间信仰的一种特殊方式，但是在江阴府里交流的过程则是展示生者与超自
然的他者之间的交流关系，生者为超自然的他者提供仪式以示交流的诚意，
而超自然的他者则回报以祝福、帮助、聆听与沟通。

对于社会结构中如何实现自由交流的想象，布岱并不是不着边际，而是
着眼于彼此之间的诉求。超自然的他者在特定仪式中需要得到膜拜，而依崮
仪式则是实现与他者交流的聚合仪式。依崮仪式的最后环节，将各家各户送
来的大米进行混杂、拌匀，然后再按等份分发给各户，这意味着全村屯的人
共同分享交流所获得的成果。与烧纸钱给逝者的仪式完全不同，依崮仪式更
强调的是分享现实中的共同交流，是为现实的交流服务的。

因此，江阴府的机构设置具有内在的双重性：想象性与现实性。江阴府
正是由于这双重性而成为布岱充满交流想象的社会结构幻象，而仪式的颂唱
细节不仅是布岱与另一个世界的交流，而且是那个世界的状况向现实世界进
行投射与反映。江阴府的机构设置承担着布岱族群在族群交流中的指示作
用，可以暂时缓解社会结构所带来的紧张与矛盾。法师颂唱在江阴府办事的
流程与细节，道明了在社会结构的交流过程中那些不能说的或者说不清的交
流原委。

三　想象始于对交流的渴望

对交流的渴望是一种带着交流想象的迫切盼望。这份渴望交流的情感需求，既有来自布岱先民对自然与社会的交流需求，也有现代社会对布岱交流方式所诱发的自身调整。

（一）原生的交流需求

布岱族群所生存的金龙镇由于比较偏远，而且表现为典型的喀斯特地貌，土壤相对贫瘠，可耕土地有限，因此布岱族群在相当长的历史时期一直处于交通闭塞的状态，他们所拥有的生产力条件相对低下。如果遇上自然灾害，布岱族群就面临着族群生存与繁衍的双重问题。

相传古代的布岱以山洞为庇护所，家庭与家族均以山洞为聚居的空间。山洞之间相距甚远，彼此来往不便。更重要的是，由于当时生产力低下，各山洞无法独自抵御外敌入侵，或者战胜自然灾害，因此，他们约定时间离开山洞，走到山脚下开阔的田野，积极开展交流活动，交换生存信息，激励生存信心。布岱先民面临着生产资料（首先是植物种子）的短缺、人类繁衍与交流的困境，因而对超能的他者（神灵）产生敬畏而希望与神灵交流。这块开阔的可供交流的田野被称为"峒"或"田峒"，是布岱想象着借助超自然力量战胜困境的特殊空间。与"鞋桥"不同的是，此处古岱字"侬"意为"下去，到开阔的平地去"。"侬峒"即是"走下到田野去祭祀、交流"之义。有学者认为，侬峒节的传说与唐代《酉阳杂俎》续集卷一《叶限与鱼》中记述的"洞节"相吻合，由此可推定侬峒节早在秦汉之前骆越人洞居时期即已有之。[1] 历史上的侬峒仪式一直延续到"文化大革命"之前，后因历史使然被迫停止。布岱先民对超自然力量的交流想象，成为族群早期解决交流问题的尝试，并在想象的范畴内初步满足交流的需求。

（二）表演的交流

随着时间的推移，加上代际更替的结果，历史发展至今天的现代社会，

---

[1]　农瑞群、何明智：《壮族布傣求务仪式文化符号解读》，《玉林师范学院学报》（哲学社会科学版）2012年第4期，第34页。

布岱族群中越来越少的成员能够掌握侬岗仪式的操持方式。与超自然力量的交流渴望逐步被现代社会的交往理念所取代。

此时，布岱社区与外界的联系与交流越来越密切。蓦然回首，布岱发现族群在对外交往时缺少了自身的特征，同时也发现外界对布岱先民遗存的碎片式的特征充满好奇感，因此有人考虑借助族群的特征向外界展示族群的边界，以期望达成有身份的平等交流。

2008 年，在非物质文化遗产项目调查人员的安排与指导下，县政府在双蒙村板池屯打造"美女村"旅游景点，推出侬岗仪式作为表演展示项目。板池屯在历史上原本是没有侬岗仪式的。这次表演展示，激起了具有"正宗历史渊源意识"的其他村屯的热情。加上有老人反复说明侬岗仪式的族群特征和灵验效果，大家一致认为要恢复侬岗节。外出务工、经商的族人成为赞助侬岗仪式的最热心人物。在接下来的八年里几乎是一呼百应，数个村屯轮流举办侬岗节，大部分外出人员都回到村子里以"侬岗"的名义重新聚集、倾诉、狂欢，侬岗节重新成为族群聚集、交流、表演的最大平台。更重要的是，这样的表演是布岱族群认为以旅游形象融入现代社会的关键方式，满足了他们在外界面前的形象建构的需求。

图 8 2014 年 2 月 10 日（农历正月十一）在屯里举办的侬岗仪式

图9　为了吸引游客，侬峝仪式将女孩代替年长妇女，
在各家供桌前更换香火，以供游客拍摄

第四节　与超自然"他者"的交流

布峝的神灵既有自然属性，又有超自然属性，因而被想象为具有"超自由"的交流能力。然而，神灵并不总是都听从人的意见，亦即是说，祈祷不一定对交流管用。布峝解决问题的方式，是通过与神灵交流的神性仪式，做到程序完整，至于结果如何，则带有"听天由命"的意味。如何与神灵进行沟通、交流呢？这牵涉法师、法术、神性与布峝自述的问题。

一　法师与法术：交流的中介

布峝的观念认为，由于个人的交流能力不足以实现与神灵的自由交流，因此个人与神灵之间的交流需要有中介。中介包括法师（交流的主体）、法术（交流的通道）与法术的施行（交流的驱动力）等三个部分。

（一）法师

法师是人与神之间实现交流的交流主体。成为法师是需要有条件的。

1. 成为法师的前提：修行、受戒与洁净

作为沟通现实世界的活人与另一世界的神灵的中介，法师必须是圣洁的人。布岱的法师有着严格的师传关系。哪个人能学习、传承法术，是根据他或者她的八字来决定的。如果认定某人可以学习、传承法术，他或者她必须经过数年的学习与修行，然后经过一场需要三天三夜的受戒仪式，才能正式成为法师。尽管需要经过受戒仪式并自发建构法师的传承体系（见附录3），然而他们仍然属于巫师，因为他们"不存在巫术教会"[①]，而且他们"所追求的是法术和功利等方面的目的"[②]。

法师在日常生活中非常注意细节的修养，如卧室要保持洁净，多吃斋，不吃狗肉、牛肉，平日里不可杀生，更不能做恶事，为非作歹。在每月初一、十五这两个特殊的日子，法师从零点到下午四点都"吃斋"，只能吃一些糖、果食物，不能吃米和荤。如果需要主持仪式，还要禁酒。诸如此类的斋戒与禁忌，目的是保持洁净的身体与灵魂，从行为与思想上极力减少交流的意外因素，这样才能与神灵相通交流，为世间的群众纳福。

2. 法师的封号、等级与职务

在布岱的信仰生活当中，法师具有特殊的社会地位，他们能够联通活人与不可见的"他者"。每位法师不仅被授予一个封号，而且还有等级的区分。这类似于中国古代军队编制的将领封号，例如法师李金政（2011年9月仙逝）的法号为"诸王兼续园"，李群为"明王兼续道"，李训英为"驸马兼宗英"……（法师名录见附录2）。严密的等级则分为布祥、佛、道、仙四类。布祥为最高级别的法师，他们拥有最高级别的支配权力，可以从事求务、荓桥、受戒等仪式；佛为次之等级的法师；而道为最低等级的法师，仅允许操作丧事。仙则专指女性法师，等级一般较"道"要高。

能够成为布祥是法师们一生的荣幸，因此他们在获得布祥称号之后也自

[①] 涂尔干：《宗教生活的基本形式》，渠东、汲喆译，商务印书馆，2011，第55页。

[②] 涂尔干：《宗教生活的基本形式》，渠东、汲喆译，商务印书馆，2011，第52页。

觉地承担与神灵沟通、拯救生灵的责任。2013 年横罗村依岗节，笔者有幸采访到布祥农 HY（封号为农都王）：

〔农〕除了不给吝啬、心胸狭窄的人做之外，我们（布祥）都是要做事的（指各类仪式）。当然，（像今天的依岗节）需要做事还得花点钱请我们，要两三百（块）的。还有鸡啊、鸭啊。

〔笔者〕村子里每人两三百文（"文"在当地言语中即指人民币"元"）交给你，是吗？

〔农〕（钱是小事，）有多给多，有少给少，这不好定的。有的人哭穷，只给我五十块，我也是要做（仪式）的。

〔笔者〕你们有责任一定要帮（村民）做依岗（仪式）吗？

〔农〕（肯定语气）一定要帮做！

〔笔者〕（再次核实）不管给你钱多或钱少，都需要做吗？

〔农〕（非常肯定的语气）钱多要做，钱少也做！

3. 法师的沟通能力

布岱相信法师能和各路神灵沟通，也能施用法术处理村民之间的交往关系。例如，沈姓村民最近不仅做事不顺，生意受挫，而且自己也病倒了。他家里人认为是被"整蛊"，被鬼上身，因此求助于法师。法师善于调解人际关系，他不会准确告诉沈姓村民是哪一个人下蛊以免挑起事端，而是借助仪式消解沈姓村民认为的"蛊"，仪式结束时再补充一句"那个下蛊的人会倒霉的"。沈姓村民得到这样的心理暗示，心情改观很多，病情居然逐渐好转，反过来更加敬畏法师的沟通力量了。由此可见，相当多的村民家庭都有过请法师作法事的经历，屋子里的门窗、灶台等地方都贴上法师送的符咒。

（二）法术

至于如何驱赶"鬼"，如何化解"命"的不幸，布岱寄托于"法术"交流的通道作用。法术的施行需要依靠当地不同等级的法师来负责。施行法术的程序非常严格，既有对法师的修行、受戒与洁净的前提要求，也有操持

图 10　布岱的法师是有等级的，图中沈光玉师父的称号为"大王兼如法"

图 11　女性法师称为"仙"，是地位稍低的等级，可以主持侬崀仪式

完整仪式的交流程式，还需要当地群众的主观接受。在此处，交流的通道是一个赋魅的过程。

　　沈 LD 的外公是道公，他认为外公掌握着如何运用巫术化解困境的方法。

〔沈 LD〕在我小的时候，有人在我背后搞东西（整盅），我完全被迷失了，自己做什么（自己）完全都不知道。我经常做梦，在外面找仙公。我睡着，突然坐起来，瞪着大眼就跑出去。我奶奶就发现了，她认为肯定是有人在作怪了。也就是说，我人是我本人，但我的魂是别人的，所以任由别人来指挥我。我奶奶知道是哪个人做的，但她不告诉我，我妈也不告诉我。家里人需要搞这种仪式，外公在家里关门关了七天七夜，外人不得进来。外公就做这样的法事。

按照沈 LD 的说法，经过外公当时施行法术，外公与超自然的"他者"联系，劝告"他者"离开沈 LD，从此沈 LD 平安无事。与神灵沟通可以化解无法解释的近似心理暗示式的困境。

在布岱的观念里，"他者"与人沟通是双面性的，"他者"既能促成人与人沟通的顺畅，也能造成人与人沟通的交流障碍。如何在想象中引导"他者"为布岱的交流发挥目的性作用，是布岱需要从"技能"上解决的法术问题。

（三）法事的施行

以村屯为单位的法事的施行，既是布岱集体与超自然"他者"交流的驱动力，也是布岱族群内部相互交流的驱动力。在这仪式当中，布岱能够感受到集体保护村屯的精神力量。

依岜仪式是村屯的集体祭祀仪式，因而法事施行的仪式场所，是由村屯的村长或屯长咨询法师后确定具体的地点。这个仪式场所，布岱称为"众板"，亦即属于全村或全屯的公共空间。众板分两种情形：一是在社头面前的开阔地，如干涸的农田①。双蒙村板梯屯、武联村弘曹屯的依岜仪式就是

---

① 依岜仪式是在正月初八至正月十五，该节令恰好属于"立春"左右，农家尚未开始春耕，因而大部分的农田都自然地处于干涸状态。

安排在屯边上的农田里。二是村屯里最开阔的平地，如板梯村安排在村小学的操场。

在侬峏仪式当天，布傣村民大约在早晨五点钟起床，将前一天已准备好的供品收拾在一只大篮子里，用扁担挑起。扁担的另一头则是当地人专用的 60 厘米 × 60 厘米的小方桌"檬"，六点钟，村民基本集合在众板，按照先来后到的顺序分数行摆开。被邀请来主持侬峏仪式的法师人数可多可少。法师人数取决于村屯出资邀请法师的条件，或者传统习惯的人数。例如，民建村板送屯是侬峏仪式的传统中心，该屯 13 位法师全部出场操持法事，因此每年侬峏节板送屯的法师是最多、最整齐的。板梯村经商的人多，出资也高，每年也能请到 8~10 位法师。但有些村屯就只有 1 位法师作法事了。

不管法师人数多少，侬峏仪式的程序都是一样的："①安桌，封桌；②开声，吹香；③请师，请法；④上江下府领路票，点兵马，选挑夫；⑤上天求务；⑥赶虫，下禁符；⑦退师退法，赐种子。"① 程序之所以相同，是因为法师们都是按照经书《密符法》《吹香》《塘佛》《求务经》施行法事。至于村民，只要是在村屯里，都会约定俗成地准备供品，按时摆放到众板上，以供法事仪式之用。

布傣的经书中并没有强迫大家信仰神灵，侬峏节之后的还愿行为因而是自愿选择的行为。同时，在布傣的观念当中也没有神灵的画像，关于务、鬼、鸡鬼的描述，一般的村民都是表示没见过真实的形象。大家相信，只有法师和"命"轻的人才有可能见到它们。但是，村民又非常敬畏不可见、不可知的神灵。务为众祖先的神灵，每逢传统节日，或家庭出现大事情，村民都会首先祭拜祖先神灵，告知祖先神灵家庭里发生什么大事。最后阶段还要请祖先保佑家庭，请求祖先发挥超自然的强大力量，促使所有的事情都往美好的结局上发展，比如健康长寿、升官发财等。经过这番祭拜与祈祷，大家都相信祖先在冥冥之中保护着自己和家人，自己更有信心地面

① 农瑞群、何明智：《壮族布傣求务仪式文化符号解读》，《玉林师范学院学报》（哲学社会科学版）2012 年第 4 期，第 36 页。

对生活、生产中出现的种种交流问题。以前还特别强调"多子多福",而经过计划生育的 20 多年工作以及社会的现代化进程影响,现在大家都愿意只生一孩或者二孩,因而向祖先请求、祈祷当中也基本不提"多子多福"了。

依岗仪式同样表现为布岱对村屯群体的敬畏。例如,村民非常介意其他村民谈论自己是否参加仪式。虽然没有明文规定每家每户必须拿供品到众板参加依岗仪式,但实际上大部分①居住在村屯里的村民都会以家庭为单位,每户提供一桌供品参与仪式活动。参加仪式并没有实质性地获得新增的物质,但是对于"福""寿"这样的求务结果,大家都很在意,尤其是这样的祈福结果是按照群体的意志分发的。正如法师农 HY 所言:"(依岗仪式是要)把福寿发给每个人……如果某人做得太过分,就不得福、寿。为什么(每)一年我们都要在这里求这个福、寿?就是这个(惩罚的)意思了。"村民最担心的事情,是被其他人认为是太过分的"某人"而失去"福""寿",也就是最担心在关键的仪式当中被排除在群体之外。另外,村民也相信,群体的祭祀祈福的能量要比个人的祭祀祈福的能量强很多,因为"务"在另一世界里也在联手保护整个村屯,这样才能驱散村屯周围的恶鬼。

（四）禁忌

布岱借助对鬼与鸡鬼的占卜,划清了不允许族人涉足的人与人交往的界线。依岗节最大的禁忌就是意外的白事。布岱同样明白,生老病死是人的自然规律,而且人是存在于活人与死人两个世界。如果村屯里有 80 岁以上的老人过世,大家都是把丧事当喜事办,因为这是自然的轮回,这不会影响到依岗仪式。

但是,有一种情况则是依岗仪式最大的禁忌:意外的死亡。意外的死亡意味着人与人的关系出现强力性的中断,而且还需要重建新的关系。2014年的布豪屯没有举办依岗仪式,主要原因就在于触犯了这一"禁忌"。布豪

---

① 这里"大部分",是排除两种情形:一是有部分原居住在村屯里的村民,由于务工、婚姻等原因而移民到其他地方（如县城、城市）,造成村屯里的房屋长期没有人居住;二是排除有部分在远方工作而无法赶回过春节的情形。

屯曾在 2013 年的依岗节上举办依岗仪式、歌舞表演、篮球比赛等系列活动，吸引大批附近的村民、外来的游客过来观看。按布豪屯村民的说法那是"非常成功"的依岗节。2014 年正月初，很多布豪屯村民已经做好举办依岗节的准备工作，邀请函也发出不少。不过，正月初三发生了一件意想不到的刑事案件，两伙邻村的年轻人因事斗殴而发生重大的悲剧，布豪屯村民知道这已经触犯了依岗仪式的禁忌，认为不再适合举办神圣的依岗仪式，因而取消了一切欢庆活动，整个屯都沉浸在伤悲之中，不愿意再跟外界交流这段痛心的经历。他们甚至认为上天还会继续降临灾害到这个村屯。不过，多数人还是表示不要跟邻村结仇，希望大家能多沟通，重新建立良好的关系，到来年再向上天宣示他们团结的努力；至于刑事方面的问题，就由公安去处理相关人员好了。在突发意外的情况下，"禁忌"较为成功地阻止人际关系的撕裂。

二　自述：向族外人讲述"他者"

按照人类学学者的普遍提法，世界上所有族群，不管是在口述史还是在书写史，都有自述族群起源、共同经历的神话故事。布岱对于有关超自然力量的传说与轶闻大都以口述的方式流传，而且随着社会环境的变迁、口述人的叙述方式而出现不同的版本。虽然传说和轶闻的形式与内容可能是模糊不清的，或者其意义深藏于隐喻、寓言当中，但是都透露出有关族群交往的信息以及更深层的精神内涵。

从跨文化传播学的视角，现代社会的族群文化更多的是通过族群与族群之间的交流，或者形成或者界定或者跨越彼此之间的文化边界。经历离散与回归的现代性洗礼的布岱，在重构族群的超自然"他者"的社会结构之时，面向族外人如何讲述超自然"他者"就成为布岱族群必然面对的问题。

下面以一次谈话为案例，分析局内人与局外人对于超自然"他者"的表述方式。自述者为一位 20 岁的布岱大学生，她向在场的两位局外者谈起族群里的神秘事件。

表3　关于"他者"的话语分析

时间	2013 年 2 月 21 日晚	天气	小雨	自述方式	与局外人的交流方式
录音名称	弄昌屯荞桥仪式录音(多段)	地点	龙州县金龙镇双蒙村弄昌屯		
在场人物	沈 MW(荞桥仪式的女主角)、沈 LL(沈 MW 的娘家亲戚)、沈法师(主持仪式)、小杨(同行的考察者,女性)				
谈话录音	[沈 DL]……以前我外公也是做这个法事的,我外公吹唢呐①。他们那麼(即布祥)啊,是可以(把)鸡蛋立起来的。我小的时候,有人在我(身上)搞东西(整蛊),我完全迷失了,我做什么(自己)完全都不知道。我们也要搞(这种仪式),家里关门七天七夜,外人不得进来,就做这样的法事。当时我经常做梦,梦见在外面找仙公。我睡着后,会突然坐起来,瞪着大眼就跑出去。我奶奶认为肯定是有人在作怪了。也就是说,我,人是我本人,但我的魂是别人的,成了别人的魂,所以别人来指挥我。我奶奶知道是哪个人做的,但她不告诉我,我妈也不告诉我。 [笔者]她知道,后来帮你解,是吧? [沈 DL]小时候是挨别人做(整蛊)的,我记得。 (换话题)初一那天有个仙女飞到我们美女村那里(板池屯)。 [笔者]真的? [沈 DL]真的! [笔者]今年? [沈 DL]今年大年初一,在侬峒节的时候,四五个人在外面做(编)竹排。其中有一个姐姐跑回家里拿东西。这时,风突然很大,她发现有一个男人飞下来,那个男人眼睛有这么大(比画如灯泡大小),那男人眼睛里面能看到月亮。这个姐姐拍了摄像。 [笔者]拍下来了? [沈 DL]拍下来了,但是她不公开。那个男人飞下来,然后有一对仙女也飞下来。他们坐在村头的凉亭。她(姐姐)拍到录像了,给我们看她拍的录像,怕我们不信。但她就给我们看,不给其他人看。 [笔者]晚上? [沈 DL]白天!(笑)用手机拍摄时,她的手一直抖,一直抖的。她回头看那个视频,她也害怕。 以前我舅舅也碰到一次(神秘事件)。我舅舅在八岁的时候,有一天放学骑单车回家,在路上遇见两条大蛇。两条大蛇变成两个女人,拦住他,问他(舅舅):你要红还是要白?他说都不要。那俩女人就说,你(舅舅)今年要过两次新年。然后天色全黑,只能看到这两个仙女,其他东西都看不到。那一年真的过了两次新年。而且,在龙州县城也有人见过这种神秘现象,两个仙女告诉他同样的话,人间要过两次新年。过两次新年,意思是第二个农历年情况不好。			[以自己经历作真实性说明(案例1)] [换另一个神秘事件讲述(案例2)] [再换一个神秘故事(案例3)]	[尝试以个人体验获得信任] [尝试以族群的共同体验获得信任] [强化族群的共同体验以获得信任]

续表

时间	2013 年 2 月 21 日晚	天气	小雨	自述方式	与局外人的交流方式
录音名称	弄昌屯莽桥仪式录音(多段)	地点	龙州县金龙镇双蒙村弄昌屯		
在场人物	沈 MW(莽桥仪式的女主角)、沈 LL(沈 MW 的娘家亲戚)、沈法师(主持仪式)、小杨(同行的考察者,女性)				

[笔者]过两次新年是怎么过法? [沈 DL]那时候是(农历)二十八过一次新年,除夕又过一次新年。一月份过了两次新年。那姐姐拍的仙人的视频,我们得看了,但她不公开给别人看。 [笔者]你看见录像了? [沈 DL]嗯,(笑)说了你也不信。我跑去看了录像,真的有两个仙女,她们真的是飞下来的,就坐在凉亭那里。这姐姐跑回家里,她害怕极了。(看录像的画面效果,发现)她的手猛抖猛抖的,我们就知道她害怕了。 [笔者]白天只有她看到?没有别的人看到? [沈 DL]有人说,命轻的(人)也看到这些的。 [笔者]命轻的看得到?命重的看不到? [沈 DL]嗯。 [笔者]命轻是不好? [沈 DL]嗯,命轻是不好的。命轻的话可以看到鬼神啊、什么的东西,但命重就看不到。 在我外祖母去世的时候,家里做法事,也请来两个仙婆,仙婆真的是能把外祖母的相貌从镜子里照出来。但是,刚开始时,我看不到,我妈也看不到。我舅妈却能看得到,我舅妈的命轻。我们都不信舅妈。仙婆说,你们不信?她再一抹镜子,我们就看到外祖母在镜子里。我不懂仙婆是怎么做到的。真的。我不怎么相信这鬼神的东西,但是镜子里确实是外祖母牵着一头牛在走的影子。 [笔者]真是神奇的故事。 ……	绕回案例 2,互文印证前述的现象 再次描述不符合现代观念的交流经验(案例 4) 直到局外人赞同其观点	自圆其说,维持族群交流的内核

①啵咧是当地一种民间吹奏乐器,多用于葬礼。

从这段话语分析大致可以看出,布傣为了让外界理解自己对神秘文化的真实看法,前后引用了四个例子进行讲述,并且以第一人称的感受为直接的情感描述。自述的策略,不仅有个体的交流体验,亦有族群的共同体验,其目的在于获得局外人的理解或者认同。理解与认同族群的体验,是局外人与布岱的谈话基础，即使事实可能不尽合理。这段谈话为局外人提供了观察布岱交流的一个窗口，面对局外人的自述亦是布岱展示族群交流的经验世界的一种表述方式。

另外，此段谈话也表明，布岱族群面对不赞同其价值观的局外人时，会尽可能地利用个人或者与个人密切相关的熟人，想象性地证明族群所拥有的价值观的真实性，而且这样的真实性主宰着他们的思维方式。在流动性越来越频繁的现代社会，族群与局外人之间可识别的外在的文化边界越来越模糊，而交流的思维方式仍然像顽固的内核一样存在着。与局外人的反复谈话，这样的交流方式建构甚至强化着族群的刚性的文化内核。

三　以超自然"他者"的名义倾诉与团聚

伴随着依岗仪式的进行，村民还开展更具有现实意义的交流活动。在此重大的节日当中，长年在外务工、经商、读书的大多数村民都会赶回团聚。乡村里的团聚是族群交流的最活跃的平台。熟人见面，最难得的是心声的倾诉与聆听，也是情感的狂欢与宣泄。

（一）倾诉与聆听

面对超自然的神灵，布岱的先民知道自己的能力有限，他们所拥有的交往智慧远不及神灵。布岱的先民像孩子一样脆弱，确实需要神灵做指引：如何才能彼此生活在一起，如何才能宽容其他人。布岱希望在神灵面前得到抚慰。神灵也引导布岱学会表达感激之情。

从外乡回来，村民们最喜欢做的事情就是串门喝酒，谈谈外面的世界，宣泄遇到的挫折，说说新的计划。2013 年 2 月 18 日，笔者在布豪屯依岗仪式当中见到 28 岁的农 L，在谈到布祥做依岗仪式要过十三道江阴府时，农 L 认为："现在通电、通电视，大家都能够看到外面的世界。大家都想出去闯一闯。去广东打工比较多，我读到高一就出去打工了。以前很艰苦，没有人在外面引见，工作很难找。而且经常像是生活在流浪状态。（20 世纪 80 年代）在广东我就曾经被查暂住证，（因为我没有暂住证）幸亏跑得快。现在回来自己做生意。我们做生意是自己挣钱，但不稳定。如果是公务员的话，就不是这样的处境了。"农 L 强调，外面的世界确实就像十三道江阴府，如果不去求人，求官员，就很难生存。虽然目前在外面做生意能赚到钱，但还是有不稳定的感觉。

武联村弘曹屯的谭 BS 也提道："在外面打工的收入跟在家里干活的收入都是一样的。像种甘蔗，一年收获 4 车，1 车算 5000 块收入，4 车就是 2万，扣掉那些化肥，几乎只剩几千块的收入。在外面打工挣的钱是多些，但是毕竟是在外面打工，消费比较高，相比之下家里面比较安全舒服一点。年轻人一般都是出去赚钱回来，再买货车拉东西，像拉甘蔗这样啊。"

板送屯的麻 H 初中毕业就到广东打工，饱受苦难与折磨："当时打工比较苦，都是干体力活，但经常吃不饱。在外面最难受的是被人看不起。那些广东老板认为广西人比较滑头（即小聪明加上狡猾），不服管理。其实广西人干活最多，最用脑去做事。"在 2013 年侬岗节之后，他选择了回乡发展养殖业。

只有返乡的年轻的读书人似乎对侬岗仪式不怎么在乎，因为他们对未来要闯荡的外面的世界还没有太多的感性认识。都宽屯的沈 ZL 是高中生，一直在县城读书。寒假回家帮忙张罗横罗村侬岗仪式的供品。横罗村的侬岗仪式是正月十四，离他开学的日子已经很近。他口头经常说想开学，在都宽屯的家里无聊，还不如在学校读书。他的理想之一是考军校或者当兵，退役后可以在城里生活。

大家都在这样的团聚环境里谈自己遇到的问题或者想法，心里也知道别人帮不了忙，一切都要靠自己。但是，跟族群里的人说说这些事，好歹还有人听，有人帮忙出主意（不管主意是否可行）。按他们的话来说："至少有地方说话。"平日大家都忙，只有在侬岗仪式期间，在热闹的仪式过程中，大家才能这么敞开地说说话。大家都知道，侬岗节一过将是各忙各的去，平日联系不会太多。

（二）团聚

像侬岗仪式这么隆重的集体活动，族群里的人不喝酒是讲不过去的，尤其是从外面回乡的村民，真可谓"今朝有酒今朝欢"。此时，若是陌生人来到村子，也会得到热情的邀约，围坐酒桌称兄道弟，攀亲话故，对歌猜码，好不热闹。甚至流行有不成文的评判标准：谁家来的客人多，谁家就最有福气。这种狂欢可以从正月初八延续到正月十五，不同村屯、不同家庭之间轮流坐庄。虽然酒席很多，其实大家都吃不了太多的东西，喝不得太多的酒，大家图的就是族群的团聚，包括不同家庭成员之间的团聚。

最近几年，外面的广场舞传入本地村屯，不善喝酒的女性村民干脆组织起来到村里的广场跳广场舞，而且强调身穿族群所特有的布岱服饰。每个屯都有自己的广场舞队伍，她们轮流到各村屯表演，相互走动、捧场。每天都是从上午九点左右跳到下午四点或者五点，然后到指定村民的家中聚餐，再度狂欢。

对于平时邻里有隔阂的情形，依岗节是一个和解的好时机。"真要在互相猜忌的相邻族群之间培养宽容心，除了强迫他们一起共进晚餐外，恐怕很少有更加有效的其他方法了。"① 只要有一方主动邀约，另一方自然能化干戈为玉帛，也不吝啬宽容，喝上几杯土酒，猜上几码，啥话都讲开了。如果不愿化解纠纷，老人或法师就会指点：乜积歌、阿积帝会根据人的心胸分发五谷种子和人类种子，心胸狭窄的人不会有好结果。村民带着敬畏与善的愿望，因而大都能处理好族群内部的交往问题。

---

① 德波顿：《写给无神论者》，梅俊杰译，上海译文出版社，2012，第35页。

第四章
诗性交往的重构

广西边境龙州县金龙镇的歌坡，亦称为"歌圩"，是我国壮族支系布岱、布依族群与邻国岱依族、侬族群众共同拥有的民俗活动，最近 20 年重新活跃于龙州县金龙镇、武德乡、逐卜乡三个乡镇。各族群的男男女女在约定地点、约定日期，以对歌为嬉戏，形成一种异性情感交流形式，换言之，歌坡中的对歌是当地族群以自己最淳朴的思维进行交流。不同于山歌的舞台比赛形式，歌坡中的对歌无须苛求主题符合政治需要，而仅仅表现为抒发两性情感的交流形式。此外，这种以异性的情感交流为倾诉点的"集体恋爱"形式，却与"婚姻"没有必然的、功利性的因果联系。

葛兰言认为："歌谣看来适合进行信仰的研究，正是从这些信仰中，产生了中国古代的季节仪式。"[①] 处于自然状态的歌坡，到底呈现着人与人之间怎样的情感交流自由？为何本地族群在时隔 20 年之后重拾这种具有创造性智慧的交流形式？

第一节　歌坡重新活跃的社会背景

在历史上当地曾经出现多少个约定俗成的歌圩日期，至今无人能数得清楚。究其原因，一是当地群众对歌圩的记忆主要是依靠口传，即使是手抄的歌本，也仅有歌词，并无日子的标注；二是在"文化大革命"时期、改革开放初期的"清除精神污染"[②] 时期，当地的对歌行为遭到政治上的强力打压，很多歌手不

---

① 葛兰言：《古代中国的节庆与歌谣》，赵丙祥、张宏明译，广西师范大学出版社，2005，第 6 页。

② 为当地群众表述的历史标注时期。歌手黄 SW、农 YX 等人都提到这两个时期。

敢唱歌，大部分歌本也被销毁，歌坡被严令禁止，歌圩被迫中止相当长的时间。

20世纪90年代，部分群众逐渐恢复对歌，但只是零星分布的群众爱好，尚未形成规模。2005年左右，国家逐步推行非物质文化遗产项目调查，歌坡得到政府的扶持才"忽然间"得到新生。有些乡镇抓住时机，由乡镇政府做推手，以山歌为平台促进边境文化与经济交流，也逐渐出现数个较为大型的歌坡活动。金龙镇、逐卜乡、武德乡三个乡镇最为活跃，不仅先后恢复原有的歌坡，甚至影响到邻国乡镇对歌圩的重视。中越边境两侧各地歌坡的日程，成为每位歌手必须牢记的特殊日子（见附录3）。就金龙镇而言，如正月初十花都村、四月十四金龙街，前来对歌的中越边民数千人，前来听歌的边民挤满了整条街道，甚至把邻县的歌手也吸引过来。

但是，由政府扶持的山歌比赛只是歌手表演的一面。而借此机会，大量的歌手、群众更喜欢自发在歌台附近的竹林、甘蔗地里自由对歌，恢复原生的对歌体验。这就催生出一个有趣的现象：歌手分台上正式比赛与台下自发对歌两股人流，两股人流都吸引了大量的群众围观。群众自发的对歌并不是与政府山歌赛相抗衡，而是彼此借力而共存。但群众自述更喜欢自发的对歌，因为在自发的对歌中无须顾及政策的选题，而是自由地发挥想象力，真正让人体会到用心对歌的感觉。

图12　对歌不仅是异性之间情感的交流形式，更是一场
"集体恋爱式"的在场式情感交流

第二节　族群的文化边界变迁

与布岱族群一起生活在金龙镇的族群还有布依、布雷、布板卡等壮族支系族群，以及汉族人。而邻国的同源族群岱依族、侬族也经常跨境交往。生活在这里的各族群在漫长的历史发展进程中逐步形成稳定的"和平跨居"①的状态。但是，各族群之间还是存在着彼此可以辨识的文化边界，例如服饰、歌谣、风俗、信仰等差异。

一　歌调：语言交流的族群文化边界

族群的文化边界最容易外显的特征之一即是语言交流的差异性。金龙镇各族群内部的对歌、族群之间的对歌，都是语言交流的方式，不同的语言交流方式隐含着族群的文化边界，以及族群内部和族群之间的各种交流问题。

（一）三种主要歌调

金龙镇歌坡中自发传唱的歌谣以及流行的对歌竞赛，曾经存在以歌调形式区分族群的现象，亦即歌调形成族群之间的文化边界。对歌分为"'噔'（音 lún）、'噔喝'、'西娘'三个歌种"②，而歌种之间的差异主要在于歌牌的结构与唱腔，亦即歌调的问题。多数歌手只熟练掌握自己所在族群的歌种唱法，但听众的范围要广得多，涉及不同族群之间的互相聆听。

"噔喝"也称为金龙调，是以金龙镇为主要区域的小范围分布的歌调，仅流传于以金龙镇为中心的金龙镇、武德乡、逐卜乡，以及越南的下琅县一带，歌手与听众多为布岱、岱依族人。金龙调山歌分为三句歌、叙事长歌两种。三句歌为白天对唱，叙事长歌多为夜晚对唱。据当地老歌手介绍，"噔喝"曾经盛兴于金龙街一带，但是，与逐卜调"噔"相比，金龙镇的"噔喝"近年来逐渐远离歌坡而走向山歌比赛的舞台。越南下琅县岱依族人仍

---

① 周建新：《和平跨居论：中国南方与大陆东南亚跨国民族"和平跨居"模式研究》，民族出版社，2008。

② 农瑞群等：《旦歌：跨越中越边界的骆越天谣》，《广西民族大学学报》（哲学社会科学版）2010 年第 2 期，第 85 页。

保持着较为活跃的"噻喝"歌手与听众，歌坡活动持续不变。

"噻"也称为逐卜调，是以逐卜乡为地理中心，其歌手与听众多为布侬、侬族人，广泛分布于我国境内的龙州县武德乡、金龙镇、响水镇、水口镇、上龙乡，大新县宝圩乡与雷平镇，以及越南的下琅县等区域，宁明县、江州区亦有散布。近五年唱逐卜调的歌手非常活跃，不仅热衷于歌坡活动，还踊跃参加各地的山歌比赛，构成了歌坡与山歌比赛的两股主力军。邻国越南的侬族歌手在演唱技法与歌词创作上更容易得到两国群众的赞许。

如果说"噻"与"噻喝"是区分这个跨境少数族群内部各分支的边界线，那么"西娘"则是此族群与外界的边界线。"西娘"也俗称龙州调，主要分布在以龙州县城为中心的布侬与其他壮族人、汉人混居的区域，分布的地理区域较为广泛，涵盖龙州全境、凭祥、江州，以及相邻的越南高平等地。龙州县城的中山公园成为龙州调歌坡与山歌赛的主要场所。在县文体局举办的大型跨国山歌赛当中，布岱歌手、布侬歌手、越南歌手都聚集到中山公园献唱、竞赛。

（二）从冲突转向包容的智慧

对于这三个歌种的差异性辨析，当地群众几乎都认为是调子的差异。不过，在改革开放之前，金龙调、逐卜调、龙州调三个调子的歌手与听众形成了不同的族群群体，彼此之间关系复杂，族群群体彼此之间曾发生互相诋毁的事情。唱金龙调的人听不惯逐卜调、龙州调；龙州调、逐卜调听不懂金龙调。唱逐卜调的人可以唱龙州调，但是唱龙州调的人听不懂逐卜调。之前没有政府引导时，各族群彼此之间在歌坡场合会互相起哄，或者在歌场大声说话，影响不同"歌调"的人唱歌。

改革开放之后，我国政府力推民族团结宣传工作。既然歌手所选的山歌调子各有差异，乡镇政府或者县政府举办的山歌比赛就采取平衡策略，同时任命来自不同调子的当地专家担任评委，效果相当不错。例如，在2013年龙州县"中国（水口）—越南（驮隆）商品交易会暨龙州县天琴艺术节山歌比赛"的工作人员名单中，就分别安排有多种歌调的歌手担任评委：黄SW（逐卜调山歌歌师）、黄JF（龙州调山歌歌师）、王GC（逐卜调山歌歌师）、罗FM（龙州调）、农RQ（逐卜调，主任）、李PH（金龙调）。山歌比赛的影响力较大，这种包容也影响到越南歌手、两国的山歌听众，甚至出现了"跨界"的歌手，如金龙镇的农 HZ、农 YX，越南下琅县的农 WJ 等歌手，既能在山歌比赛上用金龙调高声演唱，又能在歌坡里用逐卜调对答如流。不同族群的山歌群体逐渐接受对方的存在，同时逐步改变着歌坡的对歌活动。笔者在田野调查中发现，大多数歌手不仅拥有相对固定的搭档，而且越来越多地出现跨界现象，即能唱不同歌调的歌手越来越多。情况可参阅附录 4《部分歌手组合名录》。

二 叙事长歌：国家视域中的族群文化边界

维柯在《新科学》中认为，"伟大的诗"具有的劳动之一在于"发明适合群众知解力的崇高的故事情节"①。布岱和岱依族人除了在歌坡中对歌之外，还喜欢另一种歌唱的形式，即单人吟唱或者多人对唱叙事长歌。如果说歌调是我国境内布岱、布依以及其他壮族支系的文化边界的话，那么，叙事长歌则是我国布岱族群与越南岱依族共同认同的文化边界，是这两个同源族群有别于其他族群的文化叙事的文本。我国壮族布岱族群与越南岱依族分居国境线两则，在双方共同传唱的族群叙事长歌当中，也就蕴含着对中国的文化想象与对越南的文化想象。叙事长歌的内容大多数以歌颂凄美的爱情故事为情节主线，但是结局都是美好的善的圆满，亦即达成情感交流的最终圆满。

（一）关于中原的文化想象

布岱族群流传有《梁山伯与祝英台》《董永传》《薛礼诗》② 等一系列源于我国中原汉族的叙事长歌。由于叙事长歌均为口头传唱，因此流传至今版本繁多，歌调不一。例如，从汉族爱情故事梁山伯与祝英台演化而来的布岱叙事长歌，笔者就看到《英台诗》（332 句简本）、《梁山伯与祝英台》（1600 句手抄本、逐卜调 120 句手抄本、金龙调 3600 句手抄本）四种。所传唱的故事梗概与内地相差不大，只是长歌的形式是根据布岱族群的理解与

---

① 维柯：《新科学》（上、下），朱光潜译，商务印书馆，2012，第 189 页。
② 《薛礼诗》为歌颂唐朝薛仁贵的英雄故事。除了《薛礼诗》为英雄故事之外，《宋珍与菊花传》《梁君与花吕传》《梁山伯与祝英台》《董永传》均为爱情长诗。

表达方式进行了修改。例如，关于梁山伯的出生，有的歌手认为是"柳州府"。最大的改变是因歌手所唱的歌调而进行改变，如《梁山伯与祝英台》就有逐卜调与金龙调两种唱法，而且各自所选取的内容差异较大。这些差异取决于歌手对故事的熟悉程度。

听众对于这类故事非常热爱，尤其是上年纪的女性听众。这可能是代际差异的原因，以前的文化生活只有民间艺人的微薄贡献。据 60 岁的歌手农 RQ 讲述，以前有的歌手唱叙事长歌很投入感情，不仅听众痛哭流泪，歌手自己也泪流满面，歌手与听众共鸣到如此程度。痛哭之后，大家又觉得结局很美，让有情人善有善报。可惜的是，现在很难遇到这样畅快的心灵交流了。

这里之所以提到对中原的文化想象，是指布岱族群在传唱过程中保持着对中原文化的崇敬，自觉接受叙事长歌所蕴含的伦理道德与价值观。而对于同源族群的越南岱依族，他们也有传唱《梁山伯与祝英台》《董永传》《薛礼诗》等叙事长歌的传统，目前仍有少数歌手能传唱并且颇受越南听众的喜爱，如青年歌手阿坚，因此叙事长歌成为越南民间艺人对中国的文化想象。

（二）关于越南的文化想象

布岱的叙事长歌当中也有不少以越南为背景的故事叙述，如《玉花与范子》《传簿》《宋珍与菊花传》《梁君与花吕传》《男金氏单》等。故事情节的模式与取材中国的故事大同小异，结局同样以圆满的善收尾。

例如，叙事长歌《玉花与范子》① 是族群里流传最广的叙事长歌，今天

---

① 故事发生在"大越国庄王治位"时期，女主角玉花为富贵人家的千金，既有美若天仙的容貌，也有聪明伶俐的智慧，具备上层社会的典型特征。男主角范子在出场时表现为处于社会底层的孤儿，谋生手段是为舅父放牛。范子天生有突破阶层障碍的精神，他晚上偷偷到学堂听先生讲课，以期有朝一日能获得升为上层阶层的机会。善良的教书先生见他有天子之相，便免费让他晚上进学堂读书。

以范子为代表的越南社会底层，与以玉花为典型的越南上流阶层，在一次偶然的机会产生交集。范子有一次到玉花家讨食，偶遇玉花，玉花便对范子一见钟情，为其日渐消瘦。为了心爱的女儿的幸福，玉花的父亲托人来寻范子，与玉花结为连理。另一人物卞田没能如愿娶到玉花，为了报复玉花，他把玉花的画像送给好色的庄王，借助庄王之手把范子毒死。玉花以三年守孝不能再嫁为由离开庄王，回到家乡为范子殉情。玉花与范子向阎王告状，阎王同情他们，遂安排玉花、范子复生而卞田、庄王受到惩罚。

仍有多个不同的唱本，包括金龙调唱本、逐卜调唱本和龙州调唱本。长歌的叙事是以男女主人公的悲欢离合为情节，以突破权力阶层的社会交往为母题的传统故事。《玉花与范子》的故事情节并不复杂：故事发生在"大越国庄王治位"时期，以范子为代表的越南社会底层，与以玉花为典型的越南上流阶层，在一次偶然的机会产生交集。范子有一次到玉花家讨食，偶遇玉花，玉花便对范子一见钟情，为其日渐消瘦。在追求爱情的道路上两人受尽折磨直至结束生命，最后以阎王同情他们，安排复生而实现爱情结局的圆满。

另一篇爱情叙事长歌《传牋》（见附录5）仅见于金龙镇流传。长歌以一名安南（越南旧称之一）士兵在战斗间隙给爱人写信为体裁，记载了丙辰年法国入侵，安南国大乱，国家抓兵卒护国。开篇即标明长歌发生的背景："空闲时写信解闷，国王搞维新治国；丙辰年国家大乱，抓安南兵卒护国……"军队领队官兵有"官二""官三""官四""官七"等，从二月初三日至六月十四日，士兵们在安南国、泰国、西贡、西国、幡国等国经历了亲人离别、忐忑不安、异国见闻、海浪凶猛、思亲之切、遇海贼后生死自救的一系列感受。

关于越南的文化想象，布岱族群将之至于"异国想象"的范畴。农 XD 谈到这种感受："我们从来没去过越南，不知道那边是怎样的事情。以前听老人说过我们的祖宗是从越南来的，现在都没什么联系了。故事提到越南，我们觉得是另外一个国家。"的确如此，笔者先后询问很多布岱关于越南的族群想象，他们几乎都知道布岱与越南岱依族是同源族群，族群文化大部分相通，但均表示在现实中不会去想着故事里的人物跟自己的族群有联系。相反，他们认同自己是中国的壮族人，更愿意接受中原文化的影响。

三　跨界歌手回归族群交流

由离散而回归，布岱族群的跨界歌手也应运而生。这时候的"跨界歌手"有三重含义：一是指从外界的现代社会生活回归族群的社区生活，歌手既接受流行歌曲，又能传唱族群的歌谣，甚至还有个别聪明的歌手能将族群的歌谣改编为流行歌曲的腔调；二是跨越国境线参与对歌活动的歌手，亦

图13　布岱叙事长歌手抄本

即既有我国歌手到越南对歌，也有越南歌手来我国境内对歌，对歌是歌手回归族群交流的一种生活与表演；三是指跨越歌调或歌种而对歌的歌手，例如，原本熟悉金龙调的歌手学唱逐卜调，或者逐卜调的歌手学唱金龙调。跨越歌调或歌种，表明族群之间的相互影响与渗透，滋生新的族群交流方式。

时至今日，在当地群众当中，跨界歌手往往要比单一歌种的歌手的声望高，因而群众在举办婚嫁、给老人祝寿、孩子百日、入新房等喜事时，如果家底殷实，就肯定要请跨界歌手来家里对歌捧场，支付的酬劳也比单一歌种的歌手要高，尤其是跨越国境的歌手。例如，单一歌种的歌手唱一个晚上可以拿到 100 元，而邀请越南歌手最低要给 200 元，有的做生意的家庭甚至出资更高而达到每人每晚 1000 元。在没有酬劳的情况下，跨境歌手还会经常出现在各村屯的歌坡上，这就主要是他们自己出于对"对歌"的爱好了。

活跃在中越边境的跨界歌手并不少见。他们每个人都有着自己的故事。笔者对十多位歌手都进行了田野采访与观察。本书选取其中 4 位活跃的跨境歌手，将他们的真实故事作为跨界歌手群体的典型例子呈现给读者。

（一）"文化名片"农 RQ（中国）

男歌手，1954 年 12 月出生于布侬家庭，母亲为越南人。先后担任乡镇小学、中学的教师。因他既有中国传统文化的深厚修养，又熟知当地流传的金龙调、逐卜调、龙州调山歌，20 多年来一直醉心于收集与整理龙州当地各族群的民间文化，2010 年被县文体局抽调到局里专门从事龙州县各级非物质文化遗产项目的整理、申报工作。除了工作内容之外，农 RQ 还有一个非常重要的角色：龙州县文联山歌活动中心主任。在接触他的初期，笔者原以为像常见的各类协会那样，会长或主任往往是组织指派的官员，而不是民间艺术的高手。后来有幸听了几次他和搭档联手同其他歌手对歌，才发现他称得上是当地山歌的歌王，尤其是逐卜调，不仅声音洪亮，而且应答工整而充满智慧，在龙州县的文化界，不管是乡村还是政府部门，他算得上是响当当的龙州文化名片。

农 RQ 喜欢对歌，年轻时经常到各村屯的歌坡上展现自己的智慧。由于他母亲的娘家在越南，一个离中越边境不到 10 公里的小村庄，因此他也经常跨越中越边境去对歌。令他记忆最深的是，年轻时曾经应邀到越南一个村庄对歌。由于当时对歌的都是年轻男女，大家兴致很高，因此那场对歌扎扎实实延续了三天三夜。很多与他同龄的歌手都对他表示很高的敬意。最近几年由于被抽调到文体局，在龙州县乃至崇左市的很多山歌比赛中，他代表政府机构出任评委，在比赛中的点评往往博得观众的赞许。在跟农 RQ 的交谈中，笔者发现他的思路非常清晰。虽然他是山歌比赛的评委，但他私下更心仪具有传统竞争智慧的歌坡对歌形式，有时甚至和搭档歌手黄 SW 借助手机免提对话的方式与越南女歌手对唱情歌。

（二）"编唱歌手"农 HZ（中国）

男歌手，1967 年生，金龙镇花都村人。早年曾在乡镇、县城从事建筑项目，后因骑摩托车出事故而造成身体多处骨折，康复后沉迷于当地山歌，能熟练地运用金龙调、逐卜调对歌、比赛，名声逐渐传开，在金龙镇、武德乡、逐卜乡、越南下琅一带家喻户晓。每年依岗节，中越边境多个村屯都邀请农 HZ 前去对歌。农 HZ 不仅能对歌，还乐意帮忙东道主村屯组织文体活动，因此他在中越边境的村屯人缘蛮好。有的家庭入新房、婚嫁、孩子百日，也愿意请他过去捧场。有的商家为了打开农村市场，曾聘请农 HZ 在歌圩上用山歌形式做产品广告，例如青岛啤酒、丹泉米酒等商品的山歌广告。据商家称，农 HZ 唱的山歌广告比较幽默，效果不错。

农 HZ 与众不同之处是，他既能"唱"又能"编"，只要接到题目，他就能在极短的时间内组织好歌词内容，随口即可唱出应答之词。由于家里种甘蔗而有大量的闲暇时间，农 HZ 就经常到金龙街、越南下琅县代人或者代政府部门写山歌歌词，以此作为增加收入的方式。农 HZ 出于对族群文化的热爱，最近还准备接受法师的受戒仪式，正式拜师学习天琴弹唱和法事诵经。

（三）"越南新娘"黄 XQ（无国籍）

女歌手，1982 年生于越南下琅县，属于越南侬族的花袖侬族群，读书到第九册（九年级）就辍学。2004 年嫁到大新县，能唱逐卜调，能唱叙事长歌，经常在崇左、大新、龙州、天等、凭祥等市、县参加歌坡和山歌比赛，和姐姐黄 XH 搭档，往往都能拿到山歌比赛的奖励。最近一次是在 2013 年 12 月 24 日参加龙州县文体局举办的"中国（水口）—越南（驮隆）商品交易会暨龙州县第二届天琴艺术节"山歌比赛中荣获三等奖。

黄 XQ 通过歌坡中的对歌而与现任丈夫结识、恋爱，最后嫁到我国大新县农村。像中越边境越南女性嫁到我国边境农村的大多数情形那样，婚姻是民间行为而没有办理邻国政府与我国政府之间达成的合法手续，因此按照越南的政策和我国的移民手续，黄 XQ 既失去了越南的国籍，又没有获得我国的公民身份，她成了无政治身份的"越南新娘"。无法提供身份证，黄 XQ

只能在大新的家里，和丈夫共同种植甘蔗，无其他收入。但是，黄XQ的文化适应能力较强，经常在边境县参加民间自发的歌坡和当地政府举办的山歌比赛。在山歌比赛中她往往能即兴歌颂我国的富民政策，如2012年在科甲山歌比赛中曾赞美我国地方政府对甘蔗种植的扶持政策。

（四）"跨国偶像"农WJ（越南）

越南下琅县广龙社岱依族男歌手，1974年生，读书仅完成越南小学教育的第四册（四年级）就辍学。10岁时开始学岱依族的山歌，善于唱七律歌词，善于把握即兴对唱的技巧，属于中越边境群众公认的既能写又能唱的天才歌手，但是没有固定的山歌搭档。农WJ在我国边境的布岱、布依族群，越南的岱依族、依族当中知名度非常高，每逢重大的山歌比赛，两国边民都请他来对歌。当地族群的群众对WJ的评价是"比较有涵养，对答的歌词委婉动听"，并称他为山歌偶像。

由于"跨国偶像"的影响力，农WJ演唱的对歌、叙事长歌被制作成光盘，成为中越边境文化市场的畅销产品。据金龙的山歌光盘制作与经销商谭ZA介绍，前几年录制农WJ的山歌光盘，基本有一半销往越南，单张山歌

图14　布岱举办婚礼或者入新房，邀请越南男歌手
与我国女歌手对唱，并拍摄录像以流传

光盘销售量达 4000 多张。农 WJ 演唱的处世长歌《教女》广泛流传于金龙镇与越南下琅县一带。《教女》所传唱的内容，是母亲教育自己的女儿为人处世的道理。在传统的族群社会当中，男婚女嫁虽然是建立在自由恋爱的基础之上，但是，女性要通过结婚而进入男方家庭，还需要面临很多交往的问题，尤其需要给自己建立一种"良好"形象。农 WJ 在《教女》中通过歌声委婉地教育"女儿"，《教女》因而也成为当地群众喜爱的伦理叙事长歌的经典。

第三节　重构的基础：以歌为媒

"走，回家唱歌去！"每逢传统的圩日，在县城里的金龙人，如果不是公务缠身，最喜欢做的事情即是回到金龙赶歌圩（即歌坡）。除此之外，在金龙布岱与布侬的生活里，唱歌更是一种交谈方式，以歌为媒，以歌言情，成为金龙人重构族群生活的重要基础之一。

金龙人的唱歌，一般分为独唱与对歌两种。独唱是歌手个人以唱歌的方式讲述故事，如前文所述的叙事长歌，这需要歌手有较强的记忆力和较高的吟唱水平。相比之下，歌手之间的对唱形式更受欢迎。歌手们按性别分成男女两队，或者分成主宾两队，互相逗趣、言情、赞颂，观众也跟着哄堂大笑，场面热闹非凡。金龙各族群的群众乐此不疲地"对歌"，虽然有别于政府资助的舞台山歌比赛，却能发挥族群主体的能动性与创造力，改变着族群内部、族群与外部的交流方式。

一　男女歌手之间的交流愉悦

爱情不仅是两性交流的最直接、最崇高的中介，而且是男女对立缝合的最有效途径。对于和谐的两性交流的诗性想象，成为布岱族群传统生活当中文化想象的内核。

歌坡中男女对歌的歌牌形式非常丰富，格式比较严谨，但歌词信手拈来，自由奔放，情感的外露与含蓄因歌手而风格各异，让围观者听得如痴如醉。其中，男女歌手对唱的歌谣就包括有夜歌类型与日歌类型。

夜歌类型包括请歌、催歌、和歌对唱、礼歌、悔歌、谦歌、逢路歌、告少歌①、请安歌、退歌②、白鹤歌③、带路歌④、乃屋歌。而日歌类型主要为戏情歌，包括乃桌歌、敬酒歌⑤、蒸酒歌⑥、收台歌、省歌、必扒歌、讨糍歌⑦等形式。各种形式的歌词均充满着两性竞赛（joute）⑧的情感互动与智慧。

例如，戏情歌具有性别竞赛的浪漫色彩。女方暗地里看上某个小伙子，就会设局考验他的悟性，或者在酒碗、汤碗、洗脸水盆里埋一只用芭蕉叶打成的四方结，或者在米饭中埋下青菜、用丝线串起来的扣肉。埋四方结、埋菜，亦即是埋情。小伙子无意中碰到这些暗示，就要用智慧唱出心中的感想，是否接受姑娘的情意。尤其是表达拒绝的时候，如何委婉地告诉姑娘而又不伤姑娘的心，这确实需要高超的对歌智慧。

例如：

---

① "告少"即"劳烦"之意。告少歌为自谦的歌，意为因自己给主人家带来麻烦而深感愧疚不安。
② 退歌为推脱不唱之歌，是歌手出于礼貌而故意以各种借口推辞不唱，实则是你推我让，逐步进入竞争高潮的一种对歌方式。
③ 白鹤歌，为布岱旦歌中最具有族群特色的夜歌之一。这种对歌借白鹤而喻人，以问答的竞争表现形式，把男女之间的情感向对方倾诉。
④ 带路歌有桥梁的作用，只有一首，但是要女方唱起来是相当的不容易，男方要费尽心思，有时候要等到子夜一点之后。带路歌唱起来，就意味着交情的时刻到了，无论是男方还是旁观者都会兴致勃勃，表现出莫大的高兴。
⑤ 婚俗歌中的敬酒歌，仅仅是有情人之间的一种戏情歌，实际上是戏情歌的后续对歌。有情意的男女青年由戏情歌向说情发展，男方便会唱着歌坐到姑娘身旁，与姑娘边对歌边喝酒，一首情歌一杯酒，情真意切，陶醉于甜蜜而浓香的爱情之中。
⑥ 蒸酒歌也是戏情歌的一种，但不是情人之间的戏情，而是主客双方的戏情。客方酒足饭饱，将一只空碗倒扣于盛汤大碗中，在空碗的碗底上再搁一只小碗、一双筷子、一个芭蕉结，以示蒸酒，唱起蒸酒歌，以表示谢意。
⑦ 讨糍歌：在布岱的眼里，女儿要生了孩子其婚姻才算圆满。外孙（或外孙女）满月时，女儿的妈妈就要做100～200个直径约40厘米、厚约4厘米的糯米大糍粑，寓意女儿的婚姻完满无缺。女儿的妈妈挑着担子送到女儿的婆家，再由家婆把糍粑分送给前来庆贺的亲戚。据布岱相传，在很久以前曾经有一年闹饥荒，有个贫穷小伙子为了躺在床上饿得呻吟的年迈母亲，就到村里某家正在给孙子操办满月喜酒的富裕人家，如歌如泣地唱起讨糍歌。有位姑娘与之对歌，最后把半块木薯糍粑递给泥墙窗外送给小伙子，成就了这两人的美满婚姻。如今的小孩满月讨糍粑，已经成为年轻人相互嬉戏、谈情说爱的美丽借口。
⑧ 葛兰言：《古代中国的节庆与歌谣》，赵丙祥、张宏明译，广西师范大学出版社，2005，第120页。

枯蕉 （歌牌名。汉译：芭蕉树）

答订诗 （汉译：解芭蕉结①歌）

枯蕉起地松，枯工起地里 （汉译：芭蕉松土长，云香瘦地生）

看刨板娟来，看刨田娟就 （汉译：跨进阿妹村，跨进阿妹田）

碗粥已能德，碗菜已能丁 （汉译：这饭谁人打，这菜谁人送）

念答丁荆江，亮金刚入底 （汉译：芭蕉结镶间，亮金刚垫底）

成羊小㞎叶，成石么㞎果 （汉译：小羊吃树叶，山狸吃野果）

成虎小㞎鼠，成六图啰赞 （汉译：小虎吃老鼠，女孩怎吃芭蕉结）

多心 （歌牌名）

对子已能样聪明 （汉译：谁家孩子真聪明）

德粥荆桌碗样满 （汉译：打饭上来这么满）

告娟鞑欧恩碗空 （汉译：请妹拿个空碗来）

欧麻双哥的太㞎 （汉译：拿来两哥摊半吃）

的信娟陌得条心 （汉译：哥我信你那颗心）

的㞎芭口正别听 （汉译：一吃发现不对劲）

形眉到听在江廷 （汉译：芭蕉结在碗饭中）

娟休成色样总呈 （汉译：妹你怎么不讲情）

陌乖 （歌牌名）

对子几能样真乖 （汉译：谁人孩子这么乖）

得粥荆桌太满粦 （汉译：打饭上来这么满）

请妹鞑欧恩碗空 （汉译：请妹拿个空碗来）

碗空在许欧麻太 （汉译：拿个空碗来摊饭）

廷是叩，底是肉 （汉译：上是饭，下是肉）

妹娟嗨 　　　 （汉译：妹妹啊）

守是能早鸣的刻 （汉译：要是早见我换掉）

---

① 芭蕉结，用芭蕉叶打成的结，此处比喻为情结。

使内得麻外鼗空（汉译：现在扔去浪费多）

妹陌有叩发米雪（汉译：妹你发财不可惜）

双哥苦麻太雪糁（汉译：哥俩人穷可惜多）

《枯蕉》、《多心》、《咭乖》这三首应答的歌词，都是婉拒姑娘的心意，就采用了三种不同歌牌进行应答，可见男歌手的智慧。在大多数情况下，如果还没到男女歌手动真感情的时候，男女歌手之间的对歌都是以逗趣为主，幽默而智慧的出题与应答成为歌手们、观众们津津乐道的话题。况且，年轻的单身男女歌手还真有可能产生恋情。"唱唱歌，什么烦恼都消除。""嫁给那个唱歌最好的人……"不管是烦恼还是喜悦，能够增进布侬交流快感的，离不开诗性的交流。

二 主客之间的情感互动

"今天我们搬新房，过来听歌哦!"金龙人搬迁新房或者结婚仪式的酒席典礼，除了给家里的神灵供奉之外，还要请上 4～6 位歌手，为主宾人等献上浪漫而诙谐的对歌以助兴。

乃桌歌与乃屋歌都是布侬族群、越南侬族的传统习俗歌谣之一，而布侬、越南侬依族则没有乃桌歌与乃屋歌。但是，近年来也有布侬邀请布侬歌手来唱乃桌歌与乃屋歌以助兴的。乃桌歌与乃屋歌均为赞美主人的歌，"乃"即"赞"之义。其中，乃桌歌是日歌与夜歌的交融，日歌与夜歌均为戏情歌。而乃屋歌仅为夜歌的形式之一。

乃桌歌是客方歌手赞美主人的盛宴款待之歌。壮族年轻人在婚嫁、孩子满月、老人祝寿或春节、昆那节、糍那节等相互交往活动中，主方请客方吃饭时，代表主方的山歌歌手往往唱自谦的歌，诸如没有好菜摆桌、招待不周等。代表客方的歌手听后即回应赞美主人酒席上的美味佳肴和主人的热情招待。如：

主人：板沙（歌牌名）

卖名请哥蚍饱麻（汉译：卖名请哥坐进来）

饱麻布眉侧生呀（汉译：进来没有什么菜）

布眉侧生办忱麻（汉译：没有啥菜摆上来）

三太荆桌太呆走（汉译：三碗下来三碗空）

太刁荆桌是学瓜（汉译：一碗瓜苗权当菜）

硻甘硻苦哥呀话（汉译：如此寒酸哥莫讲）

耙第二人的刨麻（汉译：以防还有朋友来）

客人：板沙（歌牌名）

辺内辺好哥刨麻（汉译：今天吉日哥进来）

刨麻老夸真眉理（汉译：进来朋友真有理）

烟仔茶香摆忱麻（汉译：香烟香茶摆上来）

口茶敏曾落荆咟（汉译：香茶还未落下肚）

侧梯就连摆忱麻（汉译：美味佳肴摆上来）

三太荆桌香葱结（汉译：三碗下来香韭菜）

八太荆桌香葱花（汉译：八碗下来香葱花）

风肠叉烧麻荆罱（汉译：风肠叉烧摆眼前）

红扣白扣映刨哈（汉译：红扣白扣映入眼）

廷桌肉咋眉大把（汉译：美味佳肴有大把）

瑞生能鞋迷学瓜（汉译：何必还去摘瓜苗）

学瓜迷多民的贺（汉译：瓜苗摘多秧焉死）

牤罱布米坟追瓜（汉译：明年没有瓜作种）

麦敏娟许的偷骂（汉译：那时妹你暗地骂）

瓜米眉坟为哥麻（汉译：没有瓜种为哥来）

　　前后两首乃桌歌，前者为主人唱，表示主人为"没有什么菜"而自谦。后者则是客方歌手唱，赞美了主人的热情款待和酒席上的美味佳肴，称赞主人慷慨大方、有礼节、勤劳持家等。最后几句还隐含有调情、戏情之意。

　　乃屋歌则是男女夜晚对歌的一种形式，是礼节性的必唱的歌。族人在家里的孩子满月、年轻人婚嫁、老人祝寿、昆那节、糍那节等活动中，往往会邀请山歌歌手前来对歌助兴。歌手需要熟悉一定的礼仪。例如，歌手进入主人家需要唱"乃屋歌"，意为客人对自己所踏入之家的房子、家庭进行礼节性的赞美之歌，其内容是歌手根据主人家的现有场景，或选择房子结构，或针对家具摆设，或联想风水地理，即兴而灵活地编词盛赞主人之家，从而达到赞美主人之意。

例如：

女：入余（歌牌名）

轵内丰福光墨上（汉译：今年年景真是好）

恩空哥许鸟起色（汉译：哥你屋子刚建吗）

向空轵屳叟龙珠（汉译：房子面向双龙珠）

朋罶还有都狮子（汉译：房子面向俩狮子）

朋后还有对金余（汉译：后山有一对金鱼）

苔尼咘北各咘报（汉译：泥墙又平又整齐）

块镜寒铜米样犁（汉译：焊制铜镜没此平）

拆都苔尼平贫镜（汉译：门上泥墙平如镜）

都努再愚难怵墨（汉译：老鼠双爪难爬上）

己仑来鸟齐来样（汉译：麒麟凤凰全雕上）

甲子黄条光银朱（汉译：横条角子亮比珠）

廷都还眉恩顶兢（汉译：门顶还有一面镜）

早晚土常看上墨（汉译：早晚经常往上看）

申娄四角平贫但（汉译：神楼四角平如崖）

双边雕贫对金余（汉译：两边雕刻双金鱼）

恩空哥许好贫内（汉译：哥你房子这么好）

双妹屳麻米爱墨（汉译：妹俩进来不想回）

歌手以歌的形式称赞房子，实则称赞家里人的勤劳。

简言之，乃屋歌与乃桌歌均属礼俗歌，展现主人与客人之间你来我往的热情示礼，处处以礼为先的人际交往的传统美德。礼节到位，为展开人际交往敞开大门，彼此增强互信。

三　对歌技巧

歌坡中的对歌技巧具有两大特点：一是讲究平仄押韵与歌牌；二是善用比喻、隐喻、双关等修辞手法。歌手如何灵活运用这些特点来对歌，就成为考验歌手对歌能力的最直接准则。如果说第一个特点是对歌言语的结构问题，那么第二个特点即是歌手之间实现交流的技巧。

（一）讲究平仄押韵与歌牌

讲究平仄押韵是山歌对唱的基本规则。以逐卜调山歌为例。逐卜调夜歌为七言歌，以歌牌的形式标记韵脚，一个歌牌一个韵。据农瑞群调查与收集，逐卜调夜歌的歌牌达 20 种之多（歌牌见表 4），在熟练这些歌牌之后，歌手接下来可以进入自由编词对歌的境界。

表 4　逐卜调夜歌歌牌

歌牌名	板沙	老师	丈亲	囊偷	攸娘	咟乖	同连	豩心	投明	投龙	咘牢	板必	入除	风路	照刘	舍列	咳科	党忙	丹兰	催雷
韵脚	a	ei	en	ou	ang	ai	ian	in	ing	ong	ao	i	ri	u	iu	ie	o	ng	ɔŋ	ɔic

（二）善用比喻、夸张、双关等修辞手法[①]

比喻是民间山歌，特别是逐卜调日歌最常用的修辞手法。歌手往往借用日常生活、生产中具有类似点的事物来比拟想要表达的情感，以达到更鲜明的效果。例如，

> 守芶冔交恶觌你（汉译：我若能交阿哥你）
>
> 敌同牛老牥叟松（汉译：如同老牛上高山）
>
> 鞋見芽荣米爱歼（汉译：看见嫩草不想回）

歌词意为：我要是能够结交上哥哥你啊，好像老牛上高山遇嫩草，不再想下山，不再想回来。女歌手以老牛上高山见到嫩草时的心情做类比，表达

---

① 本小节案例均为笔者记录于 2013 年 7 月 23 日牌宗村昆那民俗文化节的歌坡。翻译：农瑞群。

见到男歌手时的心情，感染力相当强。

与比喻相比，夸张更是对歌中的"猛料"，受到大多数歌手们的青睐。夸张手法的运用，目的在于触动听者的极大想象力，激发听者进一步交流的热情。夸张往往成为对歌吸引听众的核心技巧之一。例如：

> 䏁呑玉玉羿雾虾（汉译：老天时时下阵雨）
>
> 印牛盍淰壮对咋（汉译：牛印窝水能放鱼）
>
> 情芶项淰则虺那（汉译：哥怎拦水进田去）

这首歌是在女方表达爱慕情感时唱的，采用的是暗喻加夸张的手法。壮族布岱以前曾居住在干栏式房子，房子分三层，其中下层养牲口，中层住人。根据当地谈恋爱的习俗，小伙子趁夜深人静时偷偷爬上自己心仪女孩的家旁边（接近女孩床铺所在的位置）。"䏁呑玉玉羿雾虾"表面上是说上天时时下阵雨，实际是暗喻女方的闺蜜时时到她屋子边来找她玩；"印牛盍淰壮对咋"，闺蜜来得次数多了，留下的凹陷脚印像放水养鱼的池塘那么深，这即是夸张；"情芶项淰则虺那"，借"水"喻情，意思是说，哥还怎么能把对妹的情与爱灌进妹的脑海？闺蜜抢了时间与风头啊。此处歌词不仅有夸张，也带有双关的意味。

关于对歌的双关性，还有一个很有趣的案例：

> 守芶对交麦基赖（汉译：我若真的能交你）
>
> 豆腐金麻崩当派（汉译：豆腐拿来筑坝堤）
>
> 孥指真钮力当怀（汉译：老鼠穿鼻当牛犁）

歌词大意为：我要是真的能结交上你做朋友，豆腐都可以用来建坝堤，小小的老鼠穿了鼻也可以拿来当牛犁田耕地。这歌词有两层意思。

其一，如果我能真的结交上你，就像可以用豆腐筑堤坝，天下还有什么事难倒我？"孥指"是当地一种体形较小的老鼠，这种小小的老鼠能有多大力气？可我倘若真的能结交上你，那穿了鼻、套上铁环的老鼠都能当牛来犁田耕地，还怕什么？

其二，用豆腐建坝堤和用老鼠来犁田耕地，显而易见，那都是不可能的，妹永远不会跟哥真心结交朋友。歌手表达了两层意思，却任由听众理解与猜测。既可以顺着歌手答词的表面意思，追下去而得到"她说爱我"，自己则应该如何爱她；也可以透过表面意思而产生其他想象，理解为"她是骗我的"。

简言之，无论是运用哪种手法，男女歌手之间在高度的不确定性当中互相猜测，搜索信息，其目的在于激起彼此进一步交流的渴望与热情。

四　对歌的延续与终止

随着时间的推移，类似对歌这样的情感交流、情感游戏，将向着两种可能性进行发展：要么是延续前一段时间的交流，要么是终止交流。歌手们会根据何种情形而采取何种交流的策略？

（一）对歌的延续

歌坡中的对歌，主唱一般都是两男对两女，但实际上各方还有第三人。有时候女方歌手还不只三个人。这第三人起到参谋作用，如果在某些环节的应答出现"卡壳"，第三人便会低声提示，或者帮忙出主意。如果两个主唱歌手当中有人嗓子累了，或者要离开去方便什么的，第三人就会顶上，把对歌延续下去。或者，围观的观众也有自告奋勇充当第三人的。

因此，很多歌手都提到有连续对歌三天三夜的辉煌故事，这并不是说一个歌手或者两个歌手连续唱三天三夜，而是男方团队与女方团队中的成员轮流上场对歌，中间还可以穿插聊天、吃饭等家常活动，但歌手的歌声是不能断的。这种车轮战的方式，能够让对歌持续相当长的时间，而且歌手们始终保持亢奋的对歌状态。

例如，在20世纪70年代我国自卫还击战之前，逐卜乡牌宗村的李ZW、权FM、黄SQ就经常去境外对歌。尤其是在春节期间，我国境内的歌手过境对歌都是连续三天三夜的。这样的对歌不是为了谈恋爱或者结婚，而是像亲戚或朋友那样串门，你来我村，我去你家。加上当时交通非常不方便，歌手们是翻山越岭地走路来往，一天的时间内无法往返。这样一来，夜里的村屯就成为年轻人对歌的天堂。谈起那段激情岁月，今天的老歌手还在回味，也不免叹息：现在交通方便了，其他村子的歌手上门对歌，当天夜里就能赶回家，而不像以前要过夜。现在没有了以前的对歌夜晚！

（二）"对不上歌"的交流焦虑

男女竞赛式的对歌激发双方交流的极大热情，甚至出现连续对歌三天三夜都不觉得疲倦的情形。尽管对歌交流顺畅、亢奋，但是，对歌是智慧的竞赛，竞赛就有可能跟不上对手，出现"对不上歌"的焦虑与尴尬。为何对不上歌？根据部分歌手的体会，他们认为，对不上歌的原因无非三种情况：一是对方比较强势，出口成章，自己应接不了，尤其是日歌，日歌卡壳的可能性最大，歌手必须在最短的时间内找到合适的歌来应对；二是对方对歌能力不够，己方没兴趣继续对下去；三是客观原因，如有事需要离开等。总而言之，他们认为："对歌要棋逢对手才好。"交流技巧上的平等成了交流是否自由的一种因素。

例如，在某次对歌当中：

> 女：马雁江山仍迷就（汉译：山中龙眼还有主）
>
> 样词鞑守旦争欧（汉译：怎能去与她争要）
>
> 暂得迷文麻对头（汉译：免得以后相对头）
>
> 男：马雁江山敏迷就（汉译：山中龙眼未有主）
>
> 守陌迷心兴鞑欧（汉译：妹若有心尽管摘）
>
> 布忧迷人麻对头（汉译：不怕有人来对头）
>
> 女：枯美荫任到丘能（汉译：大树荫凉她人坐）
>
> 洒好三花到丘饮（汉译：三花①来洒她人喝）
>
> 坡弄好多丘葬坟（汉译：高坡好地她葬坟）

一开始，女歌手流露出担心竞争不过第三者，男歌手尝试鼓励她们要有信心，"不怕有人来对头"，但发现女歌手仍然信心不足，"大树荫凉她人

---

① 三花为广西本地出产的一种米酒，度数较高。

坐，三花来洒她人喝，高坡好地她葬坟"，因此男歌手选择沉默，表示放弃这段对歌，因为带着这种想法对下去，大家都会觉得没趣。

当然，这里也有性别差异。如果女歌手示弱则情有可原，但男歌手示弱，则会被鄙视。所以，男、女歌手在交流程式当中自谦、焦虑与示弱之间"度"的把握也是一种技巧。

2013 年 7 月，笔者在花都村歌坡遇到从越南嫁到我国境内的歌手黄XQ。黄 XQ 当时正在歌坡徘徊，似乎在寻觅合意的歌手。听同行的山歌协会会长介绍，黄 XQ 对歌的音质很好，反应也机敏，属于当地很有名气的女歌手。笔者打招呼，有意让黄 XQ 参与现场的对歌，让大家都听听她的歌声。黄 XQ 环顾四周的歌手，迟疑了一下，笑着答："不唱啦。（他们）唱得不好！"这印证了均衡的交流技巧是激发彼此对歌热情的重要因素之一。

如何摆脱这种焦虑呢？学习对歌的交流技巧是最主要的消解焦虑的方式之一。歌手农 RQ 谈起他学习对歌的经历，就充满了挑战与勇气。他在十六岁左右第一次跟别人去听对歌，结果被人用歌奚落，因为当时他不会应答。从此他下定决心学好对歌，就经常跑到有对歌的人家去围观、学习，甚至有一次站在晒台①上听歌，衣服被雨水打湿都浑然不知。

（三）依依惜别的交流愉悦

当然，对歌也有以愉悦的方式结束，用日歌的三句歌作为收官，对歌的男女双方临别时惺惺惜惜，依依不舍。这种以歌话别，既是对一夜歌情的无限回味，也是给予对方深情的祝愿和热烈的期盼。

例如，省歌（歌牌名）②

　　女：哥华话诗勤跰縒（汉译：昨晚对歌到天亮）

　　晗迢觇虑几丈崧（汉译：太阳升起几丈高）

　　交米对陌淰晗秆（汉译：交不到你眼泪流）

　　男：竖刘话诗跰基内（汉译：哥妹对歌到这里）

---

① 当地布岱的杆栏式建筑的一部分，一般安排在房子的背面或者侧面，用于晒玉米等农作物，也是家庭与邻里之间谈话、对歌的主要空间之一。

② 由歌手农瑞群提供歌词的记录。

交米对陌洽眙漂（汉译：交不到你眼泪流）

洽眙漂鼾德对爂（汉译：眼泪能把火来熄）

女：芽荣尭霉仍贤杆（汉译：霜打青草还剩杆）

竪攸汩跤米对砚（汉译：妹回越南看不见）

那哥仍任添米任（汉译：哥你还想阿妹吗）

男：对噻守娟哥仍记（汉译：与妹对歌哥永记）

米放鼾土许蝈施（汉译：不丢下土白蚁蛀）

常记噁情雪每时（汉译：永记阿妹在心里）

女：听攸贫词朵贫定（汉译：妹我怎样命已定）

陌黑鼾力千工噁（汉译：哥自下力干工吃）

贫噁的骹芴色桼（汉译：发财别把妹忘记）

哥：竪刘话诗记全世（汉译：哥妹对歌记一世）

米忧贫氿变贫酥（汉译：别忧美酒变成醋）

全世米飑卑色时（汉译：一生不忘阿妹你）

女：话诗守哥跰内吓（汉译：与哥对歌到这里）

尿攸夲歪土常眙（汉译：中越兄弟①常来往）

省跰娟攸管调麻（汉译：传话过去妹再来）

男：竪刘话诗扒跰内（汉译：哥妹对歌到这里）

尿攸夲歪土常橼（汉译：中越兄弟常友好）

对网调麻香色培（汉译：有空欢迎妹再来）。

……

这是我国男歌手与越南女歌手的话别。时间过得太快，因伤心而流泪，女歌手以眼泪能浇灭火把作离别心情的比喻，男歌手则以死（不丢下土白蚁蛀）作誓言，双方依依惜别，更有对未来的约定（传话过去妹再来）。歌词里的情真意切，只有当事人最能体会，才能出口成诗。

---

① 此段对歌为中国男歌手与越南女歌手的对唱。

第四节 重构的准则：情感想象力

细心的读者会发现，笔者在上一节引用很多原本唱自布侬之口的歌词，亦即逐卜调的歌词。用逐卜调来说明布岱的诗性生活，是不是案例选用不当？恰好相反，现实存在的情况即是如此，对歌是布岱、布侬族群回归原有族群社会的共同标识。在历史上，布岱与布侬确曾存在严格的族群文化分界，布岱唱金龙调，布侬唱逐卜调。但是，在重建族群诗性生活的今天，布岱与布侬无须再那么严格区分歌调的问题，生活空间、仪式空间也常常是交织、混搭在一起，甚至很多金龙镇本地人都分不清布岱与布侬的区别，而是认同具有民族团结意味的"我们都是壮族人"。

在离散与回归后，歌手们重新聚在一起唱歌，不同族群之间互相学习歌调与歌词，流连忘返于不同的歌坡对歌、交流，跨越各自族群原有的歌调边界，重构一种符合彼此需要的新的交流形式。如果说不同族群的歌手跨界唱歌是形式上的包容的话，那么，强调歌谣中的情感想象力则是包容的内核与智慧。

一 情感想象力缔结新的文化共同体

如果说历史上出现以歌调为族群分界的刚性文化边界，那么，历史发展到今天，这种刚性文化边界已经消解并让位于弹性的族群交流。弹性的族群交流，缔造了一个以诗性的情感想象力维系的族群文化共同体。

（一）"去歌坡唱歌"

布岱与布侬都爱唱歌，爱听歌，有歌坡的地方，就有布岱与布侬的身影。例如，花都村、板梯村都是布岱与布侬混居的村子。正月初十，两个村子同时举办侬峒节，从凌晨五点开始的祭祀仪式，一般延续到上午十点才结束。此时，外来的歌手，不管是布岱还是布侬，开始到村头寻觅可以对歌的对象。花都村的竹林是对歌的好去处。一眼泉水不仅养活全村人，还把竹林育得郁郁葱葱，茂密的竹叶像是一把把大伞，非常适合歌手们、赶集的村民在竹荫下尽兴相聚。板梯村村头的甘蔗地或者公路边，民建小学校园里的果林，也都是歌手喜爱的对歌地点。不论是布岱歌手还是布侬歌手，他们多以逐卜调对唱，因为现在流行这种相对容易上口的歌调。歌手之间并没有介意甚至没有意识到彼此的族群身份，除非有人刻意问："你是布侬还是布傣？"不管是哪处歌坡，邻近村子的布傣与布侬，都会以丰盛的酒菜邀约歌手。

（二）"请歌手来对歌"

除了歌坡这些共同活动，布傣或者布侬的家里遇到喜庆日子，也有请对方歌手到家里唱歌助兴的习俗。像农 RQ、农 HZ、农 WJ、农 YX、黄 XQ、黄 SW 等男女歌手（见附录4），都能用两种甚至三种歌调唱歌，他们自然属于受欢迎的歌手。布傣家或者布侬家往往会花点钱邀请他们到家里对歌，而且主人家还会从镇里请来摄像师全程拍摄，刻录成光碟，自己收藏或者分发给亲朋好友。两个族群邀请歌手的标准，在于歌声的悦耳与对歌的智慧。此处的智慧，是歌手如何讲故事或者逗笑，是营造一种情感想象力的能力。听众在歌手的引导下展开丰富的联想，投入情感，或笑或泣，与歌手共鸣。

（三）跨越国界的叙述认同

由于国家领土主权边界的切割而带来区分同源族群彼此边界的问题。这里的边界有两层意思。①国家领土的政治边界。这是强力的族群边界分割，造成以国家领土主权边界为界线的各族群不同的国家认同。②族群之间的文化边界。文化边界形成互为他者的交流立场，表现为传统的对歌形式成为族群与族群之间一种静止的、固化的文化边界，是族群之间不可侵犯的文化象征。时至今日，各族群共同面临更强大、更广泛的现代性压力之时，族群之间寻找共同的审美方式，重温同源族群的叙述认同。叙事长歌不仅有源于本族群的故事，也有借鉴汉族、越族的经典。大多数叙事长歌以歌颂凄美爱情的故事为情节主线，但是结局都是美好的善，预示着同源族群期盼达成男女个人情感交流的最终圆满。歌手与听众们以共同的诗性想象为目标展开真诚合作，以化解族群分界带来的焦虑，因为这个现实世界里还有对"我"不予对话甚至是暴力反对"我"的他者族群。

（四）以情感想象力维系的族群交流共同体

由于布傣与布侬相互之间的邀约、唱歌、听歌，族群之间便构成交流的主体、客体与载体的社会互动结构。

1. 主体为两个族群的歌手。他们是整个歌坡活动的支柱，是吸引听众到特定场所进行交流的核心角色，对族群的诗性生活的重建起到关键性作用。不管是布岱歌手还是布侬歌手，衡量他们能力的因素不是族群身份，而是他们的歌声技巧以及歌词智慧。这种情形类似于现代社会中的当红歌星。

2. 客体是两个族群的听众。他们是情感想象场域的参与者，也是助推歌手的对歌达到高潮的合作伙伴。这批听众掌握聆听两个族群的歌调的技巧，对情感想象具有浓厚的兴趣，而且在情感想象的过程当中理解不同族群的交流方式。这类人群类似于现代社会中某一人物或者现象的"粉丝"，但是，两个族群的歌手与听众互为主体，要比"粉丝"更能参与到交流的过程当中，因为他们与歌手是生活在一个面对面的小型社会里。

（3）共同体的载体明显体现为歌坡的活动场所。歌坡的活动场所已经不像历史上那样族群之间是泾渭分明的。布岱，也包括混居在一起的布侬，他们重建的族群交流，已经模糊了场所的族群边界。两个族群之间相互邀约唱歌，形成融合式的活动空间，更有利于情感共同体的情感分享与激情聚集。

二　"对歌要比洞房重要"

歌手个人需要有合适的搭档。与政府或企业举办的山歌赛不同，歌坡纯粹属于歌手们相互倾诉情感的场所。歌坡中的对歌，多以双男对双女为常见，歌牌的格律固定，歌词却灵活多变，重在考验歌手的智慧与反应能力。个人具备山歌对答的能力，还不见得能在歌坡上表现良好。每位歌手首先要考虑的是自己和谁搭档。一般而言，要求搭档的音色相近，能够补台，所以很多歌手长年活跃于歌坡，大致都有着自己相对固定的搭档，而且多为相同族群的人。例如越南花袖侬（侬族分支）女歌手黄 MT、谭 AH、谭 XJ 就经常结伴出现在我国境内的歌坡。

歌坡中的对歌竞赛为男女情歌的竞赛。这种情歌不仅具有性别竞赛的手法与意识，而且还包含两性之间的感情表述，因此当地人也视之为"恋爱歌"。歌坡在当地语中还有一种说法"觚飚（音 wong^4 lem^4）"，亦即像风吹过山林那样的感情。这种说法的背后，也说明了歌坡中的"恋爱"与"婚姻"没有必然的联系。

笔者曾采访数位在歌坡中对歌的"情歌高手"，亦即非常受当地群众欢迎的歌手。他们（她们）的出场可以吸引一大群歌迷围观、欣赏。谈到情歌与恋爱之间的关系问题，歌手农 RQ 如是说：

> ［笔者］在歌坡这里唱歌，大家都知道，她是结过婚的，我也是结过婚的，但是大家还是来唱情歌。是这种情况吗？
>
> ［农］是唱情歌，我们这里把山歌称为"鷻飚"，或者是"西飚"。"飚"，歌里带着的感情就像风吹过树林一样，过了就过了，大家都不用纠结。
>
> ［笔者］男女歌手都不会投入真实的感情？
>
> ［农］投入，不投入感情就唱不好情歌的。但大家都不会放在心里，不会放到现实当中。
>
> ［笔者］成不成婚姻，这不重要？或者说，对歌只是男女喜欢的一种交流过程？
>
> ［农］（婚姻的结果）不重要。如果双方（歌手）真的是没有结婚，那肯定可以进一步发展恋爱。如果双方都结婚了，那么，歌坡就是唱唱而已，交流你我的心中感受就行，唱过了就过了，不会走向婚姻。……还有，这里的歌手痴迷唱歌，甚至是在结婚当晚，如果大家唱得兴奋，就会一直唱到天亮，洞房都不是最重要的事情。这样的唱歌形式，并不会影响新婚夫妇的婚姻和夫妻感情。

有学者在考察布岱的荮桥仪式时，根据田野经验而持有类似的观点，认为布岱的"'恋爱'不是'结婚'的一个必然过程，它只是人生阶段的一个经历，"她把这归结为"布岱这种恋爱自由、婚姻却由父母包办所导致的结果"①。但笔者在歌坡的田野中发现，这种结果并不直接与布岱的包办婚姻相关，尤其是在今天婚姻自由普适中国大地的时代，布岱、布侬、岱侬族人、侬族人，还一如既往地喜爱歌坡形式的性别交流，应该还有着更深层的交流的人性需求。

---

① 潘艳勤：《布岱的"弄桥"仪式与"不落夫家"——以中越边境两侧上、下其逐屯为例》，硕士学位论文，广西民族学院，2004，第 35 页。

三 情感想象力成为交流的准则

既然对歌与恋爱、婚姻无直接关联，既然对歌中的押韵与歌牌、修辞手法是衡量歌手的智慧标准，那么，由此而带来的情感想象力则成为族群交流的准则。情感想象力是存在于族群交流表现之下的更深层的人际维系。建立在情感想象力基础上的族群交流可以成为克服交流障碍的新途径。

（一）共同的情感想象力

首先，由于社会的流动性，族群之间的交往跨越了族群交流的文化障碍。在传统的对歌当中，歌调被视为族群与族群之间一种静止的、固化的文化边界，是族群之间具有不可侵犯性的文化象征。时至今日，在社会流动和族群混居的影响之下，族群的地理边界早已模糊，族群之间的村民交流非常频繁，通婚、认干妈、认老同在很多情形下都是跨族群发生的。族群的政治边界的划定，使得族群的文化边界也产生新变化。尤其是我国的布岱族群和布侬族群在经过民族识别之后统一划归为壮族支系，布岱与布侬的族群与族群之间的分界线，基本只停留在族群的文化记忆与诗性交往的细微差别上。这是他们从族群身份向现代社会公民身份的转变，歌手的族群身份（包括政治的和文化的族群身份）变得并不重要。

其次，各族群之间的交往，促使彼此发现了共同的志趣，他们盼望在歌坡中得到情感的交流。而这种志趣源自于他们具有同源族群的历史记忆。每到约定俗成的歌坡时间，布岱与布侬都会在上午前来赶圩，中午时分再于村头的田埂、竹林、田边对歌。其中不乏越南岱人的身影，他们基本都是布岱或布侬在越南的侬族、岱依族亲戚。虽说赶圩是为做买卖，但对于有心于歌坡的人而言，这只是借口。他们需要找到搭档对歌。此处的"搭档"有两层含义：一是指找到同性别的歌手与自己配合，组成类似于乒乓球的"男子双打"或"女子双打"组合，共同应对另一方（异性）的智力挑逗；二是指寻觅合适的异性歌手作为对手，与己方对歌，在情歌对唱中考验自己的应对智慧。当然，歌词当中最能打动对手的往往是那些挑逗的情话。大家把这种歌坡的交往活动亦称为"玩姑娘、小伙子"，原本带有谈情说爱之意。"玩姑娘、小伙子"虽然以情歌对唱为情感交流的方式，但是这只是一种社交活动，是一

111

种性别交流的方式，与汉族"谈情说爱"的婚嫁恋爱具有完全不同的文化含义。

最后，在共同志趣的基础上，族群交流找到一种诗性交往的途径并视为交往的准则——情感想象力。基于族群文化的情感想象力在族群交流的重构过程当中发挥了新的作用，在布岱族群、布依族群、岱依族、侬族之间承担起跨族群的交流途径的角色。来自不同族群的歌手不再以歌调区分彼此，反而是以突显传统对歌当中的情感想象力作为彼此沟通的纽带。此时的歌手，能够跨界对歌也变成一种新的荣耀。

（二）情感想象力的诗性表达

既然情感想象力被视为族群交流重构后的准则，那么，如何更富有诗性地表达情感想象力，就成为族群交流所追求的技巧和境界。

对歌是歌坡活动当中最主要的交流程式。男方与女方按照歌牌节律一问一答，内容取材于日常生产、生活，以竞赛的交流机制表达情感，或者达到情感想象的交流效果。这类情感想象不限于对歌的男女双方，还可以引起围观者的共鸣。情歌竞赛虽以两性对立的诗歌形式表述，却将人际关系的情感距离统一在一段交流过程当中，是交流过程情感想象力的诗性表达。

笔者以 2014 年 2 月的一段"科甲中越山歌对唱"[①] 为例，尝试探讨歌坡的山歌对唱中情感想象力的诗性表达，尤其关注与分析其中以诗性节奏为表征的、具有动态发展效果的、深层的交流效果。笔者对歌词与歌调的动态发展分为三种层次：一是直观的情感表达；二是中层的情感距离；三是具有诗性节奏的交流需求。

表 5 山歌对唱中的情感想象力分析

时间	2014 年 2 月 6 日	天气	晴天	情感表达	情感距离	诗性节奏
影像名称	科甲中越山歌对唱	地点	武德乡科甲村			
人物	（中国男歌手）农现东、农启先、农现忠；（越南女歌手）黄美桃、谭爱花、谭秀娇					
	（开头） 男：得见哨好麻在内（汉译：看见靓妹在这里） 看见敌同卞脑开（汉译：看妹如同鲜花开） 敖儿西林与色培（汉译：高兴与你对对歌）			搭讪异性陌生人 赞美对方（如花） 表示意图（对歌）	初识（距离大）	拉近

---

① 笔者摄像、文字整理，农瑞群汉译。

续表

时间	2014 年 2 月 6 日	天气	晴天	情感表达	情感距离	诗性节奏
麻刘话西林夺改(汉译:咱来唱山歌答对) 米给人则话多少(汉译:不给哪个唱多少) 陌鹇勾确当猜梅(汉译:你唱我和当猜码) (开始正式对歌)				再请求 承诺	初识(距离大)	拉近
女:话西守许亦朵得(汉译:与哥唱歌也可以) 因为人刘板各归(汉译:因为妹俩在远地) 西米夺同人亦愚(汉译:山歌不同人也愚)				应答自谦 1(以距离为由)	增大距离	推开
男:话西守哥也朵得(汉译:与哥对歌也可以) 妹陌人好西也好(汉译:妹你人好西也棒) 配得西林每条好(汉译:对得山歌动人心)				赞美对方(人好歌好)	缩短距离	拉近
女:一心双勾也想话(汉译:妹俩一心也想唱) 想话色条改哈那(汉译:唱一两首解面子) 因为内各念米麻(汉译:奈何头脑想不来)				自谦 2(以脑笨为由)	增大距离	推开
男:话西守刘陌兴话(汉译:与哥唱歌尽兴唱) 侬陌人好迷哈那(汉译:妹你人好有脸面) 配得西林每条麻(汉译:每首山歌对得来)				鼓励对方(山歌对得来)	缩短距离	拉近
女:话西与陌也朵是(汉译:与你对歌也都是) 因为人刘板底上(汉译:因为我们上下村) 念沛金同念他词(汉译:泉水哪有河水啊)				自谦 3(以泉对河,以小对大)	增大距离	推开
男:守耙话西正岩是(汉译:与我对歌才真是) 念沛流麻甲念忙(汉译:泉水流来汇成溪) 念他流麻管外船(汉译:河水流来再划船)				鼓励对方(泉水汇成河)	缩短距离	拉近
女:话西与陌也朵话(汉译:与你对歌也都对) 因为双刘人陇山(汉译:因为我俩住山里) 米对哥陌在地那(汉译:不比哥你水稻区)				自谦 4(以山区对稻区)	增大距离	推开
男:话西与刘陌兴话(汉译:与哥对歌尽兴唱) 人刘朵是人陇山(汉译:我们都是山里人) 刘黑夺元得生麻(汉译:哥我嫌弃你什么)				鼓励对方(找共同点)	缩短距离	拉近
女:一麻双勾人空陇(汉译:一来我俩山里人) 爱话色条想布通(汉译:欲对山歌想不来) 欧生麻配得锌(汉译:拿啥歌来与哥对)				自谦 5(找出自己的不足)	增大距离	推开
男:等勾的伍于娠你(汉译:等哥告诉两妹你) 人刘牙瑞夺元气(汉译:做人切莫相嫌弃) 骨筷仍迷卡短席(汉译:筷子一双有短长)				鼓励对方(以筷子长短比喻)	缩短距离	拉近
女:班赖空吊等栥標(汉译:妹我独家住竹边) 布迷班比酸西条(汉译:没有长辈教山歌) 欧生麻配得贫条(汉译:拿啥山歌唱成首)				自谦 6(以村旁的竹根做比喻)	增大距离	推开
男:班侬竺多等栥標(汉译:妹你多家住竹边) 的迷班比酸西条(汉译:大有长辈教山歌) 配得西林条添条(汉译:唱得山歌首连首)				鼓励对方(不管是否住在竹根,都有长辈指导)	缩短距离	拉近

时间	2014 年 2 月 6 日	天气	晴天	情感表达	情感距离	诗性节奏
女	班赖空吊等裕岜（汉译：妹我独家住山脚） 布迷班比酸西花（汉译：没有长辈教山歌） 西生麻配哥得吓（汉译：拿啥山歌和你啊）			自谦 7（以远离村庄的山脚做比喻）	增大距离	推开
男	班侬空多等裕山（汉译：妹你多家住山脚） 也迷班比酸西花（汉译：大有长辈把歌教） 配得西林每条麻（汉译：和得山歌每首来）			鼓励对方（不管是否住在山脚，都有长辈指导）	缩短距离	拉近
女	班赖空吊等空陇（汉译：妹我独家建山中） 布迷班比酸西拥（汉译：没有长辈教山歌） 西生麻配哥得羿（汉译：拿啥山歌对哥你）			自谦 8（以更远的山中做比喻）	增大距离	推开
男	班侬空多等空陇（汉译：妹你多家住山中） 也迷班比酸西拥（汉译：大有长辈教山歌） 配得西林每条羿（汉译：对得山歌人心涌）			鼓励对方（继续以长辈指导作答）	缩短距离	拉近
女	人刘各板齐各地（汉译：我俩异村又异地） 西布夺同噎布西（汉译：山歌不通难对歌） 夺考西林勾布迷（汉译：比赛山歌我没有）			自谦 9（以住在不同村屯为由）	增大距离	推开
男	人刘各板齐各地（汉译：我俩异村又异地） 依陌人好也宿西（汉译：妹你人好会唱歌） 哑佰好林噎黑迷（汉译：口汁哈欠歌自来）			穷追不舍（村屯不同不是理由）	缩短距离	拉近
女	人刘各板齐各管（汉译：我俩异村又异屯） 西布夺同噎布酸（汉译：山歌不同没人教） 同对担柴放各管（汉译：如同柴担两头放）			自谦 10（以没人教为由）	增大距离	推开
男	话西守刘陌兴安（汉译：与哥对歌尽兴唱） 哥伯耗托依耗香（汉译：哥去打柴妹去绑） 米捞担柴放各管（汉译：不用担心两头放）			给对方不留退路（哥来教）	缩短距离	拉近
女	又陌麻倒米贫在（汉译：骗哥来我不舒服） 麻在恩文旦丘呼（汉译：每天住此被人笑） 文丘耗浮勾改浮（汉译：哪天人去我再去）			担心旁人笑话	增大距离	推开
男	娟陌兴耐安心在（汉译：妹你尽管安心住） 民黑迷文共碗筷（汉译：自有一天共碗筷） 淰海金麻点当油（汉译：海水拿来当油点）			排除旁人笑话（将来终成眷属）	缩短距离	拉近
女	呈勾同对都给赖（汉译：妹我如同孤独鸡） 文文耗规地贤赛（汉译：天天刨地白忙乎） 得军短求罗短挨（汉译：吃了中餐愁晚餐）			唱出自己苦于生活	缩短距离	拉近，平行推进
男	依陌佰乖宿麻拜（汉译：妹你乖口懂得骗） 恩年几培耗香呆（汉译：一年几次去娘家） 先细见陌年过斋（汉译：几年之前成家了）			说穿对方的善意谎言	缩短距离	拉近，平行推进
女	命好好多好几赖（汉译：哥你命好啥都好） 任爱睡早列起赛（汉译：任由早睡或晚起） 命勾布贫黑耗挨（汉译：我命不好自受苦）			转而赞对方（羡慕对方命好）	缩短距离	拉近，平行推进
男	命勾米好命八败（汉译：哥我八字属八败） 贫生实各跳沛死（汉译：真想吊颈跳水死） 免得短求罗短挨（汉译：免得日夜为操劳）			自谦 11（缩小彼此差距）	增大距离	推开

时间	2014 年 2 月 6 日	天气	晴天	情感表达	情感距离	诗性节奏
女：呈勾见苦多过伴（汉译：妹我比谁都受苦） 八字布迷同丘（汉译：八字不好比人差） 实在布迷文自由（汉译：没有哪天能自由）				又退一步自谦 12 （以八字不好为由）	增大距离	推开
男：依陌佰乖麻讲又（汉译：妹你聪明来骗我） 八字依陌好过丘（汉译：生来八字比人好） 世界依陌真自由（汉译：妹你一生都自由）				再次说穿善意谎言 （以退为进，实则 赞对方身世好）	缩短距离	拉近
女：世界勾见难鼪牙（汉译：妹我生世好艰难） 同对枯芽等地山（汉译：好比茅草在坡上） 鼪在腾则得添吓（汉译：还能逃到哪里去）				自谦 13（以坡上的 茅草比喻）	缩短距离	拉近，平行推进
男：等勾的五陌内话（汉译：等哥告诉阿妹你） 四角念忙朵鼪哈（汉译：四面八方我讨过） 笑短与陌得布啊（汉译：讨你一餐行不行）				追问（强行讨吃）	缩短距离	拉近，平行推进
女：世界勾见难鼪了（汉译：妹我生世好难了） 同对枯芽等地了（汉译：好比茅草生原地） 布望角则得色条（汉译：一点希望都没有）				继续自谦 14（以茅 草喻身世）	增大距离	推开
男：夜句勾五陌次了（汉译：哥我只讨你一次） 假以麻又军菜青（汉译：何必骗我吃青菜） 苗瓜追勋巧猫（汉译：瓜苗种到石头上）				继续追问（要求交 往）	缩短距离	拉近
女：守陌真心同勾话（汉译：哥若真心如妹说） 麻刘剽路过旁山（汉译：咱来开路过山边） 雪丘夺坟的过麻（汉译：留给砍柴人过来）				改称"我们"（不再 对立，憧憬开辟新 路）	缩短距离	拉近，平行推进
男：守陌真心贫内话（汉译：妹若真心这么说） 麻刘拦念上廷山（汉译：咱来拦水上高山） 杂勋廷坡麻做那（汉译：开山辟地再造田）				以"我们"应答（开 山造田，承诺新生 活）	缩短距离	拉近，平行推进
女：守陌真心同勾内（汉译：哥若真心如妹我） 麻刘项锁的甲美（汉译：咱来装车结线绳） 灯米迷油改点肥（汉译：灯若没油点火把）				憧憬生活 2（以纺 织作喻）	缩短距离	
男：守陌真心同勾内（汉译：妹若真心如哥我） 麻刘托带过内鼪（汉译：哥我带你去那边） 那查托撞改倾给（汉译：额头相触再聊天）				应答以憧憬爱情 （额头相触）	缩短距离	拉近，平行推进
女：守陌真心同勾想（汉译：哥若真心如妹想） 麻刘扛路鼪挖忙（汉译：咱来挥锄挖水渠） 挖得条念流过常（汉译：挖得水渠水长流）				憧憬生活 3（以挖 水渠作喻）	缩短距离	拉近，平行推进
男：守陌真心同勾想（汉译：妹若真心如哥想） 麻刘拖带过贤忙（汉译：咱来携手过溪水） 那查夺撞改商量（汉译：额头相触再商量）				应答（以过水溪作 喻）	缩短距离	拉近，平行推进
女：守陌真心同勾念（汉译：哥若真心如妹念） 麻刘扔勋鼪渠浸（汉译：咱来扔石下水坑） 陌沉勾浮改交斤（汉译：你沉我浮再相交）				宣示爱情（以石沉 水坑为见证）	缩短距离	拉近，平行推进

时间	2014 年 2 月 6 日	天气	晴天	情感表达	情感距离	诗性节奏
	男:守陌真心同勾恋(汉译:妹若真心如哥想)			应答以示忠贞(以踩石见脚印为凭)		拉近,平行推进
	麻刘托带叩山荫(汉译:我们相带进山间)				缩短距离	拉近,平行推进
	任勋见印正稳其(汉译:踩石留印才是真)					拉近,平行推进
	女:守陌真心同勾漂(汉译:哥若真心与妹聊)			表示共赴患难(吃辣椒,下海捞虾)		
	麻刘讲故军马椒(汉译:咱来开口吃辣椒)				缩短距离	拉近,平行推进
	双人鲞海鞋路姚(汉译:一起下海去捞虾)					
	男:守陌真心贫内话(汉译:妹若真心这么说)			应答以平常生活(男犁田女插秧)		拉近,平行推进
	勾的欧陌叩当家(汉译:哥我娶你来当家)				缩短距离	
	呈勾力坏依黑那(汉译:哥我犁牛妹插秧)					拉近,平行推进
	女:守陌真心同勾讲(汉译:哥若真心如妹讲)			表示不畏艰难(有哥的支持)		拉近,高潮
	的得扒桥过洞江(汉译:搭座长桥过大江)				缩短距离	
	谢得交呈涝生难(汉译:舍得交呈怕啥难)					
	男:守陌真心贫内讲(汉译:妹若真心这么讲)			憧憬结婚(挂婚纱照)		拉近,高潮
	麻刘托带鞋区乡(汉译:我们相带去区乡)				缩短距离	
	映得相麻吊那床(汉译:照张婚照挂婚床)					
	女:守陌真心同勾想(汉译:哥若真心如妹想)			憧憬盟誓		
	麻刘叩庙鞋庄香(汉译:咱来进庙去上香)				缩短距离	
	笑扣跪鲞改商量(汉译:双膝下跪再商量)					
	男:勾也真心同陌想(汉译:哥也真心同妹想)			憧憬美满(一起回家)		
	守贫都炸欧叩康(汉译:若同鱼虾装进篓)				缩短距离	
	吊叩笑干欧麦空(汉译:挂在担头挑回家)					

　　男女的情感距离和诗性节奏都采用动词性的表达形式。双方通过一系列的拉近与推开动作，从时间演进的序列上体现男女之间情感交流从初识羞涩，到谈心交心，一步步地缩短彼此之间的情感距离。诗性交流的中间过程，还安排有丰富的节奏变化，但最终并肩推向情感交流的高潮，体现出多彩的审美的形式感。这样诗性表达的方式，是歌手们在对歌的过程当中无意识完成的，吻合了交流对丰富的情感想象力的审美需要。

第五节　重构与跨境对歌

　　具有同源族群背景的跨境族群，例如我国壮族的布岱族群与越南的岱依族，在国家领土边界线两侧面临着不同的离散与回归进程，分别认同各自的国家，因此族群之间也由同源族群转变而互为"他者"。即使国家之间和平时期，跨境族群之间由于互利关系重新交流，语言、习俗甚至供奉的祖先神灵都相同，但还是处于无法交心的交流状态。只有在特定的仪式（如菻桥仪式、侬峝仪式），彼此在神灵的庇佑下得到短暂的族群交流；或者在歌坡的情歌对唱当中，才有可能得到相互关怀的诗性交往。而神灵的庇佑与诗性的对歌二者仍建立在情感想象的基础之上。

一 国家的建构与族群的变迁

国家通过划定疆域而实现国家实体的建构。中国与越南之间的国界划定，对族群变迁产生决定性的影响。许多跨境而居的同源族群因国界划定而产生不同的国家认同，原本是族群内部的交往，转变为族群外部的交往，交流的达成需要具备新的条件。

（一）领土边界的划分

领土边界的划分是现代民族国家的标志。中国与越南的陆地领土边界划分，经历法国殖民者的干预、两国历史上的朝廷治理、新时期的政府间谈判等多重历史事件的影响，最终确定为目前的陆地领土边界划分。

1. 国家领土边界的确立

根据《龙州县志》[1] 记载，中越国家主权边界的划分始于"清光绪十七年三月五日（1891 年 4 月 21 日），中国立界委员、太平思顺道向万镓与法国立界委员法兰亭在龙州签署广西东路立界图约。"[2] 光绪十一年十一月二十九日（1886 年 1 月 3 日），当时属于法国殖民地的越南是法国以外交部派司长与中方邓承修在越南文渊（今同登）和中国南关（今友谊关）会谈桂越分界问题。"因金龙峒七隘问题（埂荡、凌檠、埂疾、埂吉、埂重、埂峒孔村），谈判时间拖延，后来，法国驻京公使表示尊重历史事实，同意金龙峒归还中国。……至（光绪）二十年四月（1894 年 5 月）全部立完（界碑）。……同年五月十六日（6 月 19 日），蔡希邠与法立界委员格依鹗厘在

---

[1] 龙州县地方志编纂委员会编《龙州县志》，广西人民出版社，1993，第 355 页。
[2] 龙州县地方志编纂委员会编《龙州县志》，广西人民出版社，1993，第 368 页。

龙州边防署签订《中法桂越界约》，各换图约一套互存。至此，中越分界全部告成。"①

至于中越双方边民之间的往来，"从光绪二十二年三月（1896 年 5 月），中法两国签订《边界会巡章程》后至民国时期……两国边民出入国境，需持有双方对汛签发的证件，方能过界。……解放后各边境口岸先后设置边防检查站或边境工作站。……两国边民出入国境，需持有公安机关签发的边民通行证方可通行。……1958 年经（中越）双方协商，开放便道 8 条，即峒桂至那积，那派至板柯，陇茗至那通，陇罕至板德，下其逐至上其逐，板烟至板境，那桧至孔炭，板闭至陇域。"② 这些便道的自由通行，也得到跨境族群群众的拥护，族群之间的亲戚往来、婚嫁、贸易成为边境和平时期的生活常态。

2. 国家之间的政治交往与对抗

中国与越南现代国家之间政治交往分为三个主要时期：

红色革命时期。这个时期的交往，表现为双方的革命领导人到对方国境躲避革命迫害，隐蔽地发动革命，并得到对方边民大力支持的事件。例如，1946 年 4 月，中共桂越边境临时委员会在越南高平成立；1947 年 5 月，中共左江工作委员会在越南高平作出武装起义部署；1947～1949 年，中共左江工委在越南边境举办训练班；左江支队的后方机关（如左江报社、电台、卫生所等）均驻越南境内；1947 年 8 月，中共左江工委领导大青山武装起义后转入越南境内……③

而越南的红色革命同样离不开我国边民的支持。1926～1950 年，越南共产党领导胡志明，高级干部黄文树、黄文欢等一大批革命干部、战士曾以龙州边境一带为活动地点，展开越南国内的革命斗争。④ 我国境内的边民，尤其是同源族群的群众都主动为他们提供落脚点和掩护，为越南红色革命的胜利发挥了"大后方"的作用。越南革命成功之后，国家领导人还经常派

---

① 龙州县地方志编纂委员会编《龙州县志》，广西人民出版社，1993，第 355～356 页。
② 龙州县地方志编纂委员会编《龙州县志》，广西人民出版社，1993，第 356 页。
③ 参见龙州县地方志编纂委员会编《龙州县志》，广西人民出版社，1993，第 372 页。
④ 参见龙州县地方志编纂委员会编《龙州县志》，广西人民出版社，1993，第 371～372 页。

人到我国境内感谢当初支持他们革命的群众。在双方红色革命的社会影响之下，双方族群的交往以"老同（兄弟）"相称。

对抗时期。从1974年至1985年，由于中越两国在领土主权上发生争议而导致冲突（即我国称为自卫还击战的战争），双方边民基本上不再往来，只有极少数因亲戚关系而偷偷地联系，族群关系亦处于分离状态。此外，处于紧张状态的边界一带，大都布满地雷，双方边民在日常的生活与生产当中，时不时有误伤的情形，这也是隔断族群联系的地理壁垒。

和平时期。1986年以来，随着中越邦交正常化，生活在边境的各族群之间不仅恢复民间往来，而且有加大合作领域的趋势，以经济发展的边贸使得边界线两侧的族群再次联手。边贸加快了各族群之间人员的流动，亲戚串门的事情增多，结婚（尤其是越南女嫁到中国境内）、认老同的人越来越多。双方乡镇一级的政府之间结成友谊对子，轮流做东举办文艺联欢活动，尤其是山歌比赛更是分别组队参与竞赛。每年农历正月初十，我国金龙镇板梯村举办侬峒节庆活动，吸引数以百计的越南人过境。农历六月的昆那节，则是由高山村板漏屯出资邀约越南文艺团体过境演出。而每年的正月十四、十五，越南边境村屯举办侬峒节，盛情邀请相邻的我国布岱歌手、布依歌手组队参加山歌赛。这样的民间节庆活动，双方边民既参加山歌赛、篮球赛、拔河赛，又私下到歌坡寻觅歌手对歌，一般都要对歌到天黑之后才依依不舍地回到各自的国家里。

（二）从"族群"到"跨境族群"

从族群到跨境族群的称谓变迁，不仅有地缘政治意义上的分化与关联，而且还有文化认同意义上的自我重新建构。前者是政治权力的强力影响，后者则是布岱在现代化进程中自我选择离散之后出现的精神回归。

1. 族群称谓的变迁

我国的壮族与越南的岱依族、侬族、布标族、拉基族、山斋族为同源民族[1]，"壮、岱、侬同为百越人的一支分化发展而成"。[2] 族群称谓的变化，

---

[1]　参见范宏贵《中越两国的跨境民族概述》，《民族研究》1999年第6期，第14～20页。但是，笔者认为该文中的"岱族"更准确的表述应为"岱依族"（Tày）。这种看法得到越南友人的证实。

[2]　范宏贵：《中越两国的跨境民族概述》，《民族研究》1999年第6期，第14～20页。

主要是我国与越南在划分民族成份时产生了不同的称谓。

居住在我国境内的布岱族群，国家在认定民族划分时就确认为壮族的分支族群。如 1958 年 1 月 30 日《广西僮族自治区筹备委员会转发"省民委会关于在普选中处理某些民族成份问题的意见"》〔（58）僮筹字第 4 号〕就明确说明："实际是僮族的有傣人（龙津）……属于僮族的傣①、夷、布依等，属于苗族的伶人，应在这次普查中尽可能说服他们确定正确的民族成份……"② 而混居在一起的布侬族群也被一致确认为壮族的分支族群。

越南划分民族的标准，与我国的"共同的语言、共同的地域、共同的经济生活、共同的心理素质"为四种特征的划分方式不同。越南重视以语言、文化生活、民族自觉意识三大标准③，将两支相关的同源族群分别命名为"岱依族"与"侬族"。

至此，对本书所牵涉的跨境族群，准确的称谓应是"壮族布岱、壮族布侬、越南岱依族人、越南侬族人"。原本同为百越人的族群，在国家边界划分的过程当中，各自走向不同的国家认同，族群之间的文化距离逐渐拉开。正如越南学者黄南所认为："……1084 年，交趾脱离中国的统治，成为一个独立国家后，划定了中国与交趾的疆界，在政治、经济、文化上，岱（依族）、侬族受京（越）族的影响较多，特别是岱（依）族受京族的影响更深。中国的壮族受汉族更多的影响。由于外来影响不同，深浅不一，便分化形成 3 个不同的民族。"④

2. 离散与回归的影响

我国的布岱绝大多数都是往内地流动，因而他们的离散与回归是城乡流

---

① "僮族"于 1965 年改为现称谓"壮族"。"傣人"即本项研究当中的"布岱"，当地群众对此称谓无文字表述，只有口述方式，属音译文字。笔者之所以选"岱"而不是"傣"字，原因在于在田野当中尚未接触到"布傣"与云南"傣族"的族群联系的证据，却拥有相当多的证据表明"布岱"与越南"岱依族"的同源族群关系的证明材料。为了避免混淆，笔者认为应该采用"岱"而不是"傣"的文字表述方式。

② 广西壮族自治区民族事务委员会编《民族识别文件资料汇编（1951～2001）》，内部资料，第 364～365 页。

③ 范宏贵：《中越两国的跨境民族概述》，《民族研究》1999 年第 6 期，第 14～20 页。

④ 转引自范宏贵《中越两国的跨境民族概述》，《民族研究》1999 年第 6 期，第 14～20 页。

动的矛盾与关系。随着我国改革开放进程的加快，国内市场促进了相当多的村民离开村屯，到内地去谋求发展。这样的社会流动，让村民走出村屯，当他们有点余钱之后，最先考虑的还是回村屯里盖新式的水泥房子，有的较为富裕的村民甚至资助村屯修公路。而且，现代化的市场没有放过任何一个角落中的机会，也向边境的村屯进行渗透，电视机、DVD、智能手机、小汽车等具有现代化特征的消费对边境村民而言早已不是问题。村民手机的占有率非常高，某些运营商的手机信号覆盖面广，信号强，也促进了边境村民的信息消费。这样的发展强化了布岱对壮族的认同，对我们国家的政治认同。布岱回归族群社区，是从族群文化上寻找更自由的族群交流方式。

另一方面，尽管各族群都受到现代化的影响，但是，在中越边境线两侧各族群受影响的程度是不完全一样的，对双方边民的文化影响也迥异。我国实行改革开放要比邻国早，市场也较成熟，因此我国境内边民的现代化消费程度要比邻国村屯的高得多。目前边贸的货物流动也呈现一定的特点，例如我国的电子产品、轻工业产品在邻国乡镇市场占有率非常大，而越南卖给我国的货物则多是甘蔗、大米、水果等农产品和农副产品。越南人跨境从事边贸或者结婚，他们的离散与回归经历是祖国与东道国之间文化适应与逆向文化适应的问题。

二　互为他者与文化想象

国内外学界比较一致的看法是，"国家认同中最为核心的三个概念是：国家认同（National/State Identity）、民族主义（Nationalism）和爱国主义（Patriotism）"[①]。而国家认同也如族群认同一样，可以划分为文化性的国家认同和政治性的国家认同两种类型。"族群认同和国家认同共存于个人的观念和意识中，人们依据不同的情境，强调或突出某一种认同"[②]，"只有极端的社会情况，例如战时的交战，才会使人只剩下一种身份，而其他身份则失

① 马得勇：《国家认同、爱国主义与民族主义：国外近期实证研究综述》，《世界民族》2012年第3期，第8页。
② 罗惠翾：《族群认同与国家认同：和谐何以可能》，《理论视野》2009年第8期，第42页。

去意义"①。

与认同相对应的"互为他者"也可以划分为政治性的互为他者与文化性的互为他者，其中前者体现在国家意识中的"他者"，而后者则表现为族群意识的"他者"问题，两种"他者"都带来相应的文化想象。

（一）国家意识中的"他者"

国家意识中的"他者"形象，最主要反映在作为国家政治意志体现的公务员的观念当中。受公务员的影响，群众对国家有着强烈的认同，并且把国家认同有意或无意地反映在他们日常的族群交往中，甚至在国家意识与族群意识相矛盾时出现巧妙的协商。

1. 我国干部眼中的"他者"

在我国不管是哪个族群，对于越南人形象的看法，政府任职的干部与当地的群众有着相当大的差异。政府的干部多从政治意识上进行解读与描述邻国的同源族群，而且带着满满的自信心。县里某干部谈道："文化硬件的建设，越南受我们影响非常大。我国注重边境的文化建设，投入很大，越南也跟着投入。越南的投入是非常大的，达到当地收入的6%。我们国家建设的项目，他们肯定（照搬）上马。一见我们国家建设村级服务中心，越南马上就建立相应的服务中心，投入的比例也是一样。特别是体育方面，越南的投入比我们大得多。另一方面，对于边境文化交流，越南也很有特点。我们的群众过境参加民间文化活动，往往是两手空空地过去，在那边使用他们的音响设备。越南人的音响设备可以说是世界顶级的。他们过境来我们这里演出，就用两个卡车拉过来。这两年虽然我们也投入 10 万元购买音响设备，但跟越南人相比，我们确实比不上。但是，越南只在边境建设得富丽堂皇，内地的文化建设就不好。越南人很注重边境的门面（形象）。这可能是对方的一种政治或者外交的手段吧。我们是大国，我们不在乎。"此外，对于政府的干部而言，最头疼的事是当年实行计划生育政策时，越南女性与我国境内的中国人结婚后出现的计划生育问题。金龙镇有个家庭三代女性成员都是

---

① 转引自塞缪尔·亨廷顿著《我们是谁：美国国家特性面临的挑战》，程克雄译，新华出版社，2005，第 22 页。

越南人，一到检查计划生育工作，她们就往边界跑。跑过边界后，远远地望着我国计生工作人员的举动。待计生工作人员离开，她们又跑回我国境内和家庭团聚，继续生活与生产。而在今天，越南边民参与走私的事情更引起我们干部的警惕。

2. 邻国官员眼中的"他者"

而在邻国的下琅县，执政党的官员虽然感觉到中国强大的经济压力："你们中国的产品占领我们每一个村屯，我们的产品相差得太远了"，但是，越南人还需要在中国人面前保持平等的风度。因而，每次应我国乡镇政府的邀请过境参加民间节庆活动，越南官员都非常注重形象，在大多数情况下都是西装革履，统一的官员制服，与我国边民随意的便服对比起来显得非常庄重而抢眼。官员人选上近几年也发生了很大的变化，一般都是选用身材比一般越南人更高大、更魁梧的人来担任，按照他们的一种说法："至少跟中国的干部合影时不吃亏。"不过，只要两国同族群的官员见面，却又非常热情，用当地的族群语言谈笑风生，甚至对上几句山歌以助兴。

除了传统的民间族群文化认同之外，越南各级官员对我国政治文化也存在着特殊革命时期的文化认同，尤其是对曾经并肩作战的红色文化的认同。中越边境曾经有两位越南国家级领导人在这里生活、工作，领导越南境内的革命斗争。胡志明、黄文树、黄文欢等一大批越南革命人士在龙州的红色革命活动已经成为中越双方认同的重要历史叙事。2005年，龙州县在筹划建设胡志明展览馆时邀请了越方人员参与。没想到越南政府对此项目非常感兴趣，派出专人到龙州调研，最后共同确定了胡志明展览馆的地址。自2006年5月19日开馆以来，从越南高平省、凉山省过来的越南人，不管是哪个族群，都要想办法到龙州的胡志明展馆来瞻仰。

3. 国家利益的隔阂

当族群的文化成为国家利益的一部分时，同源族群的各族群之间，交流就有可能因为国家利益而形成互为利益对抗的"他者"，继而加深族群的分裂与交流的隔阂。

2012 年 12 月 23 日在龙州采访时，一位干部说："边境文化，跟越南也有关联，天琴都是以我们的边境乡镇为主的，越南也有天琴'鼎'。我们希望能够跟越南一起申报世界文化遗产。但是今年不是评审年，龙州天琴还没有得到我们国家的评审。越南提前提交给联合国作为预备项目。如果我们的天琴还不是国家项目的话，就不可能跟越南共同申报。我们的天琴存在的问题主要是覆盖面比较小。柬埔寨也有类似的琴，但还没有弄清楚是否相同。如果是三国联合申报，就有可能容易获得。"此时的干部，在担心利益受损的同时还带有族群"合作"的观念。干部们担心的最核心理由，在于越南已经将天琴列为国家级非物质文化遗产项目，如果我国错失时机，将失去和越南联合申报世界文化遗产的机遇，国家的文化安全将受到很大冲击。正因为"他者"已经占据利益的有利位置，族群之间的"合作"就被迫转为隔阂与对抗。

（二）族群意识中的"他者"

"族群被看作一种'政治'现象，从而失去了其优先于构成参考群体的其他形式，其文化本身被政治化和平凡化了，完全变成了一件商品……"[①]当国家意志隐藏于族群意识之时，"他者"便成为夹杂政治与文化的描述。由于国家主权政治边界的存在，我国边民与越南边民随之在族群意识中互为"他者"。

1. 我国边民眼中的"他者"

布岱自称是跨境族群，对于中越边界线两侧的布岱而言，其社区语言、风俗习惯、服饰穿戴、生活方式都大同小异，甚至很多布岱认为边界线两侧的村民与风俗没什么区别。但是，当笔者用"在街上能看得出谁是越南人"提问时，又有相当多的人能说出大体一致的判断标准。布岱告诉笔者，越南人最明显的特征是衣服，一般都是穿无领的蓝色短衫，扣子是白色的小扣子。第二个常被提到的特征是越南人喜欢穿人字拖鞋，不管多冷的天气，都喜欢穿人字拖鞋。但这一点，笔者在后来的观察与判断中发

---

① E. L. Cerroni-Long：《人类学中的族群性研究》，周志静译，载彼特·J. M. 纳斯、张继焦主编《当今国际人类学：国际人类学与民族学联合会的历史及其各专业委员会的论文》，知识产权出版社，2009，第 31 页。

现还是有出入的：穿人字拖鞋的人几乎可以断定是越南人，但越南人更多的是穿皮鞋或解放鞋。一个很重要的原因在于，靠近中越边境的越南人也逐步富裕，有能力买皮鞋或解放鞋而不至于穿过于简朴的人字拖鞋。第三个提到的特点是越南人的步伐较快，步幅较小，提膝较高。有趣的是，很多金龙的布岱还会模仿越南人走路的样子。经常穿越边界线去参加歌坡的歌手农 XD 认为，越南人的步伐特点主要来源于他们生活在山区，经常走山路而养成了抬脚走路的习惯，而且上山与下山一般都要求动作敏捷，因此越南人步幅小，速度快。

和平时期，当地群众对越南人的看法没有"国家意识"那么对立。喜欢唱山歌、听山歌的群众，乐于邀请越南歌手过境唱山歌，尤其是年纪较大的村民。邀请的理由："他们讲话跟我们相同，唱歌比我们好听。"

在双方的边贸中，群众对越南人的态度也存在着较大的差异。边贸刚刚起步的时候，大家都觉得越南人很老实可靠，甚至有时还老实过头，把我方为熟客提供的优惠价广而告之，引来我方往后价格谈判被动的局面。后来进一步发现，越南人的族群观念非常强，只要有一家商家跟中国打交道，商家就会向其他同族的同行分享商业信息。在越南商人的眼里是"跟中国人做生意"，同源族群的认同被排在次席。我国有的边民由此而在一定程度上污名化邻国的同族村民："精过头""越来越狡猾"。

至于族群的认同交往遇到政策障碍的现实壁垒，双方边境的警察也会灵活处理族群交流中出现的问题，前提是没有涉及国家安全。正如某村民对笔者所言："实际上很多（跨境）活动都是灵活处理的。要是事先打招呼，村干部肯定可以跟那边（越南）联系，邀请几个歌手参加活动是没问题的。他们都是亲戚关系。"

2. 越南边民眼中的"他者"

越南人是如何看待中国的国家与人民的呢？无论是布岱、布侬，还是岱依族、侬族，这四个族群之间的民间来往频繁，历史悠久。在处理族群关系与国家关系的时候，民间往往以一种超然于国家关系的方式。

例如，黄 MT 是越南下琅县瑞华社人，为花袖侬族群人，今年已经 60

岁。她告诉笔者，在她 15 岁时，一次偶然的机会到我国龙州县武德公社的念外屯玩。武德那帮小伙子发现她不会唱山歌，就用山歌"骂"她。不得已，黄 MT 开始学山歌，跟武德那帮人"对骂"，后来就学会了山歌。当然，这里她说的"骂"并不是指粗口骂人，而是带有调情、调侃的意思。再后来，黄 MT 和她的越南女伴们跟我国龙州这边的金龙、武德、逐卜等乡镇的歌手都熟悉起来，互相邀请过境对山歌。她记忆中最得意的一次，是有一年她们越南人邀请我们的歌手过境对歌。"那帮人（指过境参加对歌的歌手）正月十四早上就跑过去了，然后唱了一天一夜。第二天（农历正月十五）早上就一起去下琅，下琅是侬峒节最后一个（举办的地方）。我们去的时候，真是一路唱歌，回来的时候也是一路唱。到我家再接着唱一个晚上，到正月十六送客时又唱一天，到天黑他们才回家。唱了三天的山歌，大家都很爽啊！"

在笔者问黄 MT，1979 年中越战争的时候，她有没有保留唱山歌的歌本。她笑着说："还用说？（歌本）烧都烧不完。很多也丢掉了，都没有了。"与我同行的歌手打趣地问她："那你们不懂得先藏收歌本啊？"黄 MT："哦！能抱得孩子逃跑就不错啦，哪管得歌本。""你不懂得先拿歌本再抱孩子吗？""来不及啊。"笔者问了一句："那你们（越南人）恨不恨我们（中国人）？"她笑着说："那还用说!？以前一起唱歌，现在干吗打我们!？……（打仗）那是国家跟国家的事。我们都懂得，我们都是唱山歌的，不是唱山歌的人来打我们。"同行的歌手再追问一句："现在还恨（我们）吗？""那还有什么（恨），（打仗）是国跟国的事，不是百姓之间的事。"她还说，她们村子有一条高高的山坡，站在坡顶，远远就能看见过路人，然后她们就请过路的陌生人唱山歌。不过很可惜，现在越南多数的年轻人都不爱唱山歌了。现在，黄 MT 每年都卖 3 车甘蔗到中国，更加频繁地往来边境唱山歌了。

三　在跨境对歌中寻找交流的可能

跨境对歌需要建立在有效交流的途径之上，而对于我国的布岱和越南岱依族人的跨境交往而言，微观的跨国经济利益链和跨国婚姻是最直接、最生活化的交流平台。

（一）交流的经济基础：跨国经济利益链

对于中越边境的农村边贸而言，最直接合法的跨国经济是甘蔗种植业。这种经济影响力分两个部分：一是甘蔗的种植与收购；二是边民的跨境务工，从事砍甘蔗的工作。

1. 甘蔗种植与流通

龙州县从"七五"期间开始大规模发展甘蔗种植。2014 年，龙州县里建设有三家大型糖厂，相当一部分边民依靠甘蔗种植而实现生产模式的转型，与传统的水稻种植相比，既增加了收入，又解放了劳动力[①]。剩余的劳动力开始向外输出，每年同样给乡村带回可观的经济收入。

龙州县的甘蔗业带动了当地生产模式与市场流动的变化，也直接影响到越南北部紧邻我国边境的农村。越南北部也有相当大面积的土地用于发展甘蔗种植业。在紧邻我国边境的越南下琅县，大多数农村相对比较贫穷，先前的农业以种植水稻、玉米为主，年收入极低，仅能维持生活而已。由于我国的布岱、布侬与越南的岱依族、侬族族源相同，民间的亲戚往来非常频繁，有头脑的两国边民开始在越南培育甘蔗种植业。我国的边民商人送技术、送化肥给越南人，越南人的甘蔗收获后直接卖给这些边民商人，边民商人再倒卖给龙州县各家糖厂。这已经形成了可观的生产、流通利益链。

以甘蔗的收购价为例，2014 年春节期间龙州县糖厂的甘蔗收购价为每吨 440 元，我国边民商人在越南邻县的收购价为 300 元左右，如果加上运费的开支，中国商人每吨仍然可以赚 100 元左右。最关键的是，越南甘蔗的产量比较大。每吨 300 元的甘蔗收入，对于越南北部边境的农民来说已经是不错的收入。

另一个可对比的数据是，与龙州相邻的我国的大新县，同样也盛产甘

---

① 甘蔗种植的特点是"种一年，收三年"，亦即是第一年需要花点功夫种植蔗苗，等收割第一次后，留下的蔗根还可以继续发芽生长，从而获得第二年、第三年的收割。第二、第三年只需要田间管理即可。这样一来，大量的劳动力从"一年两稻"的水稻种植中解放出来，外出务工，成为增加家庭收入的主力。——笔者注

蔗。我国边民商人一般不会去大新收购甘蔗，因为邻近几个县份的甘蔗收购价基本持平，差异仅在于哪家糖厂能尽快兑现甘蔗收购款。另外，国内的县份从地方生产的保护主义出发，不仅制订很多约束条款，而且还专门成立有甘蔗检查站，防止甘蔗向邻县流动。但对于从越南收购甘蔗，边民基本都是持欢迎的态度。

然而，从2014年下半年开始，由于国际糖价走低而影响到龙州糖厂的资金链，糖厂将危机转嫁给龙州当地蔗农，也直接影响到邻国边境蔗农的收入。两国同族蔗农几乎一致抱怨龙州各糖厂的行为："简直是垄断资本家，剥削我们的血汗！"他们认为糖厂并不是没有资金收购甘蔗，而是转嫁危机给蔗农以左右当地的政策。当地干部急群众所急，也在积极寻找新的经济增长点，以应对蔗糖市场带来的危机。面对现代市场的冲击，族群的观念直接与利益挂钩，以对抗不利于群体的因素。

2. 跨国帮工

这里主要指越南人进入我国境内从事砍甘蔗之类的重体力工作。在甘蔗种植业当中，装卸甘蔗、运输甘蔗大部分实现了机械化处理，唯独砍甘蔗还没有实质性地解放劳动力，因此在田间砍甘蔗的工作仍然是相当劳累的体力活。加上甘蔗成熟期一般比较集中在春节前后，国内的村民要么是外出务工还没回来，要么是回乡但怕辛苦不愿意去砍甘蔗，要么是忙着为家庭或者家族准备过年的家务。总而言之，有相当一部分的国内蔗农不愿意自己动手砍甘蔗了。这时候，能够吃苦耐劳的越南人刚好填补了这个劳动力市场的空白。

在中越边境的县份，双方的边防都会出于人性化管理的需要，只要是当天往返出入境，仅需要办理简单的手续就可以过境帮工了。甘蔗收割期，每天清晨的中越边境，都有一股从越南过境的人流，头上戴着绿色圆顶帽或者三角形斗笠，腰间别着砍刀，三三两两地说笑着进入龙州各村屯。有的蔗农在谈价钱时会把是否提供午饭作为条件。没有雇主提供午餐的越南人，手里还要拎着饭盒。也有越南人专门组织人力过境帮工，组织者负责派面包车接送。例如，在水口口岸就有专门派面包车、渡船①接送越南人过河帮工的。

---

① 在水口旧街戏台附近的码头，有船专门接送越南人渡河的。

越南人过境帮工砍甘蔗，一般可以从雇主那里获得每天 60 元～80 元的工资，相比中国的砍蔗工而言，每天往往要少 20 元的收入。这也是蔗农雇主喜欢用越南人的主要原因。

现实场景是，只要笔者从蔗田经过，都能看到三五成群的越南人和中国人混在一起砍甘蔗。大家话语不多，越南人只顾着干活。即使打个招呼，大多也是应答一下，笑一笑，就继续干活了。只有在休息的短暂时间里，大家才用当地土话交谈开来。这种土话是两国同族边民的日常用语，交流无障碍。交流的内容也跟家里人、村里人的话题差不多，包括谁家结婚啊，谁去哪里打工啊，等等。但是，有一点大家都尽量避免交谈的，就是两国之间的政治问题。有时候，也会有人提到两国之间的政治问题，但大家都心领神会地轻轻带过。例如，关于 1979 年中越两国发生冲突，越南人会说，打仗之前是兄弟，打仗之后还是兄弟。2014 年中越因海域争端而引起两国关系紧张，越南人也会说："你们的朝廷（指政府）厉害啊，来抢我们的石油！"当然，在场的中国人往往也是报以微笑："那是我们的石油啊"，或者调侃一下："那是国家的事，不关我们老百姓的事。"这只是一种谈话的策略，目的在于避免双方出现交流的尴尬，但双方都知道要维护自己国家的利益。

（二）交流的家庭基础：跨国婚姻

在田野调查中，越南女嫁入我国境内的农户人家是比较普遍的现象。有的家庭甚至三代女性成员（奶奶、母亲、媳妇）都是越南女嫁过来的。越南女嫁过来的原因很多，但最主要的原因有两种：一是自由恋爱，因歌而婚；二是经济压力所迫，因穷而婚。

1. 因歌而婚

尽管笔者在前述有关歌坡的章节中认为布傣族群歌坡的主要目的不是为了结婚，但毕竟歌坡是一个公共交往的空间，年轻的未婚男女还是会有成功牵手的案例。跨境族群的传统习俗基本相同，因此，赶歌坡同样是国家边界两侧布傣边民最常见的交流方式之一，在你来我往的情歌对唱中，难免也摩擦出婚姻的火花而最终结成连理。

1980 年出生于越南下琅县的黄 XH，属于侬族的花袖侬族群，小时候在越南接受教育，小学三年级文化程度。她与中国丈夫相识于歌坡。黄 XH 从小喜欢对歌，尤其善于用逐卜调即兴编歌词，声音清亮，应答机智，经常跟着同村的姐姐们到不同的歌坡去对歌而渐渐地具有一定的知名度。黄 XH 的丈夫出生于我国境内，自小也喜欢唱歌。他家村子的地理位置比较特殊，位于一个四面环山的小盆地。村子除了一条中国境内的泥石山路的开口之外，其余三面都被喀斯特地貌的石头山包围着。村子向南不到一公里即是中越界碑。越南的孩子经常翻过石山到我国境内放牛。在交通不发达的情况下，歌坡成为双方边民最受欢迎的交流、娱乐方式。黄 XH 的丈夫经常翻山到越南歌坡对歌，一回生两回熟，在族内亲戚撮合下，与黄 XH 结婚组成家庭，并于 2002 年生下他们的儿子。黄 XH 在嫁到龙州之后，经她的牵线，她的一个妹妹也嫁到这个屯，另两个妹妹嫁到邻县大新。

黄 XH 成家之后，更有机会去到 50 公里以外的龙州县城，一边打短工，一边利用空余时间到中山公园跟人对歌。她的对歌以情歌为主，偶尔也唱叙事长歌，如《梁山伯与祝英台》等爱情故事。黄 XH 得到非常高的认同。如果她有机会参加山歌比赛①，大都能拿回奖项。唱歌成为黄 XH 在我国境内得到不同族群共同认同的有效途径。2012 年由于发现下颌有囊肿而被迫放弃唱歌。她的手机除了通话之外，另一项重要功能便是储存大量的对歌录音，而且经常更新山歌内容。当黄 XH 在县郊某工厂打散工时，晚上一有空，她不是外出对歌，便是听手机里存储的对歌。

这类婚姻，是越南歌手成为龙州当地人异国情调的想象对象。有时候当地人还花双倍的价钱邀请越南歌手参加村里的对歌，为婚嫁、入新房或者孩子满月助兴。

2. 因穷而婚

还有一种婚姻确实是因为经济关系而促成的，亦即龙州本地男人选择与越南女结合的无奈婚姻。这种无奈的婚姻有三种原因：一是有的本地男人过

---

① 龙州县政府或者龙州县下属乡镇政府举办山歌赛，往往冠以"中国—越南"的名称，以吸引邻国歌手来参加比赛。

于老实巴交（不够机灵），不善于与女性打交道，本村的姑娘自然瞧不上他。这类男人数量并不少，尤其是辍学太早、很少走出村屯而没有见识的男人。二是男方虽然能干，但家庭没有足够的经济基础娶当地的中国姑娘。三是离婚的男人。四是相貌太差的男人。这四类龙州本地男人极有可能或者说被迫选择娶越南女。在这类婚姻当中，越南女嫁给中国男人确是因为家里穷而急需找到出路。越南女也因此而被污名化。

在采访一位经常跨境对歌的歌手黄 SW 时，谈到越南女，他说：

第一种情况，越南女好精（指精明）啵。她们跟我们某些中国人结帮的，一拿到钱就跑哦。她们屋头（指越南那边）有的还有老公。我们村子挨骗的人多哦。我那条村都挨骗了两三个男人。（男方）交几千文钱给越南新娘，她就说回越南去告诉父母，一走之后就冇见过来哦。第二种情况系她们（娘家）真是穷，就想嫁到我们这边，过好一点的生活。（第三种情况）是她们没有成家，嫁到我们这里，暂时有饭吃，有工做，有屋住。……生仔之后就跑，冇理仔了（不管孩子），都系想揾钱啊（挣钱）。

3. 越南女的生存状况

到底有多少越南女性生活在我国境内，当地的人口统计是无法显示越南女性入户的准确数据的。个中的原因很多。有的家庭为了规避政策的麻烦而不愿意承认实际存在的跨国婚姻问题，尤其是前 20 年牵涉计划生育或者户口的问题。也有的越南女过境后先后改嫁数次，经常改变住所。但是，她们面临着身份困境和文化适应两大跨文化交流问题。

（1）身份的困境

越南女嫁过来之后，其政治身份马上发生了本质的变化。按照越南边民的描述，只要越南公安得知女方嫁到中国，就马上取消她的国籍与户口。而对于大多数嫁过来的越南女而言，都是按照族群的习俗过门，并没有办理国家政治概念上的移民手续，因此我国同样无法给予她们合法的身份地位和婚姻保障。没有了政治身份的越南女真是寸步难行，无法乘坐大巴、火车、飞机到我国境内其他地方务工，即使是日常交流用的手机，越南人都是用中国亲戚的身份证去购买手机卡，然后拿回越南使用，以保持过境新娘与越南娘家的联系。因此，越南女最终只能在夫家的村屯里生育孩子或者在当地从事砍甘蔗等繁重的农活。由于她们的身份特殊，当地雇主支付的工资也相对少了。例如，具有中国公民身份的龙州当地人受雇佣砍甘蔗，2013 年一天可以拿到 100 元到 120 元的工钱，但越南女只能拿到 70 ~ 80 元。

（2）文化适应

有些聪明的越南妇女并不会甘心沦为社会边缘人，而是通过文化适应或者文化抗争，逐渐融入布岱的社会。据嫁到大新县雷平镇的黄 XQ 自述，尽管她从小就受到山歌文化的熏陶，但她在越南成长时是不会唱山歌的。当她嫁到我国龙州金龙镇，后再嫁到大新县雷平镇，反而逐渐喜欢上唱山歌。与其他岱依族人、布岱不同的是，她不是以金龙调为主，而是热衷于逐卜调。由于她天生的嗓音清脆，歌词对得快，居然备受龙州、大新两地的歌迷欢迎。龙州县还曾经邀请她和她的姐姐组队到崇左市参加非物质文化遗产展示或者参加山歌比赛，她不负众望地拿到奖状。从此以后，她在龙州、大新等地的各类山歌赛中频频获得奖状与奖金。

（三）从用心对歌到善意的政治表演

用心对歌是族群交流的原生状态，从族群变迁为跨境族群之后，双方边民面临着国家边界划分而产生的认同障碍，但双方仍释放出向善的交流愿望，即使在政治表演中，都保留着为对方歌唱的善意举动。

1. 用心交流的对歌

形成民间艺人跨境交流的客观因素，在于地缘关系与族群关系均具有较高程度的密切性。在金龙镇与武德乡一带的国界线附近，不仅有很多边防关口，也有大量无人值守的山间小路。双方边防警察都清楚边民自由来往，只要边民能够当天往返，对未持有护照出入境的违法行为一般不予追究。因此，双方边民若有事情需要处理，都会相互电话告知，约定过境日子。受邀请的村民，不管是我方还是越方，只要没有其他更重要的事情，都会欣然答应赴约，骑摩托车或走路过境，翻山越岭地来到主人家参加族群活动。更为重要的是，双方边民保留着对族群文化核心价值观的认同，例如对荓桥仪式的认同，对以歌坡形式的族群交流的共同爱好，等等。

越南歌手阿坚认为："我们喜欢对歌。对歌大家没有什么拘束。可以看心情唱歌，有人和你一起唱，一起分享，这要比你们城里的卡拉 OK 来得实在。我们是真心对歌，交心谈话的。交心地唱歌不会觉得累，就像你们平时说话一样很自然。"我国女歌手农 YX，在她的初中时期开始学习对歌，不到半年就熟练掌握对歌交流的技巧："对歌就像喝水一样啊，很自然的。只要你想唱、想说话，一开口就来（歌），大家都无拘无束的。这是最好玩的时候。"

布依歌手农 RQ 经常怀念昔日在村口对歌的场景："我们村子后面有一块高高的石头，那是歌台啊。陌生人经过那里，我们肯定要站到上面唱山歌试探。如果合意，陌生人就留下来对歌。"越南女歌手黄 MT 同样向往对歌交流："我们（越南一侧）村子有一条高高的山坡，站在坡顶，远远就能看见过路人，然后我们几个女的就请过路的陌生人唱山歌。"无须问国籍，无须问身份，与陌生人交流而无须太多防备，这貌似传说中的族群交流的乌托邦，竟然能在族群生活的对歌交流当中找到现实案例。

2. 善意的政治表演

原生态歌坡中的山歌对唱有别于官方举办的山歌比赛、山歌表演。这种区别的边界恰好是国家意识，亦即从歌坡到山歌舞台表演的嬗变，产生以国家意识为主导的族群意识。自从自卫反击战之后，国家领土主权的意识得到极大的加强，这也促使布岱的观念里树立起以国家意识为主导的族群意识。在我国与周边国家和平共处的时代，以歌坡为交往的人际关系自发转变为以山歌为交往中介的族群表演，并且得到当地群众的热烈推崇。在采访当中，相当多的歌手与群众都认为中越友好是边境政治的主旋律，符合我国政府和越南政府共同的政治需要。即使是越南歌手都能认同这样族群交往的主旋律。这是双方歌手、观众达成的善意的政治需求。

例如，2009 年自行过境参赛的越南歌手陈裕津在现场演唱一曲《中国越南好兄弟》（陈裕津作词、演唱，农瑞群汉译）① 而获得好评：

> 中国越南两兄弟 （汉译：中国越南两兄弟）
>
> 计划做吃哥去管 （汉译：发财门路哥开辟）
>
> 教告弟保完每门 （汉译：民生计划全教弟）
>
> 龙州政府心真广 （汉译：龙州政府心真广）
>
> 支持蔗种给越南 （汉译：支持蔗种给越南）
>
> 技术教告头落尾 （汉译：技术指导到现场）

以水口镇的山歌比赛为例。在 2010 年龙州县水口中越山歌大奖赛中，黄仙群演唱的《中越友好》、蒙秀奎的《中越边贸搞得好》、张月与梁春红对唱的《中越边贸真热闹》三首成了为数不多但有现实意义的选题。而 2013 年 12 月 28 日举办的第四届中国（水口）—越南（驮隆）商品交易展销会山歌邀请赛中，出现了 17 首以中越友好为题材的山歌如《中越友好互赢互利》《中国越南是一家》等，其中还包括过境参加比赛的越南歌手唱出 6 首中越友好的山歌。

山歌比赛不仅体现跨境文化交流的国家意识，同时也深刻地影响着境内基层文化建设的走向。在强调舞台艺术的山歌表演之时，对歌原本的交流功能逐渐萎缩。对歌已经成为中越政府宣传各自国家路线、方针、政策，讴歌时代主旋律的有效方式。按照山歌赛的组织者的评判标准，山歌应该是运用当地语言，贴近当地群众思维方式，用群众喜闻乐见的语言艺术表演。运用山歌对唱的表演艺术形式，可以把党的理论创新成果和政策由抽象转化为具体，由深奥转化为通俗，让当地群众一听就懂，一点就通，达到政府宣传"坐得住，听得懂，记得牢，用得上"的传播效果。具有艺术表演特性的山歌比赛，脱离了传统意义的情感生活，转而面向大力宣传诸如廉政文化建设、计划生育政策、林权制度改革、税收、科普、安全生产等与当地人切身利益相关的政治大事，或者歌颂类似于美丽广西、清洁乡村、交通安全宣

---

① 摘自龙州县文联山歌活动中心编《"甜蜜之歌"山歌比赛（内部资料）》，2009，第 35 页。

传、禁毒等响应政府号召的政治行动。除了对政治认同之外，原本流连于歌坡的歌手，也转而为宣传政策而贡献自己的智慧。

图 15　中国与越南边界两侧的乡政府共同举办跨境文化交流活动

第五章 重建族群交流之后的问题

布岱经历离散与回归之后，在自己的族群交往中寻觅交流的自由途径与诗性智慧。荞桥仪式、侬峝仪式、歌坡活动的返魅与重构，以及它们在日常生活中的嬗变，无不体现出布岱正在实践着重建他们的族群交流。然而，现实并非这么简单。布岱在重建族群交流之后，依然感觉到族群交流还不能完全解决交流的核心问题，例如对族群交流的敬畏、对向善交流的期盼、对交流者的关注与慰藉。族群的离散为社会流动性的现实反映，回归是重建族群交流的驱动力，离散与回归之后的族群之间或者族群内部的自由交流，才是布岱心灵深处所寻觅的交流目标与精神内核。

第一节 族群神性的空心化

布岱热衷于恢复族群内部的两种交流仪式：具有姻亲家庭聚合力的荞桥仪式和具有社区凝聚力的侬峝仪式。在短暂而庄严的仪式过程当中，布岱不仅与族群成员交流而且还与超自然的他者交流。布岱充满着对交流的敬畏，也借仪式表达着向善的意念。敬畏与向善成为支撑布岱重建族群内部交流的两根支柱。

然而，在面对经历离散与回归的布岱族群，要在短暂的仪式当中重建对族群交流的敬畏与向善，谈何容易！

一 重建敬畏的难度

离散在外的布岱，最容易接受的是市场经济观念与都市生活观念的双重洗礼。两种观念一旦融入布岱的个体日常生活，族群交流的观念迅速淡化。

在布岱有意于回归族群交流之时，两种观念却潜意识地左右着他们的日常抉择。

（一）拆除旧房子

有一类返乡的布岱村民，带回来资本流通的生存理念。这类村民往往是较早外出务工打拼，熟悉市场经济所崇尚的物质流通与市场价值，因而往往有意无意地以市场价值来衡量族群的文化价值。人一旦被市场经济占据心灵，就难以恢复对族群交流的神性敬畏。

1971年生的RH，在金龙的村屯长大，熟悉那里的一草一木。作为家中长子，他在初中毕业就外出打工。凭着机灵的头脑和认真的钻研，他很快就在服装加工行业拼出了名声，成为广东、北京许多服装加工厂竞相邀请的技术员。在服装加工行业站稳脚跟之后，RH开始带村里的其他年轻人外出打拼。经过数年的努力，他小有成就，接着是结婚生子。考虑到孩子刚出生，妻子、家里的老母亲都需要照顾，加上弟弟的生活还处于较为窘迫的处境，他毅然辞去外面企业的聘请而回到家乡发展生产，承包了5亩鱼塘，兼顾养猪、养牛。经过近一年的经营，他发现，回家后的日子并没有按照预期的效益发展下去，心里不免产生动摇。

> 我以前是带班做牛仔裤的。老婆生孩子，孩子才1岁半，我没办法。老板都打电话过来问，是不是工资太少啊？我说不是，我妈老了，弟弟又忙，家里没有人照顾老人。孩子小，老婆一个人在家忙不过来。我就想，算了，不在外面打工了，回家，够吃就可以了。我带那条村的人出去，教会他们（做牛仔裤），我就回来了。我在家里刚种有三四车甘蔗，收入是不够吃的，哪里还盖得房子？我们全家刚有6份田地，十多亩，种甘蔗能得多少（收益）？每户至少都有五六亩才行。兄弟如果要分家的话，只能分这十多亩。爷爷在世的时候，1982年分田得的十多亩。后来有了第三代、第四代，现在早已经没有地再分了。现在种甘蔗，一年就是一两万块（的收入），还要（支付）化肥啊，根本都不够吃饭。现在（到外面）打工随便就可以得两三千块。在家里没有什么工作，天天等着收甘蔗，只能打牌（打发时光）。种甘蔗（的收益）不

够吃饭。

RH 和他的弟弟们都已经在新铺设的乡村公路两旁各自盖有新房，其中 RH 的房子有三层，算是兄弟中最好的。小弟弟只盖了一层新房。这时候，某博物馆来人数次考察他家空置的一栋旧房子。旧房子之所以引起博物馆的兴趣：一是该房子为典型的杆栏式木质结构，在学术界被称为壮族风格的民居；二是 RH 家的旧房子保存时间较长。据 RH 称："（建这栋房子）是很久很久以前的事情。听我奶奶的奶奶说，她 14 岁时嫁到这里，房子就已经有了。房子算起来不止 200 年的历史了。"加上这栋旧房子占地面积比较大，屋子具有精致的神台结构，这当然被博物馆认为是拆迁至市里再重新恢复原样的理想对象；三是这栋旧房子所在的村子周围数公里，其他尚留存的杆栏式木制房子基本都处于较严重的损毁状态，不适合博物馆的展示。

至于对房子的情感，RH 并没有太多想法，而是表达出与同村其他住户几乎一致的想法："拆就拆啦，我们都不想留。房子放在那里，不住人就会坏掉的。有机会大家都想卖掉。现在住新房子，肯定要比那些木房子舒服啦。""卖！都想卖。不过它们（指其他村民的木房子）的价钱低点。大家都盖新房子了，旧房子留下来是没有用的。旧房子没有生火的话，很快就坏掉，到时候发霉，非常容易烂。"由于博物馆给出 7 万元的收购价，这令其他村民羡慕不已。已经出售的其他房子，都是以拆下来的枕木木头按每斤 2.0～2.5 元的价格卖给上门收购木料的人。一栋旧房子能卖的枕木木料大抵为几千元，最多 1 万元。所以，其他村民确实很羡慕 RH 的旧房子能被整体收购而且还有 7 万元的收入。对于 RH 而言，表面上是获得 7 万元的收入，其实他还要支付 1 万元左右的税款，要组织村里的老匠人负责拆卸房子，到博物馆指定的地点再重装房子。这样一算，真正到手的 5 万元，家里商量后一致同意交给目前较为窘迫的小弟弟来使用，算是兄弟们之间的一种互助。

当我问到 RH 是哪个民族时，他开始反应不过来，尔后强调自己家庭是壮族。至于我提到布依、布岱这些概念，他觉得跟自己无关："他们是岱族，是少数民族。我们是壮族。"经过政治的改造与代际的传递，族群认同在很多村民的意识里疏远了。

想拆房子的村民很多，而且基本都是家里有成员外出务工或经商而家底逐渐殷实之后，首先想到的就是拆掉旧房子，改建新的钢筋水泥房。例如横罗村其逐屯的杆栏式房子，大部分都在这两年拆掉了。唯有两栋离屯里稍远的、坐落山脚下的房子没有拆，因为房主人都搬到靠近公路的新房子居住，空置的旧房就单等外面的人来收购。旧房子逐渐朽烂，啮齿类动物也啃掉不少木料。布豪屯的老房子也大部分被拆，最后一栋旧房子的木料，早被外来商人盯上了，谈妥交易价钱为期不远。

（二）大学生的生活方式

都市的生活方式与伦理观念也深刻地影响着布岱对族群的敬畏。有一部分布岱脱离族群的社区环境而向城市迁移，此过程同样是一个对他者文化的适应过程以及对族群文化的陌生化过程。奇怪的是，当布岱在城市文化适应过程中遭遇挫折的时候，却又面向原有的族群文化寻找交流的可能，对族群的敬畏仅仅在挫折期间存在。一旦恢复正常的城市生活，对族群的敬畏将再次消退或者隐匿起来。

布岱姑娘 LH 自小学一年级就离开金龙镇到龙州县城某小学读书，当时她被交由县城里的姑妈抚养。经过县城中学的学习之后考上大学，LH 成为村里为数不多的大学生。LH 喜欢用手机在 QQ 空间上表述自己率真的情感。尤其是上大学之后，她在 QQ 空间里上传的图片、表达的情绪都大量增多。从她的空间图片与文字来看，大体上可以概括为三个阶段的城市文化适应过程。

第一阶段：对传统族群生活的焦虑与矛盾。

像大多数农村的青少年一样，LH 自小就渴望离开乡村，在 QQ 空间里如是说："我想上南宁"，"失眠了，睡不着，南宁啊"……此时的 QQ 空间里弥漫着一种摆脱自己原生文化空间的强烈冲动。

到了南宁的大学校园，焦虑并没有消除，"大学并没有想象中那么轻松，反而压力更大了"，而且"还没上大学的时候，老师都说努力学习，上了大学就轻松了。对于我来说，大学比初中高中还难，压力更大"。更重要的是，LH 在都市生活当中敏感地感受到"农民"的身份问题："两个农民工下班回家，挤上地铁，刚准备坐下来，旁边一位乘客就说'一身那么脏，不要坐我旁边！'虽然有座位，他们却不敢坐，看得我震惊了，农民工不是人？没有农民工你那些所谓的城里人都吃屎吧，都去睡土里吧！我是农村孩子怎么了？如果你看到此图愤怒了，都转吧！让那些看不起农民的人知道自己的错！"

第二阶段：对都市生活的初步文化适应。

融入都市生活的最直接途径，便是从个人的呈现方式开始。LH 逐渐学会化妆，大胆追求时尚衣服，拍摄个人艺术照。2012 年 12 月她上传 11 张照片到空间相册，展示以露脐装为形象的个人艺术照。这样的打扮，在布侬的传统服饰审美里几乎是不可能出现的。布侬也俗称长衫侬，原因就在于族人的衣服款式是从脖子一直到脚踝都包裹在厚重的长衫、长袖里面的。次年 6 月，她上传 14 张和女同学们一起穿旗袍的照片到相册，第三年 4 月上传 9 张个人婚纱的艺术照。作为时尚的大学生，她还大量转贴时尚服饰的网络图片，空间里涂抹着不同于布侬传统的都市审美色彩。此外，LH 迅速学会了该城市的方言，诸如减肥、瑜伽之类城市生活方式也成为她的交流话题。

第三阶段：遭遇挫折后的短暂还乡。

可是，2013 年底，LH 因身体出现问题而住院。更要命的是，这问题可能导致到她以后不能从事心爱的专业，事业的前途仿佛跌入泥潭。

"……我知道自己永远过不了自己这一关。也许晚上才是属于我的，默默地，一人躲起来哭泣。泪在流……""一切来得太突然，让我自己都没反应过来，今晚差点还去蹦迪。各位亲，以后要多多提醒我。"此时，LH 最能体会到的是亲人的关怀："从 4 号到今天，整整躺了 16 天，昨天妈妈一个人杀鸡煲汤给我喝，她一只手肿了动不了，一只手杀鸡，我真不知道她是怎么完成（杀鸡）的。很感动！辛苦了妈妈！"

虽然长期在外读书，但寒暑假期间，LH 都回到乡下度过，因此儿时的玩伴也不少，有几位甚至至今仍密切往来。在生活学习中碰壁，"我在替我的未来担忧"，马上想到的是"我想回龙州……真心想回去。"而且她相信家里人会请法师做法事帮她消灾。

但是，挫折并不能阻止 LH 重返都市生活。很快，她回到学校继续学业，同时在校外兼职做房地产促销。促销的兼职使 LH 获得经济上的成功，网上购物、外出旅游又成为她最常见的话题。

像 LH 这样的布岱姑娘并不在少数。她们不再留恋族群的生活，族群里的清规与伦理不再给她们任何的约束，反而像城里女孩一样早早地投入时尚消费与感情生活中。可是，她们在融入城市生活的过程中受挫，却又选择回乡躲避心灵的痛楚，选择以神性的方式解决心灵的挫折。

二　现实的抗争使人无法向善

利益分配不均，或者是信息沟通不畅，都有可能使人产生交流的挫败感。克服交流挫败感的方式，很多人还是选择抗争，在抗争中争取自己的利益。抗争却使人无法保留向善的交流愿望。

在经济发展的浪潮冲击下，布岱族群也逐步放弃原有的以种植水稻、玉米为主的生产方式，大规模地种植甘蔗。作为大规模的经济作物，甘蔗种植被视为现代性的一个指标，亦即市场经济的影响问题。

从 1972 年开始，县里开始发展甘蔗规模种植，到 2014 年底，全县种植甘蔗约 50 万亩，已经占全县经济比重的 50%。从 1987 年 11 月起，县里成立了"甘蔗办"，1990 年改为糖业发展办，负责龙州县范围内甘蔗种植的宣传动员乃至控制甘蔗的自由流通，规定蔗农将甘蔗卖给指定的企业。很多县里的公务员，尤其是从乡镇基层一步步成长起来的干部，都有过在公路设卡拦截甘蔗车的经历，甚至采用暴力手段阻止甘蔗外流。

县糖厂由于有地方保护政策的支持，因而从甘蔗的生产、田间护理、收割等各环节都可以做到按工厂生产进度来调控蔗农的劳动。可是，甘蔗的生长不是按工厂的机器节奏来调节的。这样一来，就直接导致了田间生长与工厂榨季两者之间的矛盾。

以 2014 年春季榨季为例。春节前，甘蔗生长总体良好并进入收割期。眼看就要过年，布岱指望收割甘蔗后能回收种植的成本，而且这也是当地农业家庭收益中可显摆的主要经济收入。这既有甘蔗种植户的期盼，也是数量众多的靠砍甘蔗打短工的村民最好的收入机会。春节的年味更是强化了这种催收的气氛。种植户到处找砍蔗工，甚至不惜联系越南人过境帮忙，人工价格也从每天 60 元长到 80 元，甚至个别地方出现每天 100 元工钱。

此时的糖厂虽然开足马力，但这只是粗加工，况且白糖上市不能马上变现。结果所有蔗农都拿不到甘蔗款，但是还需要支付砍蔗工的工钱。蔗农两头不靠岸，家里所有的积蓄都花完了。后来发展到数百人到县糖厂围堵维权，影响甚大。政府不得不出面协调，最后达成每户蔗农先兑现一车甘蔗款，其他白条待糖厂将产品卖出去再逐渐还清。这才平息了大家的愤怒。

经历这场风波，村民对种植甘蔗表示无可奈何，毕竟这块土地目前只能种甘蔗，无法改种别的作物。在基层协调蔗农与糖厂关系的干部压力非常大，而且觉得自己很冤，认为甘蔗款的白条是糖厂的企业行为，政府只是出于维稳的需要才帮忙协调。糖厂则认为自己是税收大户，在资金周转不过来的时候，作为税款的主要使用者政府当然有义务帮忙摆脱困境。

维权行为对布岱产生直接影响在于款项能否得到落实，但是大家还没有意识到这种困局同时也是全球化市场经济的一种危机转嫁。从大家平时的闲聊中很容易就能听到抱怨声。在一次聚餐喝酒中，不知谁提起这事，大家又说开了：

[ML] 我们这边（种甘蔗）都不得钱了。

[ZH]（关于糖厂与甘蔗的问题）（我们种的甘蔗）有的不给砍，有的只给砍一两辆车。现在可以砍，但又要过年了，我们怎么办？有唱山歌讽刺糖厂的啊。你（指糖厂）起码要给每户砍一车过年吧。

[乡干部] 主要是糖厂没有钱。他们卖得钱就会给你们的。

[ML] 大新（县）得钱快。

[ZH] 我们（县里的糖厂）440 块一车，糖厂还不给钱。人家（大新糖厂）500 块一车，而且马上给钱。怎么怪人家？所以，大家有一点（甘蔗）就拉过（大新县）去卖咯。大家都知道这违法啊（指当地的甘蔗种植地方保护性政策），但也要去，没办法啊。

据调查，2014 年春节砍甘蔗的农户，大部分在春节前只能拿到一车的甘蔗款，至 5 月份才陆续拿到其他车次的甘蔗款。不过，还有不少农户手头还不得不拿着一两辆车甘蔗款的白条。2015 年春节，甘蔗种植成为一块烫手的山芋。农户种甘蔗的话，不知何时能拿回款项；不种甘蔗的话，又无法种植别的作物，因为别的作物都没形成市场的产销链而风险更大。布岱族群面临着市场全球化的直接冲击而备感压力。

三　对外乡的赋魅

既然布岱族群在家乡面临抗争，那么就有相当一部分有想法的年轻布岱不愿意苦守原有的社区生活，外出寻找经济发展机会成为他们必然的选择。经历在外乡的奋斗，不同的布岱收获不同的交往感受。

（一）外乡是拼搏的战场

"出去，农民工用这个简单的词给他们的流动生活下定义。"[①] 到外乡去打工，原动力在于挣到比家乡更多的收入，以改变家庭的生活状况。但是打工不是布岱外出的最终目标。很多有志气的布岱年轻人在经历一段打工生活之后，开始尝试创业。

牌宗村从广东制衣行业创业后返乡的 RH 谈到打工的艰辛："广东啊，北京啊……我去过好多地方（打工）。（后来）我决定创业，带一帮人到一个厂去寻找合作机会。如果厂里没有货（加工）的话，我们就会走啦，没办法的。没有货加工，（即使）不到一个月我们都要走的。（那时）一个月能挣五六千块钱，够吃就行。好做就做，不好做就不做。在这帮人里面，我是当组长的，当组长风险很大。如果牛仔裤做不好，组长还要赔人家的货啊。比如说，以前（牛仔裤）是用砂纸磨的，磨得不好，（裤子）烂了，就要赔人家货。每条（烂）裤子按 100 块算，我们（工人）赔 30 块，老板要赔 70 块。每天要做几百条裤子，要求做得很快。（我手下）有的人做得好，每天就有几百块收入。但是管理很不好搞。有时候几十条裤子都烂了，（我自己）挨赔几千块都有，很麻烦的。那时，我招他们进来。他们的技术在

[①] 张彤禾：《打工女孩：从乡村到城市的变动中国》，张坤、吴怡瑶译，上海译文出版社，2013，第 11 页。

最初的一两个月还不行。我就得每天都开会，要求他们每个钟头都给我看一下做的裤子。如果一天（结束）才给我看，到时全部都烂完，我们怎么赔得起？……"

（二）外乡是憧憬的生活

2013 年考上艺术院校的黄 XP 是村里为数不多的大学生。整个家庭、家族都为她读大学而感到自豪。她就读的是设计专业，据之前毕业的同学介绍，这个专业相对比较好找工作。在这样的情况下，她的父亲暂时放弃在县城买房的决定，"等女儿毕业、工作之后，看她在哪里发展，再考虑买房。"

与黄 XP 父亲不同的是，大部分成年的村里人都在离家约 60 公里的龙州县城买房，这样的话就不仅可以在城里务工、生活，享受城里的生活方式和生活便利，而且还可以经常回村里看望老人或者打理甘蔗地。上学的中小学生往往也随父母到城里读书。据某村长介绍，他的村子接近 1/3 的家庭选择将孩子带到县城读书。据他所统计，还有一种情况，每个村子有 3~6 户人家是长年不在龙州县的，南宁、柳州是他们新安居的地方。在外面打工的年轻人，虽然经常变换工作的城市，但他们谈得最多的是希望有能力在城里买一套房成家，以结束漂泊的日子。

正如沈 ZL 所说："如果我在南宁买房，我也不回来发展，毕竟村里太落后啦。我回来没有前途，只能等老了。"

（三）逃离乡村

另一种情形，很多年轻人外出打工，在城市里繁忙的工作之余很想家。2013 年，赶回布豪屯参加侬岗仪式的农 L（34 岁）就告诉笔者："屯里的这些孩子一般都是读书到初中就不读书了。我自己是读到高一就出去打工。后来我改做生意。年轻人为什么出去打工？因为家里穷，没有那么多钱供读书。很多学习成绩平平的孩子都不愿意读书了，（所以现在）很多人文化程度不高……屯里的年轻人去广东打工比较多。以前很艰苦，没有人在外面引见，完全要靠自己。我在广东就曾经被查暂住证，幸亏跑得快而没被抓住。"

打工生活大多处于漂泊的状态。"我们一开始是到广东打工，后来哪里有事情做就跑去哪里打工。去年算是离家最近，在南宁打工。"弘曹屯的黄 DY（25 岁）说，"一年在外，现在回来过过年，看看侬岗节。"

可是，很多年轻人一回到家，住不下两天又想外出打工。外出的理由很多。虽然村子里熟人相见无话不谈，但熟人只能触及村子里或者本地县城范围内的现实问题，对于远方的城市社会几乎无能为力。另外则是年轻人的交往方式与个人感受发生很大的变化，乡村生活已经不能满足他们的日常交流。2012～2014 年金龙、武德的村屯都没有通网络，大家只能用手机流量上网，成本太高。对于外出打工而享受城市信息社会生活便利的年轻人，在家乡无法便捷地上网而觉得家里很无聊，既没有现代的影视与娱乐，也没有时尚的微信圈、朋友圈，再加上家里没有汽车，出入都要央人捎带，大伙都感到生活非常不方便。村里的人晚上没什么事情，晚上八点就睡觉了，与南方城市晚上十点之后灯火通明的夜生活相比，城乡确实落差非常之大。处于这种无奈状态的、渴望流动的布岱，逐渐生成对家乡的陌生感，而陌生感的积累，却是加剧了逃离家乡的欲望。

第二节　族群诗性的媒介化

在主流文化快速发展的当今社会，处于地理边缘的布岱产生了强烈的族群认同的焦虑。另一方面，以大众传媒为基础的信息传播目前仍然占据主导地位。族群如何摆脱"边缘"的焦虑？将族群的特征进行媒介化呈现，被布岱认为是最直接的方式。

一　媒介文化的生产

布岱族群有着借助媒体而向外界展示的强烈欲望，因此催生了一种新职业：民间文化影像制作商。有学者将这种现象归结为草根媒介生产。[①]

布岱最先尝到媒介文化生产的甜头，要从 2003 年南宁国际民歌节算起。根据布岱巫术的道具天琴而编排的舞台表演，在当年的民歌节开幕式舞台上一炮打响，被国内外媒体广泛转播，布岱因而自豪了一把。从此以后，布岱

---

① 　张琪：《草根媒介：社会转型中的抗拒性身份建构——对贵州西部方言苗语影像的案例研究》，博士学位论文，中国社会科学院，2012，第 122 页。

便有了"媒介文化传播意识"，大到各类文艺演出，小到群体对歌，村民都喜欢聘请"专业人士"拍摄影像，要么作为宣传品赠送，要么在市场流通，要么家庭或者个人留存。这里的"专业人士"指的是金龙镇和龙州县城数家以拍摄当地民间文化影像为职业的商家。

在媒介文化生产的推动下，布偻向外界呈现出三种族群文化形式。

类型一：天琴表演。这是境内布偻将巫术道具经过舞台设计之后的一种表演。表演者的性别需要迎合媒体记者和摄像师的要求，布偻一改传统的男性主导形象而全部安排年轻美貌的姑娘进行表演。地方政府和村民都将这种表演视为族群的新形象，通过塑造新形象吸引外界对布偻族群的关注。越南偻依族也有类似的表演，但男女比例相对平衡。两国的天琴表演有细微的音乐差异和服饰差异，各自都视自己的天琴弹法为正宗，都将其视为自己族群的身份特征之一，因此两个族群都关注采用媒介呈现的方式表演彼此有区别的天琴艺术。

类型二：广场舞表演。境内女性布偻最喜爱的表演形式。布偻女性村民学习广场舞有三种途径：一是跟从县城广场舞教师学习；二是购买光碟音像产品进行模仿；三是通过网络的视频进行学习。网络视频学习的情况仅限于少数几位家里拉有网线的家庭。更重要的是，布偻女性每逢节庆的表演或者比赛，必定邀约商家将广场舞表演录制成光盘，或赠送或上传网络。大家都以在网络能找到自己的广场舞形象为荣。但有一点，她们大多数不会上传影像，这往往需要求助于家里的年轻人。

类型三：山歌表演。男女对唱的山歌同样被大量制作为光盘出售。族群里唱山歌有自己的明星，也有不同的歌迷群。前文提到的越南男歌手阿坚是最近三年人气最高的山歌歌星。金龙镇销售量最大的影像制作商谭 ZA 与阿坚签订合作合同，谭 ZA 全面负责阿坚光盘销售的商业行为，包括录制山歌对唱、精品曲目打造、光盘销售等。据谭 ZA 向笔者透露，阿坚的光盘销售情况最好，其中最高纪录是单张光盘销售 4000 多张，其中有一半左右销往越南。此外，谭 ZA 还精选部分传统曲目，安排阿坚重新翻唱，如叙事长歌《教女》①，

---

① 《教女》为布偻传统曲目之一，主要内容为长辈教导未出嫁的女性如何处世，如何孝敬父母，如何与未来的夫家相处等内容，属于族群道德的传唱范本。

其光盘销售量非常大。此外，还有一批歌手的光盘销售也不错。这些歌手不仅仅是布岱，还包括布侬、龙州县城其他民族的歌手。群众衡量山歌光盘是否值得购买的标准，在于歌声是否好听，歌词是否有人生哲理或者是否诙谐。

图 16　草根媒介文化的生产不仅将族群引向媒介符号化，而且缝合着两国族群的认同裂痕

根据布岱媒介文化生产的特点，媒介文化在新时期建构族群文化边界时，族群内交流、族群外交流（即族群与族群之间）却是具有完全不同的趋向。族群内交流讲求成员的自我享受，如通过山歌建构族群的伦理道德和人际关系。而族群外交流更注重"他者"对族群的看法与反馈，因而在利用媒介生产族群形象时更有投媒介所好的倾向，例如偏向女性形象的建构以迎合男权世界的好奇与审视。族群的文化边界由于具有男性眼光而得到新的确认。

笔者曾就此主题问布岱的男性村民："布岱在电视里都是美貌的姑娘，没有男人的镜头，你们介意吗？"他们大多数表示不介意，而且反复提到：金龙有美女村，要利用美女村这张"名片"吸引大家来旅游，来了解他们的生活，来帮忙他们发展经济，等等。

二　穿民族服饰的广场舞表演

当地族群的传统舞蹈主要与巫术仪式有关，如莽桥仪式的"过桥之舞"、丧葬仪式的"擂舞"、侬峝仪式的"穿堂舞"。由于巫术仪式的戒律需要，能跳这三种巫术舞蹈的只有少数法师。除此之外，就只有花凤舞一种舞蹈属于群众娱乐性舞蹈了。花凤舞类似于汉族的单人狮子舞，只有在春节、依岗节这样重要的节庆才会舞起来，平时是很少有人跳花凤舞的。

布岱是接受新鲜事物比较快的族群，借助网络走红的文化活动，布岱也很快流行起来，因此广场舞表演很快成为布岱女性的至爱。龙州全县各乡镇大多数是从龙州县城学习舞蹈或者其他流行文化，然后再传布到各村屯。能够从网络与光盘学习的村民是少数，毕竟对于在网络和光盘播放器影像面前的舞蹈学习，村民还是感到有难度。网络走红的广场舞是一种现代生活的象征，村民怀着对现代生活象征的崇敬，在他人的带领与指导下，迅速地普及了广场舞，并能够按照自己的意愿，身穿布岱传统服饰，大大方方地在公共场合跳起舞来。时至今日，即使是在偏僻的金龙镇街道，晚上都能看到广场舞的身影。

按布岱的说法，跳广场舞可以锻炼身体，但更重要的是可以表演。以2013年板闭屯的昆那节为例，在演出的节目里，广场舞占大多数，而且除了主持人有小伙子之外，所有演员都是当地的女性。女性广场舞成为昆那节舞台狂欢的主角。每个广场舞节目参加人数不等，有4～12人，以方便组合编排为准。舞蹈手部动作较多，可能是布岱文化传统中缺少大步幅的舞蹈动作的缘故，大家不习惯夸张的肢体语言。服饰为两类，一是布岱的传统服饰，即黑色长裙、花布头饰；二是现代服装，有超短裙、健身裤、小花裙等等。参加演出的团队一般都是各屯组成的舞蹈队。有的舞蹈队是受邀请过来表演的，有的则是自费来表演。对于各村屯来的舞蹈队，主办的屯都不拒绝，一一排队上台演出。原定从上午九点开始至十二点结束的演出，在演出过程中，不断有从四面八方赶来的团队参演而一直延续到下午五点多。围观的群众依然兴致不减。

九凤民族艺术俱乐部的阙 XM 曾自豪地告诉笔者："在我们（俱乐部）的带动下，金龙全镇每条村都有广场舞。周围村子的女人都来参加表演广场舞。我们组委会只给100文（元）补助，她们就来跳舞了。100文刚够车费（交通费）啊！我们最怕冇钱（经费）给人家。有的屯来十多个人，我们给她们100块，她们就跳起舞来哦。她们高兴啊。……阿海的老公够有钱咯，八十多万的车都有。阿海同样来跳广场舞，只给她们 10 文钱她们都会来跳舞的。跳广场舞不是为了挣钱的，我们跳舞是为了高兴。"

况且，布岱表演广场舞还有更深层的意义：向媒体呈现！村民喜欢举办侬峒节、昆那节，除了亲朋好友团聚之外，更多的是希望有外界的媒体关注他们。为此，村民甚至出资安排录制广场舞表演的光碟，用于赠送给未到场的媒体记者或者前来考察的高校专家。凡有广场舞表演或比赛的活动，主办者都非常注重邀请县里电视台的记者、县里的摄影爱好者来拍摄。尤其是女性，只要有照相机或摄像机的镜头对过来，身穿族群服饰的女村民都会落落大方地摆出姿势。关于上舞台表演广场舞，村民认为必须穿上布岱的民族服装才有特色，才可以上记者的镜头。笔者的一则田野日记，记录了某屯举办侬峒节活动的小场景：

> 2014 年 2 月 7 日星期五金龙镇双蒙村板梯屯。笔者之前得到的可靠消息是 9：00 开始侬峒节活动。我们一行 5 人到达板梯屯侬峒仪式所在地（田头）的时间为 9：30，侬峒仪式已经开始。由一位布祥在专注地诵经，弹着天琴。各户村民按习俗摆有供桌（檬）。
>
> 而在村委会的广场，有三拨人在活动：第一拨是本村与邻村的小伙子在热身运动，准备篮球赛；第二拨是一群 40～60 岁的妇女在反复练习广场舞动作；第三拨是穿戴民族服饰小姑娘被一群摄影者跟踪拍摄。舞台的表演仪式迟迟没有开始。我问工作人员，得到的答复是县里的电视记者还没见来，要再等等，11：00 再开始演出。
>
> 11：00，龙州县电视台的记者来了，县文联的摄影师来了，节目开始……
>
> ……电视台的记者要了几个摆拍的镜头，就被村干部安排去吃午饭。记者走后，舞台上的节目按顺序演下去，因为村里还邀请了镇上最好的光碟制作商到现场录制节目。一天之后，村民就能在金龙镇市场上购买到这次表演的光碟……

笔者问村民，为什么喜欢让记者拍摄广场舞，她们笑着说："我们想让记者帮我们宣传宣传。我们的民族不单人长得美，而且我们的文化很有特色。"布岱最近以女性长得美而走红媒体，就因为有一个屯于 10 年前被某知名学者称为"美女村"而得到县里重视，并开发成为旅游景区。经过几年的市场运作，这个景点尽管平时去旅游的人不多，但是经济效果逐渐显露，政府渴望通过民族文化建设规划，以节庆、旅游、边贸等方式，联手村民，共同提高当地的经济收入与文化形象。

图 17　穿上族群的服饰跳广场舞，是现代性与族性的巧妙融合

三　手机虚拟空间里的村屯

布岱一开始对网络不是很热衷。截至 2015 年 3 月，笔者在完成论文之前最新的田野调查信息，虽然金龙镇街上开有两家网吧，开通网络的人家不在少数，但是村屯里开通网络的人家却少之又少。全镇的所有村屯仅有 5 户人家开通网络，而且还是因为春节期间年轻人回家度假临时开通的。村屯里的人家普遍反映开通网络的成本太高（通信公司没有铺设光缆），平日没什么上网需求，因此村民都不开通网络。物质生活的提升，未必带来精神生活的新需求。

直到手机的移动网络普及，情形发生了逆转。一群返乡的热血青年开始琢磨重建社区。

重建社区不只是一两个布岱返乡者的想法。从族群之外的世界带回来的技术与观念，直接影响族群成员的行为方式以及族群的边界。作为可移动的通讯终端，手机已经覆盖到族群的每个人和各个社区。携带手机返乡的布岱有意或无意地提供重建族群社区的技术条件。

花都村的农 HR 以承包养殖业为产业实践，志在带动屯里的群众共同致富。而民建村麻 J 则是利用了网络的虚拟空间带动屯里的年轻人共谋发展。年轻的布岱麻 J 初中毕业就到广东打工。经过数年的艰辛、挫折、被歧视之后，麻 J 决心回乡创业，带领村民致富，真正改变因贫穷而被人歧视、贬低的形象。回到家乡民建村，他卖力地种甘蔗，但是收益不好。他在家里经营网吧，开汽车维修点，跑运输，代办驾校，基本还能维持整个大家庭的生计。但令他痛心的是，族群里很多年轻人收入较低，却学会了抽烟，月消费 500～600 元，收支不平衡，导致出现抢、偷现象。麻 J 再次下定决心把村里人带好。2014 年 7 月，屯里换届，麻 J 竞聘为屯长，凭着开阔的眼界和精明的管理才能，扎扎实实办了几件实事，深得屯里群众的推崇。

由于外出打工而见过世面的麻 J，很早就建有自己的 QQ 空间、微信群，而且是非常喜欢将日常所见所想的点点滴滴都发文字或图片到 QQ 群、微信群中。这一点吸引了很多村里年轻人的互粉。麻 J 在微信中所表达的内容可以分成三类：一是家庭生活的点滴感悟；二是热爱族群的传统文化；三是重建社区的行动。麻 J 告诉笔者，村里的年轻人有好几个 QQ 群、微信群，不管是外出打工，还是留在家里种地，大家都喜欢在上面聊天，说说自己的想法或者身边发生的事情。麻 J 利用这些群把大家的集体意识建立起来，共同把屯里的经济发展好，把民族①的文化建设起来。他觉得应该为自己是布岱感到自豪。麻 J 将屯里的工作及时往群里发布，自然引来不少的关注，包括长年在外地务工、求学的村民。

---

① 麻 J 反复采用的是"民族"而不是"族群"的表述，是因为他搞不清这两者的区别。笔者曾尝试解释，效果不理想。

例如，2014 年 6 月 29 日，麻 J 发了他和一群年轻人清理一块场地的一组图片，他们是为建设村里的文化室而义务劳动。"今天早上，干爸来反映潭子放养鱼的事情。恰好也碰上老书记，聊了一会，我给他说了些建议。包括上班村调解组①。"

2014 年 7 月 25 日，关于屯里换届选举的工作状态，麻 J 发出第一条消息："屯长，责任重大，亚历山大啊！愿村民和我一起努力吧！！！！"

当选屯长之后，麻 J 马上在空间里跟大家互动：

> 随梦回复麻 J：我们现在就需要你的服务，现在正缺少资金，考验你吨（屯）长的时候到了
>
> 麻 J 回复随梦：要发展经济啊！等着吧！就怕你们不跟我干
>
> 随梦回复麻 J：那就加油吧！
>
> 麻 J 回复随梦：一起加油

2014 年下半年至 2015 年年初，屯里的重头工作是"小块并大块"②。麻 J 将每项工作细节都放到群里，争取村里年轻人的关注。如：

> 2014 年 9 月 1 日 23：21 浏览（118）
>
> 板送屯土地"小块并大块"初步准备的会议。
>
> 各小组组长副组长都到齐，我也邀请两位老领导村委书记和现任党支部书记到会。
>
> 哈哈，会议在我的意想之中，并不是在我的理想之下进行（这次的班子很难带啊）。尽管如此，会议从 9：00 开始到 10：00 点半结束。一切都达成共识。

---

① 上班村调解组，即村子里要上马组建村里的调解组，以协调村民之间的关系。

② 1996 年，龙州县出现农民土地"小块并大块"置换的做法，被《广西日报》称为"开创了中国土地流转新模式"。这项作法被上升为县政府进而是自治区政府推进的土地流转工作的政策。龙州县推行"小块变大块"的政策经历了 18 年，群众积极性比较高。一般都是群众提出要求，乡干部监督完成。

他们一拍屁股散会走人，接下来可是苦了我了。把方案打出来，群众大会议程我得"赶"出来……

夏天得雪：寨主（称麻 J 寨主），建议下次开这种大会能否再叫上几个懂一点的村民代表参加会议，这样会公平合理一点，也可以帮你们宣传好的方面，和村里存在的各种问题，你觉得呢。（9 月 3 日 20：26）

麻 J 回复夏天得雪：会采纳你的建议（9 月 4 日 7：53）

……

在麻 J 的带领下，不管男女老少，屯里的人都比较齐心，分阶段地完成了一系列的农村改造工作，如清理废弃的公共鱼塘以发展养鱼业，着手开展"小块并大块"提高甘蔗种植效率，核准并资助困难户。在当选后短短半年就推进三件改善民生的大事，确实得到了族群群众的拥护，包括许多长年没有在屯里生活的外出者。

图 18　手机不仅改变着布岱的生活观念，而且建构着新的虚拟社区形式

第三节　族群交流的他者因素

社会的流动同样给这个社区带入外来者。依据观察对象的不同情形，针

对外来者与社区成员的关系密切程度与逗留的时间长度，笔者以连续在社区居住 6 个月为时间跨度标准，将外来者划分为两大类：一是家庭的长期逗留者，亦即逗留在族群社区连续 6 个月及以上；二是族群的造访者，指在族群社区连续逗留时间少于 6 个月的短暂逗留者。之所以如此分类，在于他们切入族群生活的目的和方式直接影响到他们与族群的交流结果。

一 姻亲家庭中的"异乡客"

家庭是重要的族群交流的社会实体，在很大程度上由其成员之间的互动而得到界定。正如范杰里斯蒂（A. Vangelisti）在《家庭交流手册》的前言所提示，家庭与家庭关系存在三个假定："一、众家庭构成相互联系的多个系统；二、众家庭是聚合在一起的；三、众家庭通过社会的相互影响而组成，交流创造了众家庭。当家庭成员进行交流之时，他们不仅仅是彼此之间传递信息，而是在表现他们之间的关系。"①

离开金龙镇而外出务工、经商、求学已经成为布岱年轻人接触外界社会的重要途径。既然是年轻人外出，最大的人生影响之一便是他们的婚姻交往方式。带有社会流动特征的择偶方式逐渐成为布岱族群主流的婚姻形式。布豪屯小伙子谭 BS 向笔者谈道："我们村很多年轻人都去外地，去广东那边打工，他们带回来外地的女孩子结婚成家，比如湖南的、四川的、广东的……这里的女孩子也是嫁到外面省份去了。现在是自由恋爱，反而跟本村人结婚少了。什么原因呢？就因为这里是一个小村庄，没有什么发展前途。大家都是到外面成家。成家之后，大家最多是在过节的时候回家看看父母、亲戚。年轻人都是想往外走，除非承认自己没本事（去打拼），才放弃外出。"

布岱通过族外婚姻引进家庭成员的事例，不仅包括布岱外出成家，也包括外地女性嫁入本地男性家庭，或者外地男性进入本地女性家庭。

在金龙本地的话语当中，对男性通过婚姻入住女性家庭有两种不同的表

---

① Vangelisti, A., "Preface", in A. Vangelisti (Ed), *Handbook of Family Communication*, Mahwah, N. J.: Lawrence Erlbaum Associates, 2004, pp. ix – x.

述方式，而且都持宽容甚至是赞赏的态度。一种表述方式为"两边住"，亦即在本族人之间婚姻，男性到女性家庭称为"两边住"，这并不是很严格的上门制，而是男方视双方家庭在生产生活中的实际需要而较为灵活地在男方父母家庭或女方父母家庭进行选择性居住、帮工，平时则多在女方落户。另一种表述方式为"上门"，指的是外族的男性入赘女方家庭，多数男性是长期在女方父母家庭居住、帮工。不管是"两边住"的男性，还是"上门"的男性，在族群当中普遍得到较高的社会认同。

歌手农 YX 的丈夫是一位退伍军人，年轻时与农 YX 相识并结婚生子。丈夫不仅自己非常勤劳，而且借助女方家庭的亲属关系租赁到一所几近废弃的道班大院并开设酒厂、养殖生猪，夫妻共同打理，2013 年之前曾红火一时。酒厂生产的白酒甚至远销附近数个县份。丈夫在金龙一带人缘很好，哪家有啥红白喜事都会喊上他去喝酒。他虽然语言上只是略懂本地土话，但别人见到是他，都会改用土白话（粤语）或者普通话和他交流、猜码。族群接受族外男性的宽容度较强，日常交往也较为顺畅。

而女性通过婚姻进入金龙的男性家庭，交流则成为是否得到真正认可的关键途径。本族内的婚姻，正如前述荞桥仪式所提及的女性关系的微妙转变，是建立在双方家庭、家族、村屯之间有着千丝万缕的熟人关系的社会结构之上。如果女方在日常交往当中处理得当，大多能融入男方家庭的生活。如沈 WM 嫁给农 LG，通过荞桥仪式就可以强化两个家庭、家族之间的密切关系。

但是，外地的外族女性嫁入当地男性的家庭，情况就比较复杂，要视家庭是否长期生活在族群社区里。第一种情形，家庭建立在族群社区里，大多出现女方不适应族群生活的现象，女方完全不了解当地的习俗文化而无法适应族群文化与族群生活。如果没有当地人的热心帮助，可以说她会陷入非常孤立的状态而有逃离之心。如嫁入当地的黄 ML，在 2014 年 7 月男方家庭给她做荞桥仪式的时候甚至不知道荞桥仪式是为她做的，因为周围没有人告诉她这件事就在家庭的大厅中操持。当她知道我同伴的老家离她家比较近的时候，就用粤语悄悄告诉我同伴，她系广东连州人，汉族，和男主人在打工时认识并相爱，怀孕后来到男主人的老家金龙镇。丈夫把她安顿好之后，又独自到广东东莞打工去了。由于语言不通，她在村子里到别人家串门时往往插不上话，后来干脆就不去串门。家里的亲戚反而说她不爱说话，也没有太多的交流。她提到生孩子的经历，第一天有家婆和干妈帮着照顾，第二天开始则需要自己动手做事了，没有人照顾。她计划一个月后回广东连州老家。至于以后怎么带孩子还没有计划或者想清楚，但是她很想逃离这个无法交流的家庭。

第二种情形则是跨国婚姻的问题。这种情况往往是同源族群内的婚姻案例，如越南岱依族女性嫁给我国布岱男性的情形。从言语与文化的角度而言，这类越南女性嫁过来后并无交流上的障碍，加上很多都有亲戚关系或者由亲戚做媒，族群内的人际关系很容易建立起来。但是，仍然存在不稳定的婚姻状况，甚至生儿育女后离开家庭而另嫁他人。如生活在我国境内某村屯的越南女黄氏，已经先后嫁了三任中国丈夫，留下两个孩子，目前仍处于不稳定的婚姻状态。通过走访与观察，这类嫁过来的越南女性往往在家庭内受到某种歧视或者压抑，既有她们丧失政治身份的原因，也有我国男性普遍存在男权思想的原因。

第三种情形，新家庭并不在族群社区里长期生活。女性往往跟随丈夫在节庆时间来到族群社区探亲访友，对族群文化大多是好奇，并没有长期在族群里生活的打算。农 YW 在 18 岁时到南宁打拼，现在已经拥有自己的工艺制作工作室，日子过得相当不错。他的妻子是南宁人。他们是在事业打拼时相识并成家的。农 YW 的妻子每年只有在过节的时候，跟随丈夫回金龙镇的村子里和丈夫的父母团聚。由于公路比较发达，农 YW 和妻子自驾小汽车三个小时即能回到村子里，当天晚上再返回南宁。他们极少在村子里过夜，因此她对布岱族群的印象基本停留在族群的服饰和不一样的风俗上。

简言之，通过婚姻的方式进入布岱族群，尽管怀揣生活的目的与理想，经过努力，却依然是"异乡客"。

二 族群的造访者

此处的族群造访者，系指逗留在当地社区的时间跨度不超过 6 个月的临时逗留者。由于龙州县向外界不遗余力地推荐非物质文化遗产项目龙州天琴，并以此作为县域经济的文化旅游资源，因此龙州尤其是天琴民间艺术活动保持相对完好的金龙镇，近五年吸引了大批学者、艺术家、媒体工作者和政府官员的关注。这四类人物的到来以及他们和族群的交流互动，也确实引起了当地人的反响，并相应地发展了新形式的民间节庆活动与民俗活动，同时也彻底改变了族群自我认同的文化特征，客观上反而逐渐形成外界对布岱族群的刻板印象。

（一）学者

学者的到来对族群的交流方式产生了深刻的影响。这类学者采用人类学或民族志的方式，解释了当地特有文化的含义，如潘木岚的《广西龙州天琴源流初探》①、秦红增的《中越边境广西金龙布傣族群的"天"与天琴》②等一批文献集中于天琴之物与族群文化的观察研究。2014 年县文体局将优秀的论文汇编，出版了《古壮天琴文化考：壮族天琴文化艺术研究论文集》一书，寄希望将"天琴"申报进入国家级非物质文化遗产名录。布岱原本几近中断的族群文化史被这类学者重新挖掘。

（二）艺术家

艺术家则是以艺术创作为主要目的，进入布岱社区对当地文化进行观察、挖掘与创新。2000 年，县政府邀请梁绍武、范西姆、农锋、韩醒等音乐艺术家到金龙实地考察。他们对民间仪式中的三首天琴曲子进行改编，创作出新形式的《唱天谣》《迎客歌》《放雁》，使这三首天琴曲成为地方文化在舞台亮相的主打曲目。龙州人，尤其是金龙布岱对此非常感激，并且以这三首曲为标杆，希望有更多的外来艺术家能够帮助他们挖掘、改编新的曲子，让布岱的艺术形象在舞台上走得更远。但是，后来县文体局组织的全国各地的艺术创作专家对天琴的再挖掘与创作均告失败。由此，龙州本地的艺人形成一种观念：外面的人不熟悉本地文化，作为舞台表演的天琴艺术还是要靠自己来发展！

---

① 潘木岚、曹军：《广西龙州"天琴"源流初探》，《中国音乐》2005 年第 2 期，第 76 ~ 79，115 页。

② 秦红增、毛淑章、农瑞群：《中越边境广西金龙布傣族群的"天"与天琴》，《广西民族研究》2012 年第 2 期，第 87 ~ 94 页。

（三）媒体工作者

造访布岱族群的媒体工作者包括媒体记者与摄影师，他们当中既有地方电视台的媒体工作者，也有全国性的电视、网络、纸媒媒体工作者。媒体工作者带给布岱族群的文化，强调以舞台艺术为视觉传播效果，推崇将族群传统文化与时尚文化相结合的舞台表演。这是布岱之前从没有感受的而让自己眼前一亮的表演形式。接着，媒体工作者给布岱族群描绘了一幅发展旅游的商业文化。舞台文化与商业文化的核心点在于"新奇"，亦即与主流文化相异的特征，尤其是能满足观众消费的形式与内容。布岱族群在没有准备的情况下，主动抽离了其文化核心的神圣与纯洁，以迎合媒体的需要，因而也看重以布岱女性表演的族群表征。高度职业化的大众媒介造成族群如此的刻板印象，其背后无不渗透着权力的深刻影响。正如斯图尔特·霍尔所言："权力在此似乎不仅必须根据经济利用和物质压迫来加以理解，而且也应根据更广泛的文化或符号，包括以特定方式在特定的'表征体系'内表征某人某事的权力，来加以理解。"[1]

（四）政府官员

在现有的体制当中，政府官员有一种天然的权力优势与资源优势。与布岱族群最密切相关的行政管理与经济投资，都渗透着政府官员的主观意志。例如，在当地颇受争议的天琴起源地和传承人问题就由政府官员拍板确定，却造成了族群内部不和睦的问题。对于族群所敬畏的神性仪式，近期也被政府官员引导发展旅游业，改造成为族群经济的形式。

简言之，族群的造访者从一开始就没有融入族群交流的目的，他们的到来只是工具层面的攫取，尽管他们也为族群的未来走向出谋划策，但最终他们才是利益的真正获取者。

第四节　重建神性与诗性的交流

布岱族群在离散与回归的现代性语境当中重建族群交流的方式，尽管遭

---

[1] 斯图尔特·霍尔编《表征：文化表象与意指实践》，徐亮、陆兴华译，商务印书馆，2003，第 262 页。

遇重重困难，然而，他们仍然热衷于此，这表明在他们的族群文化里潜藏着解释人类交流的另一种思维方式，亦即蕴含着与我们习以为常的现代社会不一样的生存哲学与交流信念。更重要的是，布岱族群重建族群交流的行为，反映出族群与外界交流之后所带来的族群关系动态变迁。神性与诗性的交流智慧，在我们现代社会里可能已经被功利盛行的交流所湮没。而布岱族群对于族群交流的重建实践，不仅拓展了交流智慧的可能，而且使得族群可以更恰当地在现代社会中调适自身文化适应的方式。

一　回归是否无济于事

布岱族群尽管在经历离散与回归之后，仍然存在着族群神性的空心化、族群诗性的媒介化、族群交流的不确定的他者因素等三种主要问题，但是，对于族群交流的重建而言，是不是能质疑回归无济于事？如果我们进一步从族群交流最显现的约束力、神性与诗性三方面进一步剖析，这种"无济于事"确实存在，但"无济于事"并不是布岱族群交流的全部。

（一）族群的约束力

在布岱的社会发展历史进程中，族群先后经历了三种约束力：族群的神性约束力、乡规民约式约束力以及契约式约束力。由族群成员的离散行为而导致的脱域，致使族群的神性约束力与乡规民约式约束力减弱，这是不争的事实。换言之，如果说离散是一种脱离族群的个体化倾向，那么族群对个体成员的神性约束力与乡规民约式约束力都会随着个体成员的离散而减弱，但是以市场经济为基础的契约式约束力对个体成员的影响则大大增强。

对于当下的布岱族群交流的回归，三种约束力依然并存，却产生出迥然不同的影响效果。

1. 契约式约束力

以市场经济为基础的现代社会，强调以契约的方式来解决人与人之间的交流问题或者社会问题。契约关系成为强有力的社会约束力。外出的布岱经过市场经济的洗礼，大多数人已经不同程度地接受这种约束力的观念。即使回归到族群的社区，他们仍然以此为指导从事生产活动，延续日常生活。例如，拆旧房子的村民，是以旧房子的木料在市场上的价格波动来判断是否出售；外出务工，是以签约合同的方式界定工作范围与酬劳……

建立在此约束力基础上的交流，自然是按市场规律来衡量交流的可能性。这种交流往往充斥着市场权力的关系，人与人必须学会算计，成功的衡量标准必须货币化，人与人的分界是刚性的分界。例如，村子里评价哪个家庭兴旺发达，大家都是关注家庭收入的外在表现——房子的大小与装饰，甚至细化到是否贴外墙瓷砖。

置身于全球化的市场经济环境当中，契约式约束力深刻地影响着布岱族群内部、族群之间的自由交流，而且还将继续得以强化。

2. 乡规民约式约束力

乡规民约式约束力可能肇始于我国周代。在古代社会与近代社会中，由于没有具备现代意义的法律体系，乡规民约式约束力一直担任着道德教化的角色，是"具有跟国家正式颁布的法律有着异曲同工作用的社会制约机制"[1]。从交流的立场出发，乡规民约式约束力能够发挥调节与管理作用，影响族群的日常生活与行为准则，"根本是在于其相信人性根基于善"[2] 的前提。

但是，由于现代法制建设的推进以及市场经济所带来的人心算计，根基于"善"的乡规民约逐渐失去了民众基础，成为渐行渐远的一种族群交流的文化印记。

3. 族群的神性约束力

对族群的归属感，最直接的行为是从空间上的距离拉近。族群的神性约束力是以族群的社区场景为背景，因而回归的首要目标是将人带回族群的独特场景，唤起族群成员的合群的热情，这是与其他成员、族群之外的陌生人都能快乐地交谈的前提。

接着，族群的社区通过庄重的神性仪式，建立起族群的公共空间与神性约束力。族群的神性仪式通过庄重的过程，教育族群成员需要讲究伦理规矩、交流规范以及神秘的交流禁忌，这些规矩、规范、禁忌都是神性约束力的具体表现。所有族群成员只有在遵循共同的神性约束力的引导下，才有可

---

① 赵旭东：《否定的逻辑：反思中国乡村社会研究》，上海译文出版社，2008，第127页。
② 赵旭东：《否定的逻辑：反思中国乡村社会研究》，上海译文出版社，2008，第126页。

能实现自由的交流，体验心灵的接近。

再者，在族群的社区里参与公共事务，包括依岗仪式、对歌嬉戏、聚餐会友、广场舞表演等，不仅显示出族群交流中非常关键的交流优势，而且这种面对面的在场参与还构成了族群解决人际关系与族群交流的优先方式。这种面对面在场的族群交流方式，绝不逊色于契约的或者乡规民约的强制约束力；而且，这种交流方式目的在于让所有在场的人都能够与其他人轻松地相处、交谈，暂时放弃契约关系可能带来的强制性效果。

最后，达到心灵交流的新境地。族群的神性约束力能够把逐渐离散的群体重新凝聚在一起。在此神性约束力的规制下，人需要带着对交流的敬畏，带着向善的目的，人与人的交流需要敞开心怀，让族群的集体智慧帮助克服交流障碍，或者让族群的成员在共同遵守约束力的情形下，放下羞涩之心、自闭之心，与陌生人对歌，关注彼此的情感。至此，回归的布岱便有着超越空间、体验心灵接近的族群交流的重建意义。

（二）神性的纠缠

神性，在此意指神灵的本性。对于神灵的形体、住所、社会空间、生活方式等拟人的主体是否存在，中外学者或者思想家为此已经争论相当长的时间。例如，古罗马哲学家西塞罗在其《论神性》[①] 中就记录有无神论与有神论的辩争案例，而且当时的辩争一直影响着后世的西方宗教学与哲学的理论发展。

然而，对于具有朴素交流思维的布岱而言，他们并不介意那些看不见、摸不着的神灵主体是否在现实中真的存在，他们关心的是他们与神灵之间的"交流"问题。亦即是，对于布岱的神灵而言，如乜积歌与阿积帝、务、鸡鬼，其形状是否拟人，或者是否飘散于空中而不为人所见，这都不是重要的问题。因此，对于理解布岱在重建交流语境中的神性问题，必须以交流作为存在的前提。与神灵交流的仪式，是布岱对待不可知的超自然"他者"的认可，亦即是布岱如何与"他者"交流的可能性。对于他们而言，神性（神灵的本性）直指"我"与"他者"交流的本性；神灵只是布岱设想的一个可以交流的"他者"。神灵既神秘，又具有超自然的能力，可以聆听

---

① 西塞罗著《论神性》，石敏敏译，商务印书馆，2012。

"我"的倾诉，甚至更现实一点，有求必应！

由此，回归之后的布依，在交流过程中就存在两个问题。

一是是否还需要设想一个可以交流的超自然的"他者"。从族群离散的布依，大部分都是往中国内地迁移，务工、升学、婚姻成为主要的迁移方式；也有少部分布依是进入了县、市、自治区级的政府机构而成为公务员。他们离散到现代社会，膜拜职场的成功，或者追求生活的富足。他们当中接受过学校教育的人，即使是小学毕业的人，基本都养成了唯物主义的思维方式，不再相信神灵主体的存在，而且回乡之时亦会批评那些相信神灵的行为为迷信。这是作为现代社会的大部分人所具备的无神论思维。

二是是否还需要与超自然的"他者"交流。与布依不相信神灵主体相矛盾的是，他们又同时保留着对族群、家族里各种神灵的敬畏，渴望与超自然的他者沟通，更希望得到神灵对交流的庇护，尤其是当他们在外面的现实社会中遇到挫折时。换言之，布依弱化了对神灵主体的敬畏，而更注重的是与神灵沟通的交流仪式。这又是布依族群原生文化延续的有神论的交流思维。

这两个看似矛盾纠缠的问题，并不是宗教或者信仰视角中的神性的辩争，而是表明布依在离散与回归的拉锯式进程中所遭遇的"交流对象的空心化"与"渴望交流"的矛盾对峙。交流仪式的重建既具有象征性也具有意义的再生产性，同时，交流仪式也设置了一种族群交流的程式，将交流过程重新赋魅以达成成员之间的自由交流。

进一步而言，尽管"交流对象的空心化"与"渴望交流"的矛盾对峙，然而，现代性的另一个特征——理性，也逐渐地、极大地削弱"渴望交流"的力量。在现代社会中，布依学会理性思考的方式，学会以一种理性思维来应对人与人的关系，处理人与人之间的交流。停留在想象领域的神灵难以发挥作用。这也就印证了哈贝马斯的说法，终有一天，生活世界（lifeworld）将被全部理性化，其"传统核心"在被现代话语，也通过现代话语全面表述并固化之后，将"浓缩成为一些抽象的因素"。① 但是，"资本和新技术明

---

① Habermas, J., "Lifeworld and System: a Critique of Functionalist Reason", in *The Theory of Communicative Action*, Vol. 2, Boston: Beacon Press, 1981, p. 344.

显无助于少数民族主体性的维护，这里的少数民族不仅是指作为种族的特点，而且代表着反对资本主义和现代性的公理体系的特征"①。

至此，布岱只有在遇到挫折而无助之时，才会重新燃起对族群神灵的想象之光，燃起交流的渴望。

（三）诗性的钝化

诗性之"诗"在于交流，正如古人所言"在心为志，发言为诗"。布岱传统的对歌生活当以对歌的形式吟诗，是人与人灵魂相通的诗歌交流。如此美好的交流，却遭遇离散的蜇伤。一方面，当布岱参与社会流动而离开世居的社会空间，离散地分布在另一种文化的社会，族群成员之间对歌的机会基本丧失。另一方面，族群成员与另一种文化的人无法找到共同的诗性表达的方式，和陌生人对歌的概率越来越小。当布岱从外面的世界回归族群的社会空间，他们发现对诗歌已经麻木，不再会唱自己乡音的歌谣。在族群交流中，这是一种诗性的钝化现象。

对于布岱的族群交流，诗性的钝化大致有两种形式。

1. 对交流的不敏感

为了生计，布岱渴望走出族群传统的社会空间。但是，在新的社会空间里，他们将大部分的时间都花在工作上。外出务工的布岱谈得最多的一种生存状态是在工厂里打工。"我们在（广东）那家服装厂做事，每天做事都要14个钟头。因为是（按）计件（算工资），我们都想多做一点，挣多一点钱。那家工厂条件还算不错的，有风力很大的空调。我们待在里面都不愿出来，特别是夏天。……大家都没太多时间说话，生活其实也挺枯燥的。"（农 HR 说）这批布岱已经按照工业化的方式计算时间与酬劳，算计着利润最大化的问题。

> 我们在城市里做事，也知道同村有几个老乡在这座城市，但是大家各忙各的，哪有时间聚啊。村里的年轻人建了三个 QQ 群，都是拉同学

---

① 埃斯科瓦尔著《遭遇发展：第三世界的形成与瓦解》，汪淳玉等译，社会科学文献出版社，2011，第 264 页。

进去的。这是我们联系得最多的方式。一开始大家都有话说，一两个月后就说话不多了。只有几个活跃人物在上面发好多图片啊，视频啊，哈哈，我都不好意思给你看。其实，我们都知道，到这个群里就是想发泄一下苦闷。现在（这些）群已经被封杀了，大家就更少联系。（沈ZZ）

布岱在城里不再按照乡村熟人社会的交流方式，不需要熟谙对歌的诗性表达。城里人交流的复杂与精致，替代了儿时耳濡目染的歌谣诗句，替代了当年纯真与情深。"我们不会唱那种歌了。我们喜欢听流行歌曲。""在外面打工，哪有（对歌）这么浪漫？天天加班，有空就想睡觉，逛街，自己快乐就行。"感受交流的诗性，在忙碌的城里人的生活方式中已经不再重要，人对交流也就不再敏感。

2. 对交流缺乏想象力

诗性的表达是一种创造性的想象力。离散在族群之外的布岱，不仅缺少了交谈的空间与时间，而且交流的欲望都被压抑着，更不可能像在世居的村子里那样面对面地对歌逗乐。离散的族群，缺失了一种在场的、情感专注的族群交流仪式。

更要命的是，当离散在外的布岱习惯了那种没有诗性交流的生活方式，当他们回归族群的社会空间时，几乎丧失了诗性表达的方式、心情、勇气，尤其是想象力！"山歌的想象（力）很丰富啊，我们已经不会（像村里歌手那样）想象了。""小时候听村里人唱，半懂不懂的。可能是那时我们年纪小，时节不对。现在再听到对歌，就像是春雨来，百花开，可惜我等的人已经不会唱了……"

"我等的人已经不会唱了"，何等惆怅的孤独感！人与人交流的想象力由此断裂。对歌的歌词是一种诗性表达，但对歌所表现的诗性，确是人与人交流的灵魂相通。族群的回归者不再对歌，诗性的想象力无法解决交流的问题。对诗性的感知缺失，就无法认识到族群交流中深达人性的终极关怀：一方面是不再聆听族群歌手的声音，误以为他们之间只是调情与嬉戏；另一方面是不再感知族群交流的精神内核，误以为族群回归只是表面的怀旧而诗意全无。

　　至此，人与人交流的诗性被钝化，交流的想象力的灵光逐渐让位于现代社会的"衣帽间式"和"表演会式"[①] 的交流。

　　为何要考察现代性对族群交流的影响？正如斯蒂夫·芬顿（Steve Fenton）认为"有关表述族裔认同的物质与文化情境的理论是可能存在的，这是一种关于现代性和现代社会的理论"[②]，认为更重要的是"受族裔行为的外部对等体（coordinate）所影响，而不是受族裔认同本身内在的特征所影响"[③]。以民族国家、社会流动与媒介文化为主要指征的现代化是一种循序渐进的过程，而这过程恰好麻木了族群、族群个体成员对交流的诗性智慧的持续感知，直至失去交流的诗性感觉。

二　交流需入魂

　　无论是家庭仪式、集体仪式，还是群体的歌坡活动，布岱在族群回归的交流当中，并不是简单地重建了族群交流的形式版本。没有乜积歌、阿积帝、务、鸡鬼等神灵与鬼魂，也就没有了对"他者"交流的敬畏与对"他者"交流目的的向善，敬畏与向善即是布岱族群交流的魂魄。

　　交流的敬畏与向善不是有关族群交流的虚无的想象：一方面，敬畏与向善是物质性交流的精神要素。当布岱视交流为现实的一种族群行为并乐于参与其中时，交流便具有物质性。但这种物质性并不仅仅局限于面对面的声音、动作的物理传达，还存在着不可捉摸、不可言传的精神在场，这种精神在场使交流者充满敬畏与向善，敞开心扉地投入交流当中。另一方面，敬畏与向善也是族群交流的精神性的物质体现。这种精神确确实实地客观存在，是一种精神的非实体性的物质化。此处的交流的精神，是仪式或者行为本身

---

① "衣帽间式"与"表演会式"均出自英国齐格蒙特·鲍曼（Zygmunt Bauman）的著作《流动的现代性》（*Liquid Modernity*）。他在书中提到"衣帽间式的共同体"（cloakroom community）和表演会式的共同体"（carnival community）。衣帽间式指的是参观不同展览时，参观者会根据场合选择着装，服从着不同于他们平时遵守的着装规则。而表演会式指的是参与者像投入表演一样，打破平日离群索居的单调生活的场景，在表演活动中得到宣泄。鲍曼认为，衣帽间式与表演会式的共同体都是现代性景观中必不可少的特点。参见鲍曼著《流动的现代性》，欧阳景根译，上海三联书店，2002，第 311 页。

② 斯蒂夫·芬顿著《族性》，劳焕强等译，中央民族大学出版社，2009，第 2 页。

③ 斯蒂夫·芬顿著《族性》，劳焕强等译，中央民族大学出版社，2009，第 191 页。

意义之外的"他者"的物质化。

正由于存在着交流的敬畏与向善，族群的交流基础得以建立在族群内部成员之间，或者族群与族群之间。此处的"之间"，原本是有多维的分界线的，但是，由于族群成员的社会流动，多维的分界线仍然走向模糊。在此情形之下，"之间"更可靠的分界则是坚守族群交流的敬畏与向善，敬畏与向善才是"之间"交流的核心。

（一）对族群交流的敬畏

"敬畏"者，其义既蕴含尊重，又隐藏恐惧。在布岱的观念里，交流不仅与身体、言行联系，而且是与灵魂、报应相关。在族群社会里，交流的主要社会功能，是达成族群成员之间、族群之间的信任，聆听彼此的感受，以避免交往的断裂。而这样的族群交流是建立在有关神性的想象力的、更深层的基础之上，是一种与"超自然的他者"的交流，也是深达灵魂的交流，甚至还带着对可能产生的交流障碍的一种恐惧。

1. 与"超自然的他者"的交流

布岱重建族群的交流仪式，在日常的家庭生活或者族群的集体活动中操持民间信仰的巫术行为，对那些无法预知的交流对象与交流行为施以"神性"的想象。此时，巫术为"神性"的交流仪式，布岱以超自然的他者为交流的延续，实现世俗与灵魂的共同追求。生与死的边界是可以通过交流来跨越，"我"与"他者"的边界同样也可以跨越。布岱这种带着"神性"意味的交流，本质上强调的是"心诚则灵"，交流至此而达成。

换言之，神性在布岱族群的交流当中充当着类似于宗教的功能，"用以指导人们相互交往的规矩……即有必要对人与人之间的行为方式加以指导"①。至于"神性"是否真实地达成布岱族群交流的目的的问题，可以借用古希腊人是否相信他们神话里的"真实"的回答。对于带着"神性"的自相矛盾的想象，韦纳（Paul Veyne）认为："实相就是想象……当道的是想象，而不是现实、理性"②，因此"在文化与对实相的信仰中必

---

① 德波顿著《写给无神论者》，梅俊杰译，上海译文出版社，2012，第29页。
② 韦纳著《古希腊人是否相信他们的神话》，张竝译，华东师范大学出版社，2014，第1~2页。

须择一"①。

2. 对交流的尊重与恐惧

当然，布岱也很明白，巫术只是交流的仪式，真正的族群交流并不能完全由着个体的"我"的想法来进行，而神性对族群交流的规制、启示、引导，旨在让"我"和"我们"懂得自己不是万能的，彼此之间都应该像孩子一样真诚地交流。荞桥仪式、依岗仪式，甚至包括相对罕见的丧葬仪式，之所以在现代性的社会语境中重建，实则源于布岱对交流的渴望，尤其是对那些不可知的他者、不可感的交流过程的一种尊重与恐惧。

这种情形类似于马林诺夫斯基所认为的族群巫术，"不但满足着个人机体的需要，而且是一种重要的文化功能，在社会中有它的价值"②，而且"只有那些靠不住的、大部分见不到的效果，那些一般归于运命，归于机遇，归于侥幸的事，初民才想用巫术来控制"③。也就是说，布岱的巫术仪式是需要有目的的运用，是希望能帮忙解决实际交流问题的"工具"。进一步推导，从人的交流的角度而言，"在神圣者面前总有着某种焦虑"④，因而，对于族群的个人而言，对于神性的仪式而言，都存在"能够转变为仪式的并非是个人的和私己的情感，而是公共情感，即由整个部族或社区所共同体验并公开表现的情感……一旦演变为仪式，就会在固定的时间和日期表演"⑤。族群里最普遍的祭祀礼仪，从而通过神性的表演来达到交流的目的。

况且，如果与不可知的他者无法达成交流的目的，有可能导致一种恐惧的结果："我"曲解他者或者他者曲解"我"，而招致报应。这种有关交流的报应，可以理解为跨文化传播意义上的"交流是没有保障的冒险……而

① 韦纳著《古希腊人是否相信他们的神话》，张竝译，华东师范大学出版社，2014，第153页。
② 马林诺夫斯基著《文化论》，费孝通译，华夏出版社，2001，第56页。
③ 马林诺夫斯基著《巫术、科学、宗教与神话》，李安宅译，中国民间文艺出版社，1986，第16页。
④ 约翰·B. 诺斯、戴维·S. 诺斯著《人类的宗教》，江熙泰等译，第7版，四川出版集团，2005，第13页。
⑤ 哈里森著《古代艺术与仪式》，刘宗迪译，生活·读书·新知三联书店，2008，第27页。

没有交流，会面临更大的风险"①。

3. 敬畏驱动向善的交流

带着敬畏神性的族群交流观念，在现代社会里或许还被误斥为迷信，但这样的思维方式确是布岱心怀宽广的交流支点。一旦没有了这样的胸怀，族群交流的根基就被挖空，甚至带来令人恐惧的交流的报应，因而对交流的神性的敬畏，恰是布岱不断通过仪式而强化交流的内驱动力之一。

对布岱的族群交流而言，敬畏既是对"他者"交流不确定性的恐惧，也是对这种恐惧的一种积极应对。这种情形类似于古罗马人西塞罗所言："我确实不知道，如果失去对诸神的敬畏，我们是否还能看到善良的信念、人类之间的兄弟情谊，甚至连正义本身也将随之消失，而正义是一切美德之基石。"② 不同于西塞罗的是，布岱强调敬畏驱动交流，交流是族群交流的生命基础，在生老病死的生命轮回中，懂得敬畏，才有可能超越交流的肉体物质性，才有可能升华与他者的交流。交流伴随着生命的轮回，而敬畏则驱动族群交流达成一种向善的封闭式的生命圆环。

（二）重建向善的交流

懂得敬畏，才知道向善，这是交流的表征之一。布岱通过交流的仪式而与超自然的他者（诸神）沟通，请求他者帮助实现世俗社会中的善意交流，希望善意能够带来交流的顺畅。在向善的期盼中，也要避免产生恶的念头，还要逃避恶的威胁。布岱在离散与回归的过程中，真切体验到小型社会是达成向善交流的前提环境。

1. 向善的期盼

正如布岱重建族群交流的实践，神性是族群发出的最后抵抗。没有了神性，族群也就没有了内核。作为族群想象中超自然的"他者"，神灵掌握着人与人交流的力量。神性，以想象的方式神化了"他者"的力量，也神化了与"他者"沟通的可能性，前提是"我"带着敬畏与虔诚而开放心胸。带着诗性智慧的交流，"我"把全部注意力聚焦到与超自然"他

---

① 单波：《跨文化传播的问题与可能性》，武汉大学出版社，2010，第25页。
② 西塞罗著《论神性》，石敏敏译，商务印书馆，2012，第2页。

者"交流之上。这种交流闪烁着人类早期交往的感性思维的火光，是人类走出洞穴之后一种对"向善"的交流圆满的最直接期盼。这种带有神性的原始思维"并没有因为原始社会的解体而消亡，它的许多规定性经过漫长农业文明仍以特殊的方式沉淀在日常思维中"①。从族群的个体视角而言，善是人类交流的圆满，向善因而成为人类交流的人性需要中最积极的过程。

2. 恶的威胁

然而，与善相对应的恶也同样存在，恶阻隔着人与人的交流，威胁着交流的圆满，就像上帝的"恶"念而毁掉巴别塔一样。以个体的能力是可以在一定程度上避免或者逃避恶的威胁，但是更大的恶，是需要族群的合作才能化解或抗衡。

从跨文化交流的视角而言，最大的"恶"便是由于无法交流而导致离群索居。现代性带来布岱族群离散与回归相交替的社会流动，族群的个体逐步流动到族群之外而时常脱域，族群内、族群与族群之间人的关系碎片化。族群所维系的原有小型社会首先从时空上开始瓦解。小型社会的瓦解很致命。这种情形在其他文明的社会发展中也有类似的证据，例如，帕特南的数据研究表明："几乎所有利他的行为都在小城镇里更为普遍。"② 人类学家也印证了这种观点："女巫在数个方面有益于小范围的社会……她们迫使社会接受利他行为。"③ 小型社会的邻里关系与利他行为成为乡愁的旧照片。在城市里享受丰富的物质与碎片化人际交流的同时，每个人都几乎处于离群索居的状态。

但是，布岱的离散是自主的选择，因为他们需要到族群以外的社会获得物质的财富，或者流动到城市寻找阶层的发展机会。只是在他们遭遇交流的困难时，他们会不自觉地选择面向自己族群寻求可借用的方式。尤其是，他

---

① 贺苗：《日常思维生成机制研究》，黑龙江大学博士学位论文，2009，第 60 页。

② 罗伯特·帕特南著《独自打保龄：美国社区的衰落与复兴》，刘波等译，北京大学出版社，2011，第 154 页。

③ 约翰·鲍克著《神之简史：人类对终极真理的探寻》，高师宁译，生活·读书·新知三联书店，2007，第 34 页。

们能在族群交流中感受到集体的力量。例如，布岱在依岗仪式中的"封村"仪式，借助巫术与村屯的集体力量，共同抵御来自外界的邪恶。这只是他们的象征性仪式。更深层的是，他们在离散到外乡的现代化城市空间时，他们能体验到离群索居的"恶"，即使依靠工资收入增加财富依然充满乡愁，一种对族群交流的渴望。

3. 回到小型社会

布岱对族群交流的重建，最关键的是重新回到族群的小型社会，回到恢复的神性，激发向善，并因此而得以倾诉、狂欢。回归小型社会的时间很短暂，像是"表演会式的共同体"①的表演活动。但是与"表演会式的共同体"不一样的地方，布岱是带着神性，也就是带着族群的灵魂而汇聚、交流，更接近巴赫金所指的"来源于欧洲千年的民间狂欢节传统"②的狂欢节，存在着"人类潜意识里的对新生、自由和平等世界的向往"③。但是，布岱要比欧洲民间的狂欢节多了一项对神灵的虔诚仪式。经过现代性洗礼的布岱，只有恢复了对族群交流的神秘性，对族群交流过程的敬畏，才有可能向善地交流，诗意地安居。

由此发问，面对交流的无奈，如果"我"和"你"没回到小型社会，我们还能坐在一起祈福吗？

三 诗性惹情牵

如前文所述，维柯所指的"诗"源于西方概念下的思维方式，亦即"文学是诗性智慧最直接的产物，哲学是诗产生之后很久才出现的理性的认知方式"④，而由此衍生的诗性智慧的方法论认为"历史科学的原则不是历史学家们通过理性机能反思自身的心灵就能发现的，而是在不同民族心灵演

---

① 鲍曼著《流动的现代性》，欧阳景根译，上海三联书店，2002，第311页。
② 吴文涛：《巴赫金狂欢化理论的审美人类学阐释》，广西师范大学硕士学位论文，2014，第18页。
③ 吴文涛：《巴赫金狂欢化理论的审美人类学阐释》，广西师范大学硕士学位论文，2014，第18页。
④ 汪涛：《论中西诗学与比较诗学研究的历史与现状》，《华南理工大学学报》（社会科学版）2004年第6（5）期，第36页。

化中找到的"①，因此，维柯所带来的诗性智慧更侧重于有关族群的思考，诗人被视为族群里能凭想象来创造的"创造者"②。

国内部分学者借用维柯的"诗性智慧"观念，直接观察本土的族群，聚焦点多集中在对特定族群的诗性智慧的考察、描述与解释上，例如，以中国原始艺术为中心的考察诗性智慧与艺术发生③，以文学批评的角度考察诗性智慧与艺术想象④，以族群视野观察的壮族民歌传统的诗性思维阐释⑤，等等。另一类牵涉诗性智慧的观察，则是采用民族志或人类学研究方法的案例，属于间接与族群的诗性智慧相关研究，其原因在于维柯的诗性智慧对西方人类学研究方法影响非常久远。

然而，关于诗性的文化含义与定义，中国传统文化所指之诗性则与维柯所指的"诗性"不完全等同。譬如，在布岱族群交流的语境当中，诗性智慧则具有"诗可以群"的特质，具有慰藉的交流效果。

（一）诗可以群

在语言有限的情况下，歌咏的诗成了布岱族群交流的最直接的思想。源于"有朋自远方来不亦说乎"的儒家思想，"诗可以群"⑥成为人与人交流的一种追求。布岱的心里最明白这点理儿。

1. 布岱的"诗"与"诗性"

有人认为"中国诗性智慧以小农意识的文化传统为基础，注重自利性、实用性和非自由性文化产生的诗性智慧受到现实的强大压制"⑦。这样的论断有以偏概全之嫌。恰好相反，对于分布在西南民族地区的族群交流而言，诗性智慧所涵盖的内容与精神非常丰富而且异彩纷呈，难以用一两句话进行

---

① 朱海萍：《维柯的诗性智慧研究》，吉林大学博士学位论文，2011，第76页。

② 维柯著《新科学（上、下）》，朱光潜译，商务印书馆，2012，第189页。

③ 陈倩倩：《诗性智慧与艺术发生：以中国原始艺术为中心的考察》，《咸阳师范学院学报》2012年第27（5）期，第101~105页。

④ 王嘉良：《诗性智慧与艺术想象》，《文艺争鸣》2009年第1期，第44~47页。

⑤ 覃德清：《非物质文化遗产保护视野中壮族民歌传统与诗性思维的文明史价值》，《中南民族大学学报》（人文社会科学版）2012年第32（6）期，第128~132页。

⑥ 转引自王学泰《诗，曾经是一种精神价值》，《读书》2015年第2期，第162页。

⑦ 徐肖楠、施军：《中西诗性智慧的不同文化情境》，《苏州科技学院学报》（社会科学版）2005年第1期，第108页。

总揽式概括。

在布岱的族群交流语境中，"诗"即是"歌谣""山歌""对歌"，是一种精简而有韵律的交流文体。他们在平仄押韵、对唱和谐的文学体裁中倾注关注他者的智慧，正所谓的"在心为志，发言为诗"。而布岱的"诗性"，不仅注入了歌谣的创作技巧，有节奏与共鸣的韵律，而且抒发着情感与交流的想象，从族群交流中寻找交流的潜能。从"诗"的智慧，到"诗性"的想象，布岱在族群交流中理解并拥有自己精神世界里的人性关怀。

布岱的对歌虽然是对抗竞赛的人际交流形式，但是重在情感沟通，在场的人无形中投入关注与热情，和对手唱歌，和陌生人唱歌，是追求人际交流的一种"诗性"表达。况且，如果说儒家的"有朋自远方来"是熟人或旧相识的友情交流，那么，布岱的对歌却是扩大至陌生人范围的交流。在"诗性"表达的对歌当中，人与人、族群与族群之间建构起一个浪漫的想象空间，亦即建构了一种族群交流的通道。在此通道，"我"和"你"都不以追求信息的真实为首要，而是追求一种情感的"诗性"表达。"诗"的节律和音韵抑扬顿挫，抒发的情感丝丝入扣、心心相通，能够使"我"和"你"都感到身体与灵魂、个体与群体浑然合体。"诗"的核心特征之一：交流的本真在于以己度物，而"诗以本真的方式把握世界，它不自命能够理解世界，正相反，它把世界以本真的样貌呈现出来……"①。

因而，从"诗"到"诗性"，布岱这种"诗性"是实现自由交流而诗意地栖居的族群交流方式，是人性健全发展的精神境界。

2. "诗可以群"成为布岱回归后所追求的一种交流行为

从"诗性"到"诗可以群"，离散之后选择回归的布岱重构了一种族群的生活与生存方式。由于生计而离散在外的布岱，对于外界社会最本真的反应，是选择了以对歌为文学体裁的族群交流形式，"诗性"成为族群交流的重要想象，"诗可以群"则是重建在这种想象之上的交流行为。

对于回归的布岱而言，"诗可以群"是重温族群交流的产物，也是现代

---

① 毛峰：《神秘主义诗学》，三联书店，1998，第39页。

化进程中需要重建的一种情感与交流，而不是单纯的乡愁或者怀旧。只有经历离散的体验，才能深刻体会回归之后"可以群"的感受。如农 HZ 所言："（我）小时候不懂得唱山歌好在哪里，那是因为时节不对。那时候，人都没长开（长大），没有关注别人的想法。现在大家在一起唱歌，那是多好的约会啊。"约会，需要的是打开彼此心灵的藩篱而愉悦地交谈。

离散与回归的历程，布岱在乡村与城市之间穿越、游弋，与陌生人反复打交道，充满着不可预测的交流结果，而且每个人几乎都是孤独地面对交流的结果。遇到交流的风险，唤起布岱对族群交流"可以群"的渴望，尤其是带着乡音与对歌的"诗可以群"的渴望。因此，任何从字面理解布岱离散与回归的诗性问题都是偏颇的，或是有隔靴搔痒之嫌。也只有在经历离散之后的回归，布岱才能在流动的社会中重建族群交流的"诗性"，才能感悟"诗可以群"所蕴含的升华精神。

3."诗可以群"的交流特质

诗的"可以群"会不会影响"诗性"的交流特质？无论是虔诚的神性仪式，还是浪漫的诗性对歌，布岱都讲究"心诚则灵""以情动人"。对超自然的他者的交流，心诚则灵则达成交流的意义，无须解释是否有神灵的存在。对歌的交流，以情动人，把自己的情感融进歌声里，在歌声里聆听别人的真实情感，无须纠结是否存在强弱的权力关系。布岱对族群交流的回归，是一种相由心生的自发交流行为，回归即是选择"可以群"，神性仪式、男女对歌即是选择"诗性"生活，贯穿两者的主线是"心"与"情"，"心"与"情"两者高度统一于族群的群体行为与群体目标。因此，从这方面而言，诗的"可以群"并不影响"诗性"的特质，反而强化或者升华了族群"诗性"的特质。

但是，布岱原有的族群聚居区一方面具有跨境族群的特征，另一方面在加入社会流动、迎合媒介镜头之后，也逐渐发现自身的社会资本与文化资本被消耗、被消费而丧失了原有族群社区的凝聚力。"现在大家见面都少了，谁还能帮谁？""有时候就是靠钱找人办事！"诸如此类的日常抱怨并不少见。以前建立在社区生活之上的互利互惠、相互信赖的风气逐渐淡漠，尤其是长年在外务工的年轻人，已经很少有时间待在社区里生活。布岱族群的社会资本与文化资本正被消解。而"社会资本指的是社会上个人之间的相互联系——社会关系网络和由此产生的互利互惠和互相信赖的规范"①。现代性文化中不断增加的媒介力量，水煮青蛙式地彻底摧毁族群里、族群之间"心"与"情"高度统一的、富有诗性的族群交流。"为文造情"，族群对诗性的想象力让位给媒体，这是布岱面对的最大压力。

在此，我们可以借鉴王学泰关于"诗履行'可以群'的职责会不会丧失诗的特质"②中的"会"与"不会"的观点："不会"，是"因为他是以身心融入社会，以诚待人"；"也会"，则"关键在于它缺少真情实感，为文造情，没有精神价值"③。

（二）关注与慰藉：我们还能坐在一起唱歌

以社会流动为特征之一的现代性，不仅赐予布岱丰富的物质生活，创造更多的发展机会，但同时也给他们带来心灵的"离散"。当他们回到村子，蓦然间发现以前"人未至，花未开"的时节，此时已是"对得山歌动人心"。布岱带着乡愁，重拾族群的身份，此时的身份呈现为一种诗性的慰藉。

1. 信息交换不是族群交流的最终目的

以手机为移动终端的互联网传播方式，同样影响着布岱的乡村生活。这里的手机覆盖率受到通信商基站与信号的制约。只要有信号覆盖，村里人，下至初中生，上至70岁的老人，几乎人手一台手机。各年龄、阶层使用手机的方式迥异，获取的信息也相差较大。对于年轻人来说，通过手机获取外界的信息几乎与城里人没什么区别。

"现在的手机太方便了，上网查东西很容易。"回归的年轻布岱如是说，"我们回到村子，做点仪式，了解信息是次要的，最主要是见见家里的人、亲戚。"在以市场为导向的社会流动过程中，布岱外出的时间比较多，面对

---

① 罗伯特·帕特南：《独自打保龄：美国社区的衰落与复兴》，刘波等译，北京大学出版社，2011，第7页。

② 王学泰：《诗，曾经是一种精神价值》，《读书》2015年第2期，第164页。

③ 王学泰：《诗，曾经是一种精神价值》，《读书》2015年第2期，第164页。

碎片化的人际关系，信息交换仅仅是他们回归族群交流的表征之一，而缠绕他们的新烦恼则是交流的问题。在外面漂泊，加上接受教育的程度有巨大差异，城乡的知沟在不断扩大，各种交流的障碍接踵而至，因而在潜意识里产生了对族群交流的焦虑。

布岱并没有排斥现代性，甚至还可以说是拥抱现代性，但面对无法释怀的族群认同情感、无法沟通的现代社会人际关系，有相当多的布岱还是转向族群，重建曾经中断的族群交流方式，期待从中找到自己所需要的沟通方式和交流的关注与慰藉，哪怕只是短暂的回归也好，以消解来自现代性的交流焦虑。

2. 关注与慰藉是交流的人性需求

从以前"在不同村落的男女两性间进行"[①] 的对歌，到今天不同族群之间的性别竞赛，如果仅仅停留在两性个体情感交流的层面，那么很容易得出他们追求交流愉悦的结论，或者是"男女两性间的吸引力在于一种缺失感"[②]。但是，布岱在迈出族群的社区空间之后，为何还热衷于重建已式微的歌坡的交流方式？

布岱族群参与社会流动，主流媒介文化对布岱族群文化的改编，两者总会撩起布岱的乡愁。"人之本性就是做自己情感的主人。"[③] 而"诗歌总在传达人们所能感受的一切愉悦：它永远属于生命的闪光；在痛苦的时刻，它又是产生任何美的，宽宏的，或者是真实的事物的源泉（雪莱）"[④]。布岱对歌交流的目的不是以交换信息为主要宗旨，而是以共同的、美好的和谐交流为想象的图景，大家怀着善意奔向想象中的族群交流。在场的、情感专注的对歌，可以成为一种跨越族群之间政治边界与文化边界的智慧游戏。大家再度像少年一样关注彼此，尽情逗乐，尽情诉说情窦初开的恋情。

---

① 葛兰言：《古代中国的节庆与歌谣》，赵丙祥、张宏明译，广西师范大学出版社，2005，第133页。

② 葛兰言：《古代中国的节庆与歌谣》，赵丙祥、张宏明译，广西师范大学出版社，2005，第122页。

③ 转引自马里奥·佩尔尼奥拉《仪式思维——性、死亡和世界》，吕捷译，商务印书馆，2006，第179页。

④ Shelley, P. B., *A Defence of Poetry: An Essay*, Blackmask Online. 2001, p. 8.

此时此景，同源族群的诗性叙述成为一种诗意的关注与慰藉。正如苏格拉底谈到爱神时："一个人既然爱一件东西，就是还没有那样东西；他盼望它，就盼望他现在有它，或者将来有它……"① 族群交流并不只是个体成员之间的信息流动，更应该是族群交流的"诗可以群"式的关注与慰藉，其动力源自渴望重返年轻人的恋爱心态，换言之，两者之间交流的漠不关心或者冷淡是更难跨越的障碍。因此，充满着关注与慰藉的对歌交流的愉悦（pleasure），既成为布岱族群交流的"因"，也属于布岱族群交流的"果"。关注与慰藉不仅是族群交流的心灵感应，也是永恒的人性需求。

至此，爱默生所言的："我们来到他们跟前，他们痛哭而不能自己，我们坐下来陪他们哭泣……"② 在此处转变为"我们还能坐在一起祈福吗？""我们还能坐在一起唱歌吗？"在现代性语境当中，在经历离散与回归之后，我们期待，族群交流或许能在这样的祈福与歌声中找到丝丝的关注与慰藉。族群交流因而成为人与人追求的精神乌托邦，即使这样美好的交流乌托邦"昙花一现"，其寻求的过程也足以慰藉我们渴望交流的心灵。

四 依然充满想象的交流

神性与诗性是布岱族群建立在想象力基础之上的、在场的交流契机与精神内核。这种族群交流的潜能，像是海德格尔所强调的我们内心深藏的诗性本能，是一种需要寻找人与人交流的诗性智慧。在学理上，如果交流能够与神性、诗性表达相构连，是否就意味着我们可以找到族群交流的另一种可能性？或者在现代性横扫一切的语境中是否能找到族群交流的一线生机？

寻找这样的交流的可能性和交流的生机，神性与诗性将统一寓于对交流的想象当中。为了理解这种对神性与诗性的想象的作用，我们需要把它与理性的想象作用区分开来。布岱回归家庭关系的交流，最看重的是重建荪桥仪式，强化了以家庭为节点的家庭之间、家族之间的族群交流与族群稳定。对于族群的群体认同，布岱则通过恢复依岗祭祀仪式，促使族群达成族群交流

---

① 柏拉图《会饮篇》，王太庆译，商务印书馆，2013，第 46～47 页。
② 转引自彼德斯《交流的无奈》，何道宽译，华夏出版社，2003，第 258 页。

以及族群交流所带来的善。这是布傣族群理性的一面。可是，如此现实的交流目的，其目的性或者功利性太强而令人生厌。布傣在族群交流中引入诗性智慧，想象着超自然的他者见证秣桥仪式中的家庭交往，见证侬峝仪式中的集体祈福。无论是秣桥仪式还是侬峝仪式，充满敬畏的神性在族群交流中得以昭示。至于贴近生活情趣的两性交流，布傣热衷于歌坡活动，包含深切关注与慰藉的对歌，激发了灵魂深处对诗性表达的想象力与创造力，缝合着各群体之间的对立，对歌的竞赛成为两性交往的诗意的交流图景。

布傣重视族群交流的想象，实际上是将神性与诗性的交流想象，暂时性地替代对现实社会的交流想象，以借助想象把现实生活的交流当成一种交流的真实，因此，交流中的想象与想象中的交流（这两者也是一种想象），二者无疑比其他任何想象都更能被布傣赋予对这个交流世界的绝对信仰。当然，布傣的交流想象只有在具体的历史时期和特殊的场域，才能类似于真实世界的交流样本。

当神性的想象与诗性的想象这两个族群交流的灵魂得以唤醒，布傣也就重建了他们的族群交流方式。

结　语

有关寻找族群交流可能性的观察，很少有人会从人类的感觉经验出发，通过人类共同的交流需要与创造力来研究如何达成交流的圆满。但是，在现代性的影响之下，处于边缘状态的少数族群，在经历离散之后，出现了重返小型社会与重建传统族群交流方式的现象。他们重建族群交流的行为，表明在他们的族群文化里潜藏着解释人类族群交流的另一种思维方式，亦即蕴含着与我们习以为常的现代社会不一样的生存哲学与交流信念。例如，处于跨境区域的布岱族群近年来热衷于重建传统的交流方式，反映出布岱族群与外界交流之后所带来的族群关系动态变迁。尤其是他们所崇尚的神性与诗性的交流智慧，不仅拓展族群交流的可能，而且可以引导族群以更恰当的文化适应方式调适族群内外的各种关系。因此，族群交流需要解决的核心问题在于：当族群交流的原有基础被现代性所逐步消解之时，族群是如何重建具有诗性智慧的交流策略的。

本书针对布岱族群的民族志观察与研究，深描布岱族群重建族群交流传统方式的现象，聚焦于探索这一族群在仪式与日常生活当中所表现出来的族群交流的诗性智慧，旨在寻找在现代性语境中族群交流的可能性。案例观察的重点在于阐释鼾桥仪式、依峝仪式与歌坡活动等三种仪式的族群交流行为，从中寻找族群交流新的智慧或者替代方案，以丰富族群交流的图景，实现族群交流的圆满设想。布岱能在多大程度上重建族群交流，取决于他们如何面对以离散与回归为主要特征的现代性而寻觅自己的诗性智慧。

在鼾桥仪式的过程中，布岱操持神灵见证的庄重仪式，建立起男女双方家庭乃至家族的姻亲交往关系，以确保以家庭为单位的族群交流的畅通与族群的稳定。参加仪式的人，不仅有仪式的主角年轻夫妻，还有男方、女方家庭的亲戚与好友。在神灵与众人的见证下，新的家庭也通过礼物的流动，完成由神灵、众人共同祈福的家庭仪式，从此组成新的熟人社会，以增强族群交流的信任。神性既体现为仪式的庄重性，又表现为一种"对交流之敬畏"的想象性。

而在依岗仪式当中，布岱则是以群体的方式借助超自然的他者的力量，制造群体的交流机会，促使族群达成族群交流以及族群交流所带来的善。作为交流中介的法师，借助令人敬畏的法术与施法程序，建立起想象中的交流通道，而敬畏与禁忌的功能在于扫除交流中有可能出现的不确定因素。布岱向族外人讲述观念中的超自然"他者"，则是试图与族外人建构理解的基础，尽管这样的讲述往往是以交流的失败而告终，但没有削弱族群对特定神灵的敬畏。

布岱族群在歌坡中的对歌，是一种技巧精致而有即兴智慧的两性交流形式。在人际交往当中，情歌对唱虽以两性对立的诗歌形式表述，但是歌中的爱情不仅是两性交流的最直接、最崇高的中介，而且是把族群内或者族群与族群之间产生的对立进行缝合的最有效途径。情歌对唱因而将人际交往的情感距离统一在一段交流的进程当中，是交流进程情感想象力的诗性表达。

现代性是把双刃剑，它的理性不仅给布岱带来社会流动的机遇、媒介呈现的新身份、物质消费的富足、交流空间的拓展，与此同时也造成了族群神性的消退，诗性表达的钝化，诱导族群的文化体系走向塌陷，个体成员碎片化生存而呈现交流的焦虑与无奈。对神性与诗性的淡忘甚至遗失，导致族群交流陷入无计可施的困境，人性变得岌岌可危。布岱能在多大程度上重建族群交流的形式与内容，取决于他们如何面对现代性而寻觅自己的诗性智慧。

由此可知，布岱重建族群交流的方式，为我们提出两条线索的思考途径：我们还能坐在一起祈福吗？我们还能坐在一起唱歌吗？正如布岱重建族群交流的实践，神性是族群发出的最后抵抗。没有了神性，族群也就没有了内核。作为族群想象中超自然的"他者"，神灵掌握着人与人交流的力量。神性，以想象的方式神化了"他者"的力量，也神化了与"他者"沟通的可能性，前提是"我"带着敬畏与虔诚而开放心胸。带着诗性智慧的交流，"我"把全部注意力聚焦到与超自然"他者"交流之上。这种交流闪烁着人类早期交往的感性思维的火光，是人类走出洞穴之后一种对"向善"的交流圆满的最直接期盼。而布岱的对歌虽然是对抗竞赛的人际交流形式，但是重在情感沟通，在场的人无形中投入关注与热情，和对手唱歌，和陌生人唱歌，追求人际交流的一种诗性表达。况且，如果说儒家的"有朋自远方来"是熟人或旧相识的友情交流，那么，布岱的对歌却是扩大至陌生人范围的交流。在诗性表达的对歌当中，人与人、族群与族群之间建构起一个浪漫的想象空间，亦即建构了一种族群交流的通道。

族群交流的前提，在于族群内部或者族群之间存在着需要跨越的边界。在适应现代性的进程中，布岱族群身处多重边界的区隔之中，确实需要以新的智慧跨越边界的障碍而抵达族群交流的境地。通过观察布岱族群神圣的荓桥仪式与依岗仪式，剖析具有诗性表达的智慧的歌坡活动，我们发现，布岱族群在重建交流的过程当中既强化了族群自身"神性"的刚性边界，又发展了族群之间诗性表达的弹性交流。前者是对交流的敬畏，后者是对交流之慰藉，敬畏与慰藉构成了布岱的交流图景。寻找这样的族群交流的可能性和族群交流的生机，神性与诗性将统一寓于对族群交流的想象当中，当这两条思考的线索汇聚成为一股思考的想象力时，充满敬畏的神性与深切慰藉的诗性表达也就构成了族群交流重建的基础。

现代性与族群性并非二元对立的关系。布岱族群作为未被充分代表的群体，正在尝试着实践协调现代性与族群性二者的共存，正如共文化理论（co-cultured theory）所揭示："既能保持自身文化的特点，又能与主流社会群体和异文化群体交流与共存。"[1] 对于布岱族群而言，无论是留守者还是返乡者，他们都在共文化的语境中交流；而重建族群传统的交流方式，则是他们在面对现代性的同时返回自身寻觅属于自己交流的诗性智慧。

---

[1] Orbe, M., "Spellers R. E. from the Margins to the Center: Utilizing Co-cultural Theory in Diverse Contexts", in Gudykunst, W. B., *Theorizing about Intercultural Communication*, Thousand Oaks: SAGE Publications, 2005, pp. 173 – 191.

附录部分

附录1 我的田野

我喜欢到田野，和不同的人喝酒，猜码，聊天。每个人都可以讲故事，会生活，还有诗性的想象力。

2006年初，一个偶然的机会，我和我的同事们来到中越边境的那坡县。当地壮族歌手们围坐火塘，激昂的那坡高腔山歌第一次把我领入原生的、诗性的交流场景。诗可以群啊，族群的诗性交往成为我渴望了解的田野风景。从此，我对族群诗性交往的田野调研一发不可收，先后在广西边境县那坡、大新、龙州、凭祥、防城港等地开展跨境族群的调查与研究。

2008年春节期间，我被龙州县金龙镇布傣的侬峒仪式所吸引，开始以民间艺术采风的方式记录布傣的特殊仪式。2012年年初，以族群的跨文化传播研究视角进入田野。经过长期的观察与走访，我发现龙州地区以神性与诗性智慧的交流方式（如莘桥仪式、侬峒仪式、歌坡）得到当地族群的高度认同。神性与诗性智慧的交流方式成为我观察、描述与思考的支点。先后12次的田野工作，主要是按照民族志研究方法的方式进入田野，观察、访谈、记录、思考。在撰写博士论文阶段，苦于建立理论的无序，我不得不寻找新的研究方法，再度进入田野现场核准数据，将前一阶段的民族志素材尝试进一步提炼，以期取得理论研究的新成果。

一　选择扎根理论民族志方法

扎根理论民族志方法是我田野工作的突破口。本书中的研究分步骤采用扎根理论民族志研究方法对所选取的对象进行观察与深描。

（一）为何选择扎根理论民族志方法

针对少数族群的研究，"认同"与"现代性"成为主流研究视角的关键词。当我们习惯于"认同""现代性"这些西方文明体系的话语之后，如果要面对少数族群的交流智慧，这样先入为主的文明体系话语反而束缚了我们的手脚。真正想了解少数族群的交流智慧，最需要解决的是抛开预设，从族群出发，从动态关系出发，从描述出发，才有可能上升至理论建构层面。

1. 从族群出发

针对某个族群的观察与研究，首要条件即是研究者要成为族群的"局内人"，这是督促我抛开先入之见，驱车进入三个乡镇开展民族志田野工作的原动力。其次，国际人类学与民族学联合会族群关系委员会所采用的"族群"定义是指"在社会与政治层面与其他共同体具有文化上根深蒂固的不同之处的任何共同体"[①]。而此处的"文化"与"共同体"通常表现为发生在族群共同体日常生活中的具体而微的变化，例如每天的生活经历、谈话、家庭的或群体的活动、象征性的仪式等，包括定量研究在内的传统研究范式很难充分捕捉到这些冗繁而私密的一手资料。于此情况，民族志方法可谓是观察布侬族群以及与之发生密切交流关系的聚居族群的研究工具。

在传统民族志观察者的眼光里，每个族群都拥有与众不同的自身的族群文化，因而文化差异成为确定族群边界的主要方式，而这种观察视角恰好是描绘一个个孤岛式的族群社会。然而，从族群交流的跨文化传播角度出发，研究的视角侧重于族群在交流过程中边界的形成与边界的维持，以及"跨越"边界的跨文化实践。

巴斯（Fredrik Barth）认为，为了观察族群形成的过程，研究者需要"针对相互分隔的族群，把考察重点从他们的内部建构与自身历史，转移至族群边界与边界维持上"[②]。他在观察工业社会的现代性导致大幅度减少族

[①] 见国际人类学与民族学联合会族群关系委员会网页，www. emich. edu/coer/Objectives. html。原文：For the purpose of the Commission's activities, however, it seems useful to offer at least a working definition of "ethnic group", which shall be："any community viewing itself as culturally distinct from others with which it is fundamentally related at the sociopolitical level."。

[②] Barth, F., "Introduction", *Ethnic Groups and Boundaries: The Social Organization of Culture Difference*, Boston: Little, Brown and Company, 1969, p. 10.

群之间文化差异的时候，发现族群变迁的发起者（具有族群中心倾向的新文化精英）有可能采取的三种策略之一，在于"（发起者）可能选择强调族群认同的方式，用它去获得新的身份和新的模式，以利于在他们社会先前没有建构的领域，或者在面对新目标而没有充分拓展的领域，组织起各式各样的活动。"① 从布岱族群的交流边界出发，我的田野逐渐聚焦于维持边界的族群交流。

2. 从动态关系出发

如果把田野工作所获取的关键人物、关键事件作为各自独立的部分，由此来解释某个共同体的结构，那么对于观察、研究具有动态关系的交流现象就不容易找到各变量之间的关联。而"扎根理论民族志优先研究的是现象或过程——而不是对环境本身"，是"通过使用扎根理论建立事件之间的关联，从而来研究过程。"② 在田野工作当中，我发现，如果需要当地族群解释某个现象，所得到的解释可能是多种多样的，每一种解释似乎都很有趣。但是，如果细细斟酌这数种解释之间的联系，或者思考被访谈对象前后的态度变化，其结果却不容易采用常见的民族志方式进行阐述。谈话的态度，是不是跟共同喝酒（当地族群人际交往的一种情感互惠形式）的次数或酒醉程度有关？谈话的深度，是不是跟被研究者对研究者的身份戒备心理与接纳程度有关？诸如此类的交流过程，很难采取定量描述的方式进行理解，但却真实地发生在我的田野观察当中。

3. 从描述到理论建构出发

格拉泽（Glaser）和施特劳斯（Strauss）提出扎根理论的目的在于："使质性探究方法超越描述性研究，进入解释性理论框架的领域……"③，这也正是我在长期的田野工作所追求的目标之一。在面对纷繁复杂的田野素材时，仅靠归类、解释已经不能满足于研究具有动态关系的族群交流现象。加

---

① Barth, F., "Introduction", *Ethnic Groups and Boundaries*: *The Social Organization of Culture Difference*, Boston: Little, Brown and Company, 1969, p. 33.

② 凯西·卡麦兹：《建构扎根理论：质性研究实践指南》，边国英译，重庆大学出版社，2009，第 30 页。

③ 凯西·卡麦兹：《建构扎根理论：质性研究实践指南》，边国英译，重庆大学出版社，2009，第 7 页。

上很多田野数据，尤其是需要掌握技巧的传统交流方式（如反映族群交流人际关系变化的丧葬民歌"坊歌"濒临消亡），会随着时间的推移而发生变化，比如有消亡的，有添加外来素材的，有改变形式的……静态的事件记录与实物保存，在当下充满交流变数的环境中越发变得面目全非。但是，与族群交流有关的行动者、交流意义的生成过程每天都在发生，如何在这鲜活的交流过程当中解释族群交流的动态生活，这已成为跨文化传播学的民族志工作者能否将知识转化为社会交流实践的契机。

（二）选择扎根理论民族志的伦理原则

对于一个族群交流的扎根理论民族志的观察与研究，我在设计研究方案时就预感将会面临三个主要的伦理压力：一是政治压力。在探究国家权力在多大程度上对跨境族群带来影响时，这些影响无论是正当性还是负面性，都有可能改变当事人的生活方式，尤其是负面的素材。我需要在多大程度上予以揭示才不至于对当事人的伤害。二是对歧视的感知与反抗，可能是族群活跃的最有效催化剂。如何在田野工作中不至于刺激观察对象的感知与反抗，同时又能获得较为深层的诉说与解释，这需要综合多方信息才能作出选择。三是个人生活的伦理压力。以情对歌是当地的一种常见的人际交流方式，但如何向具有不同价值观的外界进行描述而不至于被冠以"挑逗情欲"的偏见而歪曲其交流的含义与文化的内涵，我确实也需要作出评价与平衡。

因此，我在设计研究计划时，在查阅相关文献之后，即给自己开展族群交流的民族志方法田野工作定下两个核心原则。

第一，"从他者出发"的交往关系原则。以所观察的"他者"为出发点，"将心比心"[1]地看待观察对象，由此涉及的自愿参与原则、对研究对象无害原则、保密原则、公平回报原则等均可迎刃而解。在这里，亦即强调了站在他者的角度理解观察、研究的过程，把扎根理论民族志方法作为一种

---

[1] 陈向明在阐述质的研究中伦理道德问题时提到"认知上的'将心比心'更多地涉及'文化主位'和'文化客位'之间的关系，'理解何以可能'的问题，比道德上的'将心比心'更加困难一些。"见陈向明《质的研究方法与社会科学研究》，教育科学出版社，2000，第430页。

交往的途径，以更贴切的方式体现本项研究的核心价值。例如，对歧视的感知可能是跨境族群形成交流障碍的心理因素，那么在访谈时是否合适对每一个人都提起这种感受呢？这就需要抱着"从他者出发"的交往关系原则，根据具体情况而采取不同的田野方法。

第二，客观合理原则。本项研究的定位无意于干预、改造当地族群的文化状况，因而需要对所观察的对象保持一种客观的眼光，在处理数据时亦需要合理性。"客观"意味着要保持一定的局外人的精神，尤其是在不同的诉说人有不同的解释，或者产生冲突时，更要客观地记录、分析当时的情境，用"合理的"方式处理数据。譬如，对于同一冲突事件，利益的双方可能提供不同的说法，甚至向局外人表述不同的原委。此时，最好的观察准备就是"客观"的聆听。

当然，除此两个核心原则之外，我在田野工作中曾经实施了"有限干预原则"，但那是一个特例。2014年春节的某一天，我与5个当地人共进晚餐时，在席恰好有一民间游医极力劝说一位患糖尿病的长者服用他自行配置的偏方，鼓动长者放弃医院的药物疗法。我曾在医科大学就读本科专业，凭着对糖尿病的有限知识，意识到游医的说辞对糖尿病长者的健康可能造成危险，于是出面干预并说明了利害关系，逐步得到了糖尿病长者的认同并坚持按医院医嘱科学服药。

二 实际操作过程

在本项观察当中，我采用乔治·E. 马库斯（George E. Marcus）于1986年提出的多点民族志（multi-locale ethnographies）[1]的方法展开民族志调查工作。康拉德·科塔克（Conrad Kottak）针对巴西小社区的全球化观察，"研究对象从地方社区转向散居的原因，这个地区的后代已经扩散到许多地方"[2]，为我着手观察提供了优秀的范本。

---

[1] 马库斯：《现代世界体系中民族志的当代问题》，载克利福德、马库斯著《写文化：民族志的诗学与政治学》，高丙中等译，商务印书馆，2008，第215页。

[2] 康拉德·科塔克：《远逝的天堂：一个巴西小社区的全球化》，张经纬等译，北京大学出版社，2012，第249页。

（一）选取场地

由于我所选取的观察对象——布岱——在现代社会当中流动性是常态，族群有相当一部分成员的日常生活并非长期固定在社区当中，因而我的民族志观察不仅仅落脚于传统的村屯社区，还需要包括族群成员到城里工作、求学、经商等空间场所。族群传统聚居的村屯，与现代迁移的城镇，共同构成了族群日常交流的语境。因此，本项观察当中有部分数据是在族群聚居区以外的地方获取，如龙州县城、崇左市、南宁市。

除此空间的"多点"之外，我更注重将观察场地与被观察者的交流相结合，原因在于我采用马库斯的建议，以民族志观察者与观察对象之间"共谋"（Complicity）来替代"亲密关系"，"'共谋'应当首先被理解为一种关系、一种相互吸引的形式，它表明了在田野中获得类似民族志知识的可能性"，"观察者和被观察者的共同兴趣之间的基本联系确实成为民族志和其促成的各种合作关系的推动力。"① 因此，我在下文反复提到的一位本地歌手农 RQ，还有另三位歌手、一位影像制作商均成为本项观察的"共谋者"。他们对我的研究计划比较感兴趣，也给予我的观察与调查莫大的帮助，最终也成为我的初稿的听众之一。此处的"听众"源自我与他们的观点交谈。

本项观察的对象是族群的传统交流形式与重建的交流形式，场地亦即是这两种交流类型所发生的家庭空间与社会空间，其中牵涉族群成员频繁的流动问题。故此，我将观察的场地分为三大类：①家庭，亦即是日常家庭生活的交流空间；②传统的族群公共空间，如集体对歌、侬峝仪式的公共场所；③族群传统生活以外的社会空间，如族群成员外出务工、经商、求学所在城镇的活动空间。这三类观察场地基本涵盖族群在现代生活当中涉足的社会领域，而且族群成员在这些空间所遭遇的事情或所发生的交流行为，都影响着他们如何重建新的交流形式的态度或者方法。

（二）进入田野的时间

研究的第一阶段是按民族志方法的田野调查方式来逐步展开。2008 年

---

① 乔治·马库斯：《十五年后的多点民族志研究》，满珂译，《西北民族研究》2011 年第 3 期，第 12～21 页。

图 19　笔者在田野工作中

正月，在两位龙州籍同事的组织下，我随 6 位好友首次到达金龙板池的现场（site）接触到布岱的受戒仪式。仪式中法师所弹奏的天琴与唱颂的曲调，激发我的兴趣，并决心对其一探究竟。

我的民族志田野工作分为四个阶段①。

第一阶段猎奇观察期（民族志的方式），2008～2011 年。当时我的研究身份为艺术院校的教师，田野的任务是到民间艺术活动当中进行采风，研究的对象仅仅停留在民间艺人及其民间艺术活动之上，目标是寻找与主流文化价值有差异的文化艺术形式。此时的田野工作为民族志方法不是扎根理论民族志的方法，而是把观察对象置于"小型社会"的场地进行猎奇式观察，尚未觉察其背后隐藏的交流问题，也没有把现象作为"过程"与"关系"来研究。这阶段的另一个收获，是结识与深交一群当地民间艺人，这为日后的入场无意中打下基础。

---

① 此处的阶段分类受启发于高丙中提出的民族志发展的三个时代："第一个时代是业余者的自由放任……第二个时代是凭借专业规范所树立的公信而对科学的标榜……第三个时代是一个多元发展的时代……"（见高丙中《写文化》与民族志发展的三个时代（代译序），载克利福德、马库斯编《写文化：民族志的诗学与政治学》，高丙中等译，商务印书馆，2006，第 15 页。

第二阶段寻找问题期（扎根理论民族志的方式），2012～2013 年底。2012 年春节，我攻读博士学位的第一个寒假，春节过后直接到当地"入场"，尝试以跨文化的视角重新观察这个现场中族群所发生的事件，族群成员所组成的社会结构，外来因素对族群的影响等等。此时，田野工作已经有意识地扩大至整个族群聚居区，包括境外同源族群的人与事，尤其是各事件的过程。在具体的操作中加强了访谈、焦点团体访谈、参与式观察、收集实物的力度。寻找问题的重点在于"交流的问题"。

第三阶段写文化期（扎根理论民族志的方式），2014 年初至今。我着手于民族志材料的整理、分析与写作。此处的"写"并非像之前两个阶段的"描述性"日记，而是重在分析交流事件的过程，意图是寻找交流背后的各种因素的关联与动态过程，为观察的对象建立一种与众不同的跨文化传播知识。

第四阶段回访检测期（扎根理论民族志的方式），2014 年 4 月至今。经过写作阶段中尝试扎根理论进行概念提炼，我需要检测概念的合理性，并且需要增加证据性的素材，再度回到现场，重访部分对象，寻找新的证据，试图证实前两个阶段所获得的数据能够支撑概念的合理性。此阶段与前一阶段"写文化期"有时间上的重合，因为"写"亦为一个不断修改的过程。

（三）入场

1. 初识

我对于所观察的族群聚居地区的文化接触，最早是在 2008 年 2 月（农历正月）。学校同事黄老师为龙州人，他知道我之前曾在那坡县完成了那坡壮族山歌的文化调查项目，非常有兴致地介绍我到龙州看看他们的"美女村"和侬峝节。随后，2008～2010 年，出于对民间仪式的兴趣，我多次往返于龙州乡村与我所供职的大学之间，吸引我毫不犹豫地驱车往返于两地的动力，在于这块土地上有一种很特别的族群文化——天琴文化。

2. 入场与守门人的作用

我真正计划以跨文化传播研究的方式进入这个文化空间，始于 2012 年春节。由于之前已经结识不少当地民间艺人，包括山歌歌手、天琴传承人、法事操持者（法师）、普通村民，我的出现并不引起大家的惊愕。引导我的入场，还有一位关键人物——龙州县文体局的农老师。农老师不仅是个热心于当地民族文化的中学老师[①]，长期观察、收集龙州的民间文化素材，并负责整理上报申请各级别的非物质文化遗产项目，更是当地有名的歌手，他走遍龙州的乡镇，只要是涉足民间文化活动的村民，没有不认得农老师的。农老师和我成为忘年交。当我把观察与研究的思路，以当地人能理解的方式解释给村民的时候，农老师还会帮助进一步说明情况。有农老师的"守门人"的帮助，我的入场出奇的顺利，村民、民间艺人、法事操持者都乐于跟我聊他们所知道的一切。当然，还经常被拉入（有时甚至几乎是强行）他们家里吃饭、喝酒，高谈阔论。很多村民都知道我是大学过来做研究的，即使原本是羞答答对唱情歌的妇女，也落落大方地让我拍摄对歌的录像。

3. 消除入场可能带来的交流障碍

曾有一次，我原计划按照人类学"保密原则"向熟悉的村民递一份有关研究的书面"同意书"，结果反而遭到村民的拒绝。他们认为我这种做法见外了：这是城里不信任人的做法，令人感到怪不舒服的。从此，我打消了人类学书本提到的签署书面同意研究的做法，而是怀着"将心比心"的原则与他们交往，除非真的遇到可能伤害他们的情况再另想办法。另外，根据我的亲身经历，不轻易介入当地人的纷争，是获得利益双方都认可的交往方式。

（四）个别访谈

本项研究当中的个别访谈专指针对同一对象的"一对一"的多次访谈。美国学者塞德曼（I. Seidman, 1991）认为，如果要就有关问题对受访者的经历和看法进行比较深入的了解，起码应该进行三次访谈。[②] 之所以要进行个别访谈，是因为讲述者会从自己的经历中挑选细节，讲述细节，客观上成为人与人交流意义的生成过程。我在田野中按照"响应式访谈"[③] 的方法，

[①] 农老师原为中学教师，因长期关注龙州民族文化而成为地方文化的专家，县文体局抽调他专职负责非物质文化遗产的管理工作。

[②] 转引自陈向明《质的研究方法与社会科学研究》，教育科学出版社，2000，第 173 页。

[③] 赫伯特·J. 鲁宾、艾琳·S. 鲁宾：《质性访谈方法：聆听与提问的艺术》，卢晖临等译，重庆大学出版社，2010，第 27~33 页。

与访谈对象建立了个人之间的长期关系，逐步达到深度访谈的效果。

1. 何时选择响应式访谈

当田野工作需要针对特定对象进行更深入的理解或阐释时，就着手准备响应式访谈。对被访谈者的期望是深入地谈及他们经历中的细节，或者对某些事情的真正理解。其次，被访谈者能够有时间、有心情和采访者长谈下去，而不是草草了事。当然，根据被访谈者是否疲劳的状况，我一般都把每次响应式访谈控制在 1 小时左右。

2. 响应式访谈的困难

采取响应式访谈的最大难题，是访谈最初时遇到的不确定性问题，因为不知道被访谈者是否能够按照大致的目标谈下去。有的被访谈者很容易跑题，例如本来谈歌手对歌竞赛的过程，就被跑题说到撞车事故闹鬼的野史轶闻上去。如何让被访谈者回到主题，有时候需要我的提示，有时候却是考验我的强大忍耐力。

3. 响应式访谈的好处

由于响应式访谈往往需要根据情境、根据采访者与被访谈者的关系变化而做出灵活的问题调整，因而这样的深度访谈会带来很多意想不到的素材。例如，2013 年依崗节对某法师深度访谈时，不仅得到我之前从未涉足的靬桥仪式的信息，而且拓展了作为布岱家庭生活仪式的很重要的另一个文化空间。更令我感到满意的是，每次进行响应式访谈之后，我与被访谈者之间的关系都得到进一步的加强，被访谈者更容易把我作为理解他们的人，亦即研究者与被研究者之间的交流同样是意义生成的过程！

（五）焦点团体访谈

1. 为何选择焦点团体访谈

由于对个人的访谈有别于日常谈话，这类访谈"问"与"答"双方无意中潜藏着不平等的地位，因此，我还需要找到更符合当地村民所习惯的平等的访谈方式。在实地调查当中，我发现焦点团体式的访谈更能得到当地人的欢迎，尤其是在饭桌或酒桌上。本项调查的很多数据与素材都来源于这类型的访谈。村民们和我往往是在吃饭、喝酒、猜码之间隙，东一搭西一搭地闲聊着这块土地上的趣闻轶事，人情冷暖。也正是这样的闲聊，最真实地透

图20　农瑞群老师和笔者在田野

露出当地人际关系、族群关系的文化因素。

2. 焦点团体访谈的抽样

采用焦点团体访谈，"就是有目的地抽样"①。按照研究的目标对象，我对侬峒仪式、歌坡活动、广场舞这三类交流现象，都分别选取3个及3个以上的焦点团体开展访谈。而另一个观察项目祚桥仪式则由于能亲临现场观察的样本相对较少，我只进行了两个焦点团体的访谈工作，另一焦点团体的访谈工作由我的研究生采取焦点团体访谈的方式在现场录音录像，再交由我分析处理。

3. 焦点团体访谈的策略

每次又有机会开展焦点团体访谈时，我首先明确自己在谈话中的定位，亦即自己只是起到"话题引子"的作用，把主题用最简单的方式抛出来，为在座者提供畅所欲言的主题。如果谈话的兴奋点偏离了主题，也是在合适的时机，采取貌似不经意的方式把大家的话题引回主题。在工具准备上，要事先征求大家意见是否能够录音，如果同意（在本项研究中大部分都是欣

---

① 克鲁杰、凯西：《焦点团体：应用研究实践指南》，林小英译，重庆大学出版社，2007，第167页。

然同意录音的情形），就开着录音笔。整个调查研究过程采用摄像机的机会不是很多，主要是考虑到大家对摄像镜头的顾忌。

4. 警惕焦点团体访谈的陷阱

在实施焦点团体访谈的方案时，我也需要观察参与访谈的众人之间的权力关系，例如是否存在长幼有序的传统人际等级关系，是否存在官民之间的行政等级关系，或者参与者的性格是否左右了谈话的内容，如夸夸其谈者压制了内向木讷者的谈话等等。

（六）参与式观察

参与式观察是民族志的一个关键过程，是研究者与研究群体建立长期关系，进入情境观看、聆听、参与、询问、共享情感的近距离接触。"没有参与他者生活的观察可能运用了民族志方法却并非民族志。"① 长时间的参与，有利于研究者真正体会到被研究对象的精神世界，尤其是如何理解与我们主流社会不一样的价值观念、民间信仰。例如对神灵的信奉，对爱情生活的理解，对人际关系的处理等等，都需要研究者在场经历、参与观察之后才能得出比较的结论。有些对局外人比较隐讳的事情，比如边境走私、偷猎野生动物，不能"参与"，却能通过细心的观察来发现这些行为与某些当地人之间的因果关系，发现当地文化隐含的某些负面价值观与冒险因素。

我入场后，非常幸运地和当地最出名的歌手农老师结成"忘年交"。2014 年春节期间，我和农老师一起策划、组织了一场中越山歌对唱活动，由三位中方男歌手和三位越南女歌手对唱。根据这场对唱所拍摄、制作的光碟《科甲中越山歌对唱》，进入当地自发的影像市场，深受群众欢迎。农老师同时是一位深谙当地民间信仰的人。由于我用车比较方便，农老师一有民间仪式活动的消息就喊上我。开车搭着农老师，不仅在车厢里天南海北的聊天，聊当地风情，聊民间逸事，而且还跟着他学看风水，几乎跑遍三个乡镇的山山水水。最难忘的是，我们于中午烈日下花了两小时爬山边境一座炮台山，然后俯瞰我国与越南的地形、村庄，分析山脉与村庄发展的对应关系。下山后旁敲侧问一村长，居然我们的分析几乎与事实相吻合。这一经历看起

---

① 费特曼：《民族志：步步深入》，龚建华译，重庆大学出版社，2007，第 29 页。

来与研究主题似乎毫无联系，但我确坚信这是当地民间信仰与精神生活的一种解释。

当然，在这长期的参与式观察当中，我也时常提醒自己要保持一定的局外人的眼光，以便于更客观地描述所观察的数据。而且根据田野经验，参与式观察的时间越长，研究者就越能排除一些似是而非的干扰因素，更能精确地把握研究的主线。

（七）收集静态的实物

"有关族群的边界，可以由图像志构成可公开分析的文本实体（textual entity）。……学校的地理教材、地图册、报纸、杂志、小说、诗歌、绘画、照片、公共招贴、民歌、圣经，甚至是路德教的赞美诗，都可以作为解构芬兰与俄罗斯边界、历史与意识形态的不断变化的意义的一种手段。这些材料透露着有关边界功能的清晰信息，某些信息是隐藏于隐喻的、寓言的意义之中"①　相应地，对于所观察的族群交流而言，能够体现族群文化边界的实物包括土俗字文献与音像制品两类。

1. 土俗字文献

对于本项所观察的布岱族群，使用传统纱纸手抄的经书、歌本成了族群文化的独特的文本实体。这类文本大部分都是使用当地"土俗字"的文字进行记载，目前仍保存在少部分法师、艺人手中，对于探究族群的发展历程、自我认同与叙事都是必不可少的证据。但是，由于"文化大革命"期间被焚毁，加上近期外界收藏市场的收购，存留在当地的文本实体越来越少，有些叙事长歌歌本甚至不再留存。

对于我的研究而言，收集此类文本实体成了重要的田野工作之一。这里的"收集"不一定是拥有实物，而是尽量发现尚存的孤本，然后拍照、留存录像。鉴于大部分文本均采用"土俗字"进行记载，如何准确翻译为汉字亦成为收集实物的同时需要解决的问题。我采取的方式是直接询问文本实体的拥有者，让他们口述翻译、录音、录像、存档。截至目前，我已拍摄的

---

① Paasi, A., *Territories, Boundaries and Consciousness: the Changing Geographies of the Finnish-Russianborder*, Chichester: Wiley, 1996a.

土俗字文献如下：

叙事长歌类：《金橘结子英》《传旛》《男金结氏单》《宋珍与菊花》《玉花与范子》《梁山伯与祝英台》；

山歌类：《农艳霞父亲手抄歌本》《农春秀唱歌本》；

巫术经书类：《求务》《塘佛科》《塘替·安桥·弄龙王·安祖共本》《佛册科书》《册佛歌本》《看男命煞三妻·看女命煞三夫》《纳育辅粮》《送法禁犯颜》《哭报孝（坊歌）》《攸盖佛书科（天琴）》《封坛念密符科》；

日常文书类：《马文辅·往来传》《沈德宝·往来送许璋板闭》《马贵益家谱》。

2. 山歌或民间仪式的音像制品

笔者通过前期的民族志调查，已收集光盘影像素材 1000 多小时，照片素材 2000 多张，采访录音 220 小时。民族志调查所获得的部分音像素材如下：

金龙镇山歌音像制品及采访录音：900 多小时（含越南歌手演唱的山歌）

金龙镇山歌采访录音：100 小时（含采访越南歌手歌）

金龙镇侬峝节及采访录音（2011 年、2013 年、2014 年）：100 小时

金龙镇布岱鞒桥仪式：20 小时（含中越联姻的家庭）

金龙镇民间艺术团、民间艺人采访：20 小时

金龙镇祝寿等民间仪式：10 小时（有越南人参与）

武德乡歌圩：10 小时（含越南歌手演唱）

武德乡“二月二”仪式：10 小时

逐卜乡、金龙镇“昆那节”活动：20 小时

越南下琅县侬峝节：10 小时

天琴仪式：100 小时（含越南人演唱的光碟）。

（八）多方检测

在民族志方法当中，多方检测是检验所获得数据的效度与信度。效度强调的是是否测量了研究所应该测量的指标或因素，而信度则是指重复测量是

否得到相同的结果。在田野工作中，多方检测随时可以进行，关键是看研究者对问题的敏感程度。很多偶然发现的线索，都是在自然的谈话、观察中产生的。经过多方检测的民族志数据，才能提高其效度与信度。

例如，在采访有关布豪屯 2014 年停办依岗节的缘由时，我一开始就得到不同村民的两种说法：一是布豪屯于春节期间发生命案，晦气太重，不宜举办；二是糖厂未能及时发放甘蔗款，村民收入受影响。后来经我与农老师多方询问，包括扩大采访不同村屯的群众，调查有关甘蔗款、刑事案件等事件的真实细节，逐步排序出主要与次要两种不同原因，亦即布豪屯发生命案是导致取消依岗仪式的最直接理由，而甘蔗款则是次要原因。

（九）初步的文本分析

对于民族志阶段的文本初步分析，分为两步。第一步，寻找各族群交流行为的关键事件及其相关文本。因为这些关键事件既是构成他们生活常态的节点，又是观测他们社会价值观的窗口。文本分为两种情况[①]：①新产生的文本，是我根据民族志观察与访谈整理而来的文字记录，包括日记、录音整理稿、网络聊天记录等；②已有文本，为当地人提供的文字材料，包括歌本、经书、家谱、通信等。

第二步，对关键事件及其相关文本进行初步的内容分析。此处的内容分析，我最常用的方式是寻找关键事件当中某些出现频率较高的词语，亦即根据词频来初步推断关键事件的意义。尝试找出词频较高的词语相互之间的因果关系。

对所选定族群聚居区域进行长期观察，我基本上圈定了族群比较注重的秆桥仪式、叙事长歌、依岗仪式、山歌比赛（而不是歌坡）、广场舞等五类关键事件。这也是经过广泛访谈之后得到族群成员反馈比较一致的结论。他们认为这五类关键事件是具有自己族群特色的活动，并且在约定俗成的时间

---

① 根据凯西·卡麦兹的理论，文本分为新产生的文本（elicited text）和已有文本（extant text）两类。新产生的文本包括研究对象在对研究者的提问做出回应时所产生的书面数据，以及相应的产生数据的方式。而已有文本则包括研究者没有参与形成的各种文献。（见凯西·卡麦兹著《建构扎根理论：质性研究实践指南》，边国英译，重庆大学出版社，2009，第 46 页。）

和场合，都会认真地展开。然而，进一步的内容分析，我发现山歌比赛与广场舞掺杂有相当多的现代性的外来因素，因而将这两者放在受现代性影响的交流方式的大类中，传统的（亦即前现代的）交流方式则保留为莽桥仪式、叙事长歌、侬峝仪式、歌坡四类关键事件。

至此，我的田野工作已全面展开。丰富的第一手材料，是呈现与描述族群交流的诗性智慧的素材库，而真实书写族群交流诗性智慧的人，则是生活在龙州边境充满睿智的布傣。面对布傣的族群交流，民族志的扎根理论研究方法，其特点不在于民族志所获得的经验性，而在于从民族志所获得的经验事实中抽取、提炼出族群交流的新概念或者新思路。我希望我的田野能给那些苦苦寻觅交流可能性的人，带来一丝丝的清风。

附录 2　法师名录

序号	姓名	性别	出生年份	地址	法号	备注
1	李金政	男	1928	广西龙州县金龙板池	诸王兼续园	大师（已仙逝）
2	李 群	男	1924	广西龙州县金龙板池	明王兼续道	大师（已仙逝）
3	李训英	男	1945	广西龙州县金龙板池	附马兼宗英	李金政的徒弟
4	李彩明	男	1954	广西龙州县金龙板池	廖王兼续辉	李金政的徒弟
5	李绍伟	男	1962	广西龙州县金龙板池	慧王兼广明	李金政的徒弟
6	李日晶	男	1962	广西龙州县金龙板池	零王	李群的徒弟
7	农 卿	男	1959	广西龙州县金龙板池	男王兼广福	李群的徒弟
8	李锦红	男	1960	广西龙州县金龙板池	城王兼宗良	李群的徒弟
9	李明宝	男	1947	广西龙州县金龙板池	齐王兼宗能	李群的徒弟
10	李敬林	男	1947	广西龙州县金龙板池	宗王兼广华	李群的徒弟
11	李啟荣	男	1959	广西龙州县金龙板池	鲁王广祥	李训英的徒弟
12	李月美	女	1945	广西龙州县金龙板池	郡公兼月仙	李金政的徒弟
13	黄氏波	女	1967	广西龙州县金龙板求	探花兼佛仙	李月美徒弟
14	李敬能	男	1947	广西龙州县金龙板求	武王兼园雄	李金政的徒弟
15	李何山	男	1972	广西龙州县金龙板求	仲王兼园花	李彩明的徒弟
16	农庆良	男	1947	广西龙州县金龙板求	男王兼道德	李金政的徒弟（已仙逝）
17	马绍华	男	1946	广西龙州县金龙板典	都可兼续元	李金政的徒弟
18	马立强	男	1972	广西龙州县金龙板典	安王兼宗明	李啟荣的徒弟
19	陈梅仙	女	1972	广西龙州县金龙板典	姬王兼妃仙	李月美徒弟
20	农有良	男	1937	广西龙州县金龙花都	吴王兼佛道	李金政的徒弟
21	农有忠	男	1942	广西龙州县金龙花都	秦王兼道教	李金政的徒弟
22	农秀珍	女	1947	广西龙州县金龙花都	探花兼广佛	李月美徒弟
23	马振兴	男	1947	广西龙州县金龙板烟	定五兼广佛	农有良的徒弟（已仙逝）
24	马振扬	男	1954	广西龙州县金龙板烟	唐王兼广僧	农有良的徒弟
25	马贵益	男	1954	广西龙州县金龙板烟	状王兼开荣	李金政的徒弟
26	农德礼	男	1959	广西龙州县金龙板迎	使王兼性华	农有忠的徒弟（已仙逝）
27	农德财	男	1959	广西龙州县金龙板迎	状王兼性辉	农有忠的徒弟
28	农有福	男	1952	广西龙州县金龙板迎	秦王兼性雄	农有忠的徒弟
29	农宝善	男	1940	广西龙州县金龙板迎	巡抚兼可马	李金政的徒弟（已仙逝）
30	农文侨	男	1939	广西龙州县金龙板迎	巡抚兼宗盛	李金政的徒弟（已仙逝）
31	农忠明	男	1956	广西龙州县金龙板迎	僧王兼广顺	农文侨的徒弟
32	农宝珍	男	1950	广西龙州县金龙板迎	侯王兼雄非	马振兴的徒弟

序号	姓名	性别	出生年份	地址	法号	备注
33	农英靖	男	1950	广西龙州县金龙板桧	提王兼日全	农宝善的徒弟
34	农炳云	男	1950	广西龙州县金龙陇底	状王兼玉金	农宝善的徒弟
35	沈光玉	男	1940	广西龙州县金龙其逐	大王兼如法	农宝善的徒弟
36	沈珠伟	男	1962	广西龙州县金龙都宽	总兵兼广佛	农宝善的徒弟
37	沈安宁	男	1939	广西龙州县金龙都宽	统王兼广法	李群的徒弟（已仙逝）
38	沈德宝	男	1962	广西龙州县金龙其逐	诸王兼大宝	农文侨的徒弟
39	沈光保	男	1942	广西龙州县金龙其逐	齐王兼日僧	李群的徒弟
40	农 建	男	1952	广西龙州县金龙板罗	唐王兼大清	李群的徒弟
41	马美花	女	1952	广西龙州县金龙其逐	金王兼大莲	李月美的徒弟
42	农秀英	女	1944	广西龙州县上降板查	尼王兼仙姑	李月美的徒弟（已仙逝）
43	农振美	男	1945	广西龙州县上降板罗	员王兼如觉	沈文花的徒弟
44	农华美	男	1959	广西龙州县上降板罗	都王兼如恩	沈文花的徒弟
45	沈浩波	男	1954	广西龙州县上降都宽	贵王兼广宝	沈光玉的徒弟
46	农文越	男	1964	广西龙州县上降陇罗	广王兼法僧	农振美的徒弟
47	农吉秀	男	1943	广西龙州县上降弄昌	齐王兼祖毫	农生业的徒弟
48	农吉宜	男	1947	广西龙州县上降弄昌	武王兼祖荣	沈文花的徒弟
49	农世华	男	1941	广西龙州县上降弄昌	事王兼祖华	沈文花的徒弟
50	农立忠	男	1962	广西龙州县上降弄昌	广王兼续圣	农吉秀的徒弟
51	农 会	男	1952	广西龙州县上降弄昌	廖王兼忠慧	农吉秀的徒弟（已仙逝）
52	农立仁	男	1968	广西龙州县上降弄昌	大宗兼忠道	农吉秀的徒弟
53	农生业	男	1934	广西龙州县金龙板蒙	巡抚兼祖权	大师（已仙逝）
54	黄日忠	男	1938	广西龙州县金龙光满	状王兼如君	李金政的徒弟
55	农振宝	男	1938	广西龙州县金龙内排	翰林兼续聪	李金政的徒弟（已仙逝）
56	农文历	男	1937	广西龙州县金龙板梯	宜王兼如兵	大师（已仙逝）
57	黄文山	男	1944	广西龙州县金龙板梯	附马兼仙师	农文历的徒弟
58	农文林	男	1952	广西龙州县金龙板梯	城王兼智勇	农文历的徒弟
59	黄文托	男	1962	广西龙州县金龙板梯	曾王兼智龙	农文历的徒弟（已仙逝）
60	黄氏甘	女	1962	广西龙州县金龙板梯	圣王兼顺仙	农文山的徒弟
61	黄文驴	男	1952	广西龙州县金龙板梯	大仕兼广太	农文山的徒弟
62	黄泽佛	男	1955	广西龙州县金龙板送	赵王	农文山的徒弟
63	黄桂高	男	1954	广西龙州县金龙咘毫	圣王	农文山的徒弟
64	黄志光	男	1953	广西龙州县金龙板送	男王	农文历的徒弟
65	黄泽红	男	1954	广西龙州县金龙板送	吾王	农文历的徒弟
66	何荣军	男	1962	广西龙州县金龙板送	使王	李金政的徒弟
67	农德三	男	1954	广西龙州县金龙板送	圣王	李金政的徒弟
68	麻连英	男	1954	广西龙州县金龙板送	探花	李金政的徒弟

序号	姓名	性别	出生年份	地址	法号	备注
69	农美仪	女	1954	广西龙州县金龙板送	齐王	农文山的徒弟
70	农文英	男	1942	广西龙州县金龙板域	宗王	李金政的徒弟
71	农文兄	男	1940	广西龙州县金龙峒平	城王	李金政的徒弟(已仙逝)
72	黄文福	男	1957	广西龙州县金龙埂怀	艺王兼广仁	农文兄的徒弟
73	农志宝	男	1957	广西龙州县金龙百淰	巡抚兼净业	农常龙的徒弟
74	黄常先	男	1946	广西龙州县金龙峘多	廖王兼卫先	农常龙的徒弟
75	农常龙	男	1940	广西龙州县金龙板桧	吴王兼忠辉	农文英的徒弟
76	马佩章	女	1942	广西龙州县上降板下	玉白王	李金政的徒弟

注：资料来源为龙州县文化体育局 2011 年《国家级非物质文化遗产名录项目申报书——曲艺》和 2012 年 10 月修订的《国家级非物质文化遗产名录项目申报书——壮族天琴艺术》。最新一次核查为 2017 年 6 月 3 日，由农瑞群、沈光玉先生先后校对；6 月 4 日由马贵益先生再校对。在此对三位前辈表示由衷的感谢。

（参见第三章第四节）

附录3 金龙镇、逐卜乡、武德乡三地及

越南邻县歌坡日程表

（以农历为定制单位）

正月	初一	逐卜乡	逐卜街
	初八	金龙镇	双蒙村板梯屯、武联村弘朝屯（与依峝节同时）
	初九	金龙镇	民建村布豪屯（与依峝节同时）
	初十	金龙镇	花都村、板梯村（与依峝节同时）
	十一	金龙镇	民建村板送屯、双蒙村板池屯（与依峝节同时）
		武德乡	武德街
	十二	金龙镇	立丑村逐立屯（与依峝节同时）
	十三	金龙镇	双蒙村板蒙屯（与依峝节同时）
	十四	金龙镇	横罗村（与依峝节同时）
		（越南）瑞华社	瑞华社（与依峝节同时）
	十五	（越南）峝州	（即下琅县城）依峝节
二月	初二	武德乡	隘口屯、科甲街
三月	二十三	金龙镇	民建村弄匡屯
	二十六	武德乡	武德乡武德村那连屯
四月	十四	金龙镇	金龙街
	十六	越南	板敬（与板烟接壤，板烟与板敬中越边民合办）
	二十八	越南	项茅（读嘎，与高山接壤）
	三十	越南	派郎
五月	初五	武德乡	科甲街
六月	初六	金龙镇布岱	（轮流举办昆那节，同时有歌坡活动）
	不固定，以插秧完成的进度而定	逐卜乡牌宗村（不固定）	布依轮流举办昆那节，同时有歌坡活动
	不固定，以插秧完成的进度而定	武德乡（不固定）	布依轮流举办昆那节，同时有歌坡活动
七月	廿二	武德乡	科甲
八月	十五	武德乡	科甲街
十月	十九	逐卜乡	逐卜街

（参见第四章第一节）

附录4 部分歌手组合名录

组合	姓名	性别	婚姻状况	民族	族群	出生年份	文化程度	职业	所唱歌调
1	农 HZ	男	已婚	壮族	布岱	1966	初中	农民	金龙调、逐卜调
	马 GW	男	已婚	壮族	布岱	1968	初中	农民	金龙调、逐卜调
2	农 YX	女	已婚	壮族	布岱	1974	中专	农民	金龙调、逐卜调
	黄 XT	女	已婚	壮族	布岱	1980	初中	经商	金龙调
	马 XH	女		壮族	布岱		小学	农民	金龙调
3	黄 JF	男	已婚	壮族	布岱	1980		农民	金龙调
	黄 J	男	已婚	壮族	布岱	1980		农民	金龙调
	马 GW	男	已婚	壮族	布岱	1968	初中	农民	金龙调、逐卜调
4	陈 MY	女	已婚	壮族	布依	1983	大专	公职	逐卜调
	农 LM	女	未婚	壮族	布岱	1988	大专	公职	逐卜调
	覃 HJ	女	已婚	壮族	布依	1976	高中	农民	逐卜调
5	王 GC	男	已婚	壮族	布依	1964	高中	公职	逐卜调
	农 CX	男	已婚	壮族	布依	1964	高中	农民	逐卜调
6	黄 MT	女	已婚	越南侬族	花袖侬	1954		农民	逐卜调
	谭 AH	女	已婚	越南侬族	花袖侬	1956		农民	逐卜调
	谭 XJ	女	已婚	越南侬族	花袖侬	1955		农民	逐卜调
7	农 WJ（nong van kien）	男	已婚	越南岱依族		1974	第四册	农民	金龙调、逐卜调
	阿方	男	已婚	越南岱依族		1972		农民	金龙调、逐卜调
8	农 XD	男	已婚	壮族	布依	1949	初中	农民	逐卜调
	农 QX	男	已婚	壮族	布依	1959	初中	农民	逐卜调、金龙调
	农 XZ	男	已婚	壮族	布依	1949	初中	农民	逐卜调
9	农 PR	女	已婚	壮族	布岱	1947	高小	农民	金龙调、逐卜调
	农 QY	女	已婚	壮族	布岱	1968	高小	农民	金龙调、逐卜调
	黄 XT	女	已婚	壮族	布岱	1980	初中	经商	金龙调
10	麻 GH	女	已婚	壮族	布岱	1962	初中	农民	金龙调、逐卜调
	麻 GL	女	已婚	壮族	布岱	1982	初中	农民	金龙调
11	黄 XH	女	已婚	越南侬族	花袖侬	1980	第六册	农民	逐卜调
	黄 XQ	女	已婚	越南侬族	花袖侬	1982	第九册	农民	逐卜调、金龙调
12	农 RQ	男	已婚	壮族	布依	1954	中师	教师	逐卜调、金龙调、龙州调
	黄 SW	男	已婚	壮族	布依	1958	中专	农民	逐卜调、龙州调

（参见第四章第二节）

附录5　叙事长歌《传旛》

（农瑞群翻译，笔者整理）

第一段

空闲时写信解闷，国王搞维新治国

丙辰年国家大乱，抓安南兵卒护国

每人都忧心忡忡，每人请假回探亲

准回别妻儿父母，回来后跟随县官

北江省地广平坦，兵卒有几千几亿

即时逼脱笠发帽，让每人剃光头颅

兵卒有哭也有笑，每人脱帽露山头

才让赶回法国地，二月初三日午时

官王让立步点兵，六点钟拉兵下船

家乡各地人都来，来看兵下船进海

有的眼泪流如雨，妻儿坐海边号哭

时间到船齐开去，船头调回西边开

船尾五色旗鲜艳，船开去惊天动地

时速每时抵六天，黎明到海防稍停

官三让休息两时，随后又调船起航

官四说明船太窄，又让进另一船去

这船可装五千人，五天开到呼吸地

还见船出港相迎，港口船来去很多

几人才出口相问，不知这是什么地

高楼林立像京都，原来这是泰国地

船驶到海中朦胧，不知啥时到西国

每人都忐忑不安，船去水波两边起

船中每人都在哭，清水饭菜吃不下

有的饿死在船中，有的活着回到地

二月中旬十四日，船到海宽波广处
朦胧看不见远方，看见商船在来往
海中不知有多少，把船开到岸边渡
官四让休息七天，随后相邀去游玩
走进海边动物园，各式各样动物多
见鲤鱼像是条龙，见大老虎花尾巴
野猪拴住像大牛，星期日有空去玩
去看那猿猴猩猩，脸型看像人模样
一辈子还没见过，随后相熟去游街
天下买卖人来往，各种贵物品皆有
四月中旬十四日，前天恍惚到安南
想来心中有惊吓，十四日开船又去
日期不给你拖延

第二段

我说段四到西贡，天天看风卷波涛
骇浪特高如山大，看不见高天云霄
看下水底平如海，船日夜前行不止
看不见一村一户，烦闷间自言自语
一月船才到西竺，船开到沙滩停泊
官三和官二休息，令各自买货糊口
还有一月到西国，每人心忐忑不安
望见他船黑如墨，人说话一句不知
心想喊啥听不懂，打个手势才知道
买卖不用钱也行，他们人住山中林
脸皮漆黑如乌鸦，看他脸色都害怕
用的纸当钱也得，他们住原始森林
当年唐僧使经地，望起来每样见过
昼夜担忧于内心，不知回家乡之路
为啥路途如此远，不知何时能回家

一来丢家及家室，二来离父母双亲
情如宋珍与菊花，菊花还宋身等待。

第三段

我说段西方相隔，三个月日夜过海
路途遥远挺寂寞，心感烦闷脸无光
有翅定飞回南越，西方遥远隔安南
三个月路程直哭，恍惚到门大家居
路远寄家书不到，日高仰头看天颜
六月十三复十四，船开到洪毛之地
天上星星亮晶晶，船开响声动天地
这是曙光照大地，这地方人挺聪明
他们样样都会做，能做船飞上高天
船头船尾全是铁，点火张开翼自飞
在里面有人照镜，能飞上九天云霄
飞上天庭云天外，看见天下人往来
尔后船吼又前行，十天就回西天国
海匪海贼有阴谋，看出来抢劫大海
水下露大炮上来，炮弹爆炸在水面
轰隆船断为两截，官西有他新办法
发给每人救生圈，每人绑到脖子上
落到水中往上浮，相打两点钟连散
船翻死八万军兵，存者第二次再生
有福者天不让死，又让别山船来送
十日船才到番国，捡兵出南门街市
官七令休息点兵，还剩五万人来到
官七高兴得流泪，写信告安南父老
这地区还有海匪，限八月出兵交战
上月打几仗皆败，有十国来帮法国
枪炮一开烟满天，日夜讨论笑不断

如同古时三国乱，月亮圆圆照天下

约定八月十五战，哪边输赢尚未知

现烦闷写信几句，收到此信请告知。

（完）

参考文献

一 中文著作类

［1］埃斯科瓦尔：《遭遇发展：第三世界的形成与瓦解》，汪淳玉等译，社会科学文献出版社，2011。

［2］鲍克：《神之简史：人类对终极真理的探寻》，高师宁译，生活·读书·新知三联书店，2007。

［3］鲍曼：《流动的现代性》，欧阳景根译，上海三联书店，2002。

［4］鲍曼：《全球化：人类的后果》，郭国良、徐建华译，商务印书馆，2013 年。

［5］彼德斯：《交流的无奈》，何道宽译，华夏出版社，2003。

［6］彼特·J.M.纳斯、张继焦主编《当今国际人类学：国际人类学与民族学联合会的历史及其各专业委员会的论文》，知识产权出版社，2009。

［7］柏拉图：《会饮篇》，王太庆译，商务印书馆，2013。

［8］陈向明：《质的研究方法与社会科学研究》，教育科学出版社，2000。

［9］德波顿：《写给无神论者》，梅俊杰译，上海译文出版社，2012。

［10］丁燕：《工厂女孩》，外文出版社，2013。

［11］范明生：《西方美学通史·第三卷：十七、十八世纪美学》，上海文艺出版社，1999。

［12］范热内普：《过渡礼仪》，张举文译，商务印书馆，2012。

［13］费特曼：《民族志：步步深入》，龚建华译，重庆大学出版社，2007。

［14］芬顿：《族性》，劳焕强等译，中央民族大学出版社，2009。

［15］弗雷泽：《金枝：巫术与宗教之研究》，徐育新等译，大众文艺出版社，1998。

［16］戈夫曼：《日常生活中的自我呈现》，冯钢译，北京大学出版社，2008。

［17］葛兰言：《古代中国的节庆与歌谣》，赵丙祥、张宏明译，广西师范大学出版社，2005。

［18］古迪：《神话、仪式与口述》，李源译，中国人民大学出版社，2014。

［19］哈里森：《古代艺术与仪式》，刘宗迪译，生活·读书·新知三联书店，2008。

［20］海德格尔：《人，诗意地安居》，郜元宝译，广西师范大学出版社，2000。

［21］赫伯特·J.鲁宾、艾琳·S.鲁宾：《质性访谈方法：聆听与提问的艺术》，卢晖临等译，重庆大学出版社，2010。

［22］亨廷顿：《我们是谁：美国国家特性面临的挑战》，程克雄译，新华出版社，2005。

［23］霍尔：《表征：文化表象与意指实践》，徐亮、陆兴华译，商务印书馆，2003。

［24］吉登斯：《现代性与自我认同：现代晚期的自我与社会》，赵旭东、方文译，生活·读书·新知三联书店，1998。

［25］加德纳、刘易斯：《人类学、发展与后现代挑战》，张有春译，中国人民大学出版社，2008。

［26］卡麦兹：《建构扎根理论：质性研究实践指南》，边国英译，重庆大学出版社，2009。

［27］克利福德、马库斯：《写文化：民族志的诗学与政治学》，高丙中等译，商务印书馆，2006。

［28］克鲁杰、凯西：《焦点团体：应用研究实践指南》，林小英译，重庆大学出版社，2007。

［29］科塔克：《远逝的天堂：一个巴西小社区的全球化》，张经纬等译，北京大学出版社，2012。

［30］拉比诺：《摩洛哥田野作业反思》，高丙中、康敏译，王晓燕校，商务印书馆，2008。

[31] 莱顿：《艺术人类学》，李东晔、王红译，广西师范大学出版社，2009。

[32] 兰迪斯等人：《跨文化培训指南》，关世杰等人译，北京大学出版社，2009。

[33] 蓝佩嘉：《跨国灰姑娘：当东南亚帮佣遇上台湾新富家庭》，吉林出版集团，2011。

[34] 李静：《民族交往心理的跨文化研究》，中国社会科学出版社，2010。

[35] 李小云、赵旭东、叶敬忠主编《乡村文化与新农村建设》，社会科学文献出版社，2008。

[36] 列维－斯特劳斯：《忧郁的热带》，王志明译，中国人民大学出版社，2009。

[37] 刘志强：《中越文化交流史论》，商务印书馆，2013。

[38] 龙州县地方志编纂委员会：《龙州县志》，广西人民出版社，1993。

[39] 马林诺夫斯基：《巫术科学宗教与神话》，李安宅译，中国民间文艺出版社，1986。

[40] 马凌诺夫斯基：《文化论》，费孝通译，华夏出版社，2001。

[41] 毛峰：《神秘主义诗学》，三联书店，1998。

[42] 摩尔根：《古代社会（上）》，杨东莼等译，商务印书馆，1981。

[43] 诺布旺丹：《艺人、文本和语境：文化批判视野下的格萨尔史诗传统》，青海人民出版社，2014。

[44] 帕特南：《独自打保龄：美国社区的衰落与复兴》，刘波等译，北京大学出版社，2011。

[45] 佩尔尼奥拉：《仪式思维——性、死亡和世界》，吕捷译，商务印书馆，2006。

[46] 彭兆荣：《人类学仪式的理论与实践》，民族出版社，2007。

[47] 普里查德：《阿赞德人的巫术、神谕和魔法》，覃俐俐译，商务印书馆，2014。

[48] 单波：《跨文化传播的问题与可能性》，武汉大学出版社，2010。

[49] 单波，肖珺：《文化冲突与跨文化传播》，社会科学文献出版社，

2015。

[50] 泰勒:《原始文化》,蔡江浓编译,浙江人民出版社,1988。

[51] 陶维英:《越南历代疆域》,钟民岩译,岳胜校,商务印书馆,1973。

[52] 田松:《神灵世界的余韵:纳西族:一个古老民族的变迁》,上海交通大学出版社,2008。

[53] 涂尔干:《宗教生活的基本形式》,渠东、汲喆译,商务印书馆,2011。

[54] 韦伯:《经济与社会(上卷)》,林荣远译,商务印书馆,1997。

[55] 韦纳:《古希腊人是否相信他们的神话》,张竝译,华东师范大学出版社,2014。

[56] 维柯:《新科学(上、下)》,朱光潜译,商务印书馆,2012。

[57] 希尔贝克、吉列尔:《西方哲学史:从古希腊到二十世纪》,童世俊等译,上海译文出版社,2012。

[58] 西敏司:《甜与权力:糖在近代历史上的地位》,王超、朱健刚译,重印版,商务印书馆,2015。

[59] 许茨:《社会实在问题》,霍桂桓、索昕译,华夏出版社,2001。

[60] 阎云翔:《礼物的流动:一个中国村庄中的互惠原则与社会网络》,李放春、刘瑜译,上海人民出版社,2000。

[61] 约翰·B.诺斯、戴维·S.诺斯:《人类的宗教》,江熙泰等译,四川出版集团,2005。

[62] 张彤禾:《打工女孩:从乡村到城市的变动中国》,张坤、吴怡瑶译,上海译文出版社,2013。

[63] 郑欣等:《对农传播:基于受众的实证分析与对策探讨》,浙江大学出版社,2011。

[64] 中国社会科学院历史研究所:《古代中越关系史资料选编》,中国社会科学出版社,1982。

[65] 周大鸣:《多元与共融:族群研究的理论与实践》,商务印书馆,2011。

[66] 周建新:《和平跨居论:中国南方与大陆东南亚跨国民族"和平跨居"

模式研究》，民族出版社，2008。

[67] 朱光潜：《西方美学史》第 2 版，人民文学出版社，2002。

[68] 朱光潜：《西方美学史·上卷》，金城出版社，2009。

二 外文类

[69] Barth, F., Introduction, in *Ethnic Groups and Boundaries: The Social Organization of Culture Difference*, Boston: Little, Brown and Company, 1969.

[70] Clifford J. Diasporas, *Cultural Anthropology*. 1994, 9 (3).

[71] Cohen R., *Global Diasporas: an Introduction*, 2nd ed., London: Routledge, 2008.

[72] Cox, B. J., "The role of communication, technology, and cultural identity in repatriation adjustment", *International Journal of Intercultural Relations*, 2004, 28 (3 – 4), pp. 201 – 219.

[73] Gullahorn, J. T., & Gullahorn, J. E., "An extension of the U – curve hypothesis", *Journal of Social Issues*, 1963, 19 (3), pp. 33 – 47.

[74] Habermas, J., "Lifeworld and System: a Critique of Functionalist Reason", in *The Theory of Communicative Action* Vol. 2, Boston: Beacon Press, 1981.

[75] Hall, S., "Cultural Identity and Diaspora", Rutherford, J., ed 1998. *Identity: Community, Culture, Difference*, London: Lawrence and Wishart Ltd, 1998.

[76] Harrington, A., *Art and Social Theory*, Cambridge: Polity Press Ltd., 2004.

[77] Kaul, V., "Are New Media Democratic?", *Global Media Journal*, 2012, 5 (1), pp. 1 – 19.

[78] Kaup, K. P., *Creating the Zhuang: Ethnic Politics in China*, Lynne Rienner Publishers, 2000.

[79] MacDonald, S. & Arthur, N., "Employees' perceptions of repatriation",.

Canadian Journal of Career Development, 2003, 2 (1), pp. 3 – 11.

[80] Maron, N. & Connell, J. , "Back to Nukunuku: Employment, identity and return migration in Tonga", *Asia Pacific Viewpoint*, 2008, 49 (2), pp. 168 – 184.

[81] McKeown, A. , "Conceptualizing Chinese Diasporas, 1842 – 1949", *The Journal of Asian Studies*, 1999, 58 (2), pp. 306 – 337.

[82] Noguchi, M. G. , "The return: North American Nikkeijin who put down roots in Japan", *Language and Related Issues*, 2005, 3, pp. 351 – 416.

[83] Onwumechili, C. , Nwosu, P. , Jackson, R. L. & James-Hughes, J. , "In the deep valley with mountains to climb: Exploring identity and multiple reacculturation", *International Journal of Intercultural Relations*, 2003, 27 (1), pp. 41 – 62.

[84] Orbe, M. , Spellers, R. E. , "From the margins to the center: Utilizing co-cultural theory in diverse contexts", Gudykunst, W. B. , *Theorizing about Intercultural Communication*, Thousand Oaks: SAGE Publications, 2005.

[85] Paasi, A. , *Territories, Boundaries and Consciousness: the Changing Geographies of the Finnish-Russian Border*, Chichester: Wiley, 1996a.

[86] Sheffer, G. , *Diaspora Politics: At Home Abroad*, Cambridge: Cambridge University Press, 2003.

[87] Shelley, P. B. , *A Defence of Poetry: An Essay*, Blackmask Online, 2001.

[88] Sussman, N. M. , "The dynamic nature of cultural identity throughout cultural transitions: Why home is not so sweet", *Personality and Social Psychology Review*, 2000, 4 (4), pp. 355 – 373.

[89] Szkudlarek, B. , "Reentry – A review of the Literature", *International Journal of Intercultural Relations*. 2010, 34, pp. 1 – 21.

[90] Tsagarousianou, R. , "Rethinking the concept of diaspora: mobility, connectivity and communication in a globalized world", *Westminster Papers in Communication and Culture*. 2004, 1 (1), pp. 52 – 65.

［91］ Vangelisti, A., "Preface", in A. Vangelisti（Ed）, *Handbook of Family Communication*, Mahwah, N. J.: Lawrence Erlbaum Associates, 2004.

［92］ Vertovec, S., "Conceiving and researching transnationalism", *Ethnic and Racial Studies.* 1999, 22（2）, pp. 447 – 459.

三 论文类

［93］ 陈倩倩：《诗性智慧与艺术发生：以中国原始艺术为中心的考察》，《咸阳师范学院学报》2012 年第 5 期，第 101 ~ 105 页。

［94］ 陈庆：《现代越南华人的文化要素及其与社会的融合》，游明谦译，《八桂侨刊》2001 年第 1 期，第 45 ~ 49 页。

［95］ 陈向明：《扎根理论的思路和方法》，《教育研究与实验》1999 年第 4 期，第 58 ~ 63 页。

［96］ 陈衍德：《从排斥到接纳：越南华人政策的转变——1975 年以后民族关系变动中越南华人的处境》，《世界民族》2008 年第 6 期，第 41 ~ 53 页。

［97］ 戴晓东：《全球化视野下的民族认同》，《欧洲研究》2006 年第 3 期，第 18 ~ 35 页。

［98］ 段颖：《diaspora（离散）：概念演变与理论解析》，《民族研究》2013 年第 2 期，第 14 ~ 25 页。

［99］ 范宏贵：《中越两国的跨境民族概述》，《民族研究》1999 年第 6 期，第 14 ~ 20 页。

［100］ 冯生尧、谢瑶妮：《扎根理论：一种新颖的质化研究方法》，《现代教育论丛》2001 年第 6 期，第 51 ~ 53 页。

［101］ 广西壮族自治区民族事务委员会编《民族识别文件资料汇编(1951 ~ 2001)》，内部资料，第 364 ~ 365 页。

［102］ 李富强：《壮族是创造的吗？——与西方学者 K. Palmer Kaup 等对话》，《桂海论丛》2010 年第 2 期，第 100 ~ 105 页。

［103］ 李军、朱潇潇：《跨境 Hmong 共同体内部的人口流动变迁研究：以河口县桥头乡老刘寨为例》，《红河学院学报》2013 年第 3 期，第 13 ~

18 页。

[104] 刘士林:《在中国语境中阐释诗性的智慧》,《南京师范大学学报（社会科学版）》2003 年第 1 期,第 106～113 页。

[105] 罗惠翾:《族群认同与国家认同:和谐何以可能》,《理论视野》2009 年第 8 期,第 43～45 页。

[106] 罗文青:《和平与交往:广西边境地区跨国婚姻问题初探》,《广西师范大学学报（哲学社会科学版）》2006 年第 1 期,第 52～56 页。

[107] 马得勇:《国家认同、爱国主义与民族主义:国外近期实证研究综述》,《世界民族》2012 年第 3 期,第 8～16 页。

[108] 马库斯:《十五年后的多点民族志研究》,满珂译,《西北民族研究》2011 年第 3 期,第 12～21 页。

[109] 马戎:《理解民族关系的新思路:少数族群问题的"去政治化"》,《北京大学学报》（哲学社会科学版）2004 年第 6 期,第 122～133 页。

[110] 马小朝:《论维柯〈新科学〉的人类文化发生学和人类认识方法论启示》,《兰州学刊》2006 年第 10 期,第 8～12 页。

[111] 农瑞群、何明智:《壮族布傣求务仪式文化符号解读》,《玉林师范学院学报》（哲学社会科学版）2012 年第 4 期,第 33～39 页。

[112] 农瑞群、梁伟华、何明智:《旦歌:跨越中越边界的骆越天谣》,《广西民族大学学报》（哲学社会科学版）2010 年第 2 期,第 84～90 页。

[113] 潘木岚、曹军:《广西龙州"天琴"源流初探》,《中国音乐》2005 年第 2 期,第 76～79、115 页。

[114] 潘艳勤:《布岱的"弄桥"仪式与"不落夫家":以中越边境的其逐屯为例》,《广西民族学院学报》（哲学社会科学版）2004 年第 6 期,第 78～85 页。

[115] 覃德清:《非物质文化遗产保护视野中壮族民歌传统与诗性思维的文明史价值》,《中南民族大学学报》（人文社会科学版）2012 年第 6 期,第 128～132 页。

[116] 秦红增、毛淑章、农瑞群:《中越边境广西金龙布傣族群的"天"与

天琴》，《广西民族研究》2012 年第 2 期，第 87 ~ 94 页。

[117] 邱守刚：《族群与国家：文化的想象与公民的认同》，《北方民族大学学报》（哲学社会科学版）2010 年第 4 期，第 21 ~ 23 页。

[118] 王承权：《中国各民族不落夫家婚俗的比较研究》，《民族研究》1993 年第 6 期，第 41 ~ 51 页。

[119] 王嘉良：《诗性智慧与艺术想象》，《文艺争鸣》2009 年第 1 期，第 44 ~ 47 页。

[120] 王学泰：《诗，曾经是一种精神价值》，《读书》2015 年第 2 期，第 159 ~ 167 页。

[121] 汪涛：《论中西诗学与比较诗学研究的历史与现状》，《华南理工大学学报》（社会科学版）2004 年第 5 期，第 36 ~ 38 页。

[122] 吴振南：《中越边境跨国婚姻人口流动的经济和生态因素分析：以麻栗坡县 A 瑶族村为例》，《西南民族大学学报》（人文社会科学版）2012 年第 1 期，第 35 ~ 40 页。

[123] 夏里甫罕·阿布达里：《从诗歌民族向哲学民族转变》，《新疆艺术》1998 年第 3 期，第 4 ~ 11 页。

[124] 徐肖楠、施军：《中西诗性智慧的不同文化情境》，《苏州科技学院学报》（社会科学版）2005 年第 1 期，第 108 ~ 112 页。

[125] 张颖：《族群认同与国家民族认同解析》，《岭南学刊》2012 年第 3 期，第 37 ~ 40 页。

[126] 赵明龙：《中越壮岱族群歌圩民俗文化及其保护与开发》，《广西师范学院学报》（哲学社会科学版）2011 年第 3 期，第 12 ~ 18 页。

[127] 周大鸣：《论族群与族群关系》，《广西民族学院学报》（哲学社会科学版）2001 年第 2 期，第 13 ~ 15 页。

后　记

　　正值珞珈樱花绚烂之际，我怀着忐忑的心情发送论文稿。近三年，我的每一个周末和假期都在忙论文，要么是驾车走在边境的乡村，要么是在书房里挑灯整理文字。我的确产生过厌倦的念头，但是临近交稿之际，却莫名惶恐起来，不知对问题的探究要到什么地步才算真正解开族群交流的谜团。

　　我于 2011 年考入武汉大学新闻与传播学院，跟随单波先生攻读跨文化传播学博士学位。在入学之前，我热衷于到少数民族地区进行艺术采风，有时还自负于拥有大量少数民族的艺术样式的素材。在阅读单老师的《跨文化传播的问题与可能性》时，忽然对自己日记中的"采风"一词感到扎眼。"采风"是不是意味着对异质文化的劫取？如何从"采风"中的"我与他"的主客体思维，转换为"我与你"的主体间性思维，成为我开始跨文化田野观察的第一步。

　　开展跨文化田野工作并不容易。这种"不容易"并不是指交通不发达所带来的车船劳苦，而是如何克服那类阻止建立"我与你"关系的层层障碍。单老师对我的田野工作计划提出"抛弃预设"的要求，成为我田野工作的"醒酒汤"。直接面对我的观察对象，直接记录他们的谈话语言、举止行为、风俗习惯及歌舞形式，甚至是他们对于神灵的种种解释。我坚信在这样丰富多彩的族群生活当中隐藏着他们的交流智慧，而发现这种智慧只是时间问题。

　　周翔老师在研究方法课程里反复强调针对心智与意识的培养，使我对研究方法与研究过程产生敬畏感。尤其进入撰写论文阶段，我深深地感到，在采用具体的研究方法对田野数据展开梳理与分析之时，总是能发现令我汗颜的漏洞。夏倩芳老师犀利的学术之眼，能够揭开各式伪装的表象，直击问题的靶心，甚至能够同时把多余的腐质都剔除，只剩下问题的骨架。如此强大的解剖式批判能力，影响着我观察社会的方式。尽管我学习、模仿着夏老师的批判思路，但功力不及她的十分之一，却也在论文框架中受益匪浅。

武汉大学的跨文化传播学术团队非常活跃，国际学术会议、学术讲座、科研活动、读书会，宛如巨石垒砌的珞珈山，让我们立足其上仰望星空。刘学、肖珺、纪莉……一大批"70后"骨干教师成果频出，多元化的知识脉络时常让我们眼前一亮，不由加快前行的步伐。武汉大学强大的教师队伍与学科体系为我的成长提供了沃土。感谢武汉大学！

学可以群，校园成为我和我的博士同学交流的"小型学术社会"。媒体工作经验丰富的洪斌深受大家的欢迎，即使是闲聊，他也能带给我们大量的文化资讯。同门的佳梅与辛静、国际传播方向的赵伟、跨文化传播方向的王逊，对我影响甚大，她们提供的国际学术动态，不断提醒我不仅要埋头做考察，也要抬头仰望星空。叶欣虽不是专攻跨文化传播研究方向，但他对于超自然"他者"的跨界探索总给我们眼前一亮的启发。巨蟹男姜伟眼光独到，在互联网上成功经营数年的教育事业让他早早地了解"互联网＋"的文化传播效果。编辑名家德武善于给我把脉文章，既可以一针见血地指出问题，也能指导如何写好核心期刊所需要的学术论文。"新闻传播四公子"冯强、辉煌、金勇、成云充满对专业学习的热情与兴趣，学霸式的成果让他们有足够的文化资本与学术大咖们对话。李昌扎根云南，晓华观察新疆，加上我漫游中越边境，三人相互交流田野信息与心得，又经常以族群交流研究组合的形象出现，被戏称为"少数民族研究学派三人组"。玥蘅对媒体经营的独特视野，平喜对新闻生产的智慧分析，志雄的传播政治经济学视角，熊英对新闻传播与财经行业的结合，马庆的批判精神，雪冰对数字媒体的洞察，朝晖对孝文化研究的执着，石军对网络舆论的开拓性探索，淑华对文化产业实体投资的经验与拓展，陈铭对娱乐节目的创新性探讨，园子对纸媒的重新审视，龙念对美剧的跨文化思考，宏莹对西方政府新闻发言人的剖析，王艳对媒体报道议题的分析，嗣新对电视节目的策略分析，艳子对电视媒体微博品牌推广的探索，毛毛对媒体开放平台模式的深度关注，等等，让大家摆脱了学术交流的碎片化状态，重新回到面对面的关注，回归校园的诗意交流与灵感碰撞。感谢我的博士同学！

如果从 2008 年初次接触研究群体的田野考察算起，我对研究对象的田野工作历时 7 年。其中经历了从观察"他文化"的民间艺术采风，到建立"我与你"关系的田野工作，我结识、深交了很多当地人。被我称为"龙州博导"的农瑞群老师是个热心肠，他能够站在布岱、布侬的文化立场解释族群的日常生活与交流活动。我与他堪称忘年交，我去做田野考察，副驾驶的位置经常都是他坐着。印象最深刻的一次活动，是在武德的正月十一歌圩，农老师和歌手黄仕武坐在我的车上，摇下车窗，和窗外的女歌手对歌！我戏称我的车子是"山歌大篷车"。农汉忠、农艳霞、黄仙桃、农现东、麻敬、谭忠安，每次会面都要拉我到家吃饭、喝酒。年轻村干部陈永笑在百忙之余为我指点迷津，沈东丽邀请我参加她的婚礼，沈婉媚一家给我叙述莳桥仪式。沈子龙、黄轩萍的热情好客，县里慕大强、黄星、张伟才、闭增伟的出手相助，同事黄洛华、黎家鸣的民间艺术启蒙……很多人都在我眼前浮现，给予我无私帮助的画面依然清晰可见。感谢你们，真诚的龙州人民！

最后感谢我的家人对我的一贯支持。我妈妈经常牵挂我的田野工作，用她能做到的、借用"超自然力量"的方式为我祈福。家里的婆婆，我的妻子与儿子，都习惯了我节假日外出做田野考察的日子，等毕业之后我将花更多的时间陪他们一起打球，或者自驾旅游，以作为补偿。

论文中还有很多硬伤或者瑕疵，这是我过于仓促的论文写作与材料分析而造成的。研究中还有很多有待深入解释、探究的族群交流问题，我愿意在日后的项目研究当中进一步推进，以最大可能地展现布岱、龙州人的族群交流智慧。

2016 年 8 月修改于相思湖

图书在版编目（CIP）数据

神与诗：布岱族群交流的想象与重建／何清新著
. －－北京：社会科学文献出版社，2017.9
（跨文化传播研究丛书）
ISBN 978 - 7 - 5201 - 1171 - 3

Ⅰ.①神… Ⅱ.①何… Ⅲ.①壮族 - 民族文化 - 研究
- 中国 Ⅳ.①K281.8

中国版本图书馆 CIP 数据核字（2017）第 182045 号

· 跨文化传播研究丛书 ·

神与诗：布岱族群交流的想象与重建

著　　者／何清新

出 版 人／谢寿光
项目统筹／祝得彬
责任编辑／刘　娟

出　　版／社会科学文献出版社·当代世界出版分社（010）59367004
　　　　　　地址：北京市北三环中路甲 29 号院华龙大厦　邮编：100029
　　　　　　网址：www.ssap.com.cn
发　　行／市场营销中心（010）59367081　59367018
印　　装／三河市尚艺印装有限公司

规　　格／开 本：787mm × 1092mm　1/16
　　　　　　印 张：14.25　字 数：224 千字
版　　次／2017 年 9 月第 1 版　2017 年 9 月第 1 次印刷
书　　号／ISBN 978 - 7 - 5201 - 1171 - 3
定　　价／68.00 元

本书如有印装质量问题，请与读者服务中心（010 - 59367028）联系